개정 증보1판

정보관리기술사 & 컴퓨터시스템응용기술사

Information Management
Computer System Application

vol.5 | 소프트웨어 공학

권영식 지음

■ 도서 A/S 안내

성안당에서 발행하는 모든 도서는 저자와 출판사, 그리고 독자가 함께 만들어 나갑니다.

좋은 책을 펴내기 위해 많은 노력을 기울이고 있으나 혹시라도 내용상의 오류나 오탈자 등이 발견되면 **"좋은 책은 나라의 보배"**로서 우리 모두가 함께 만들어 간다는 마음으로 연락주시기 바랍니다. 수정 보완하여 더 나은 책이 되도록 최선을 다하겠습니다.

성안당은 늘 독자 여러분들의 소중한 의견을 기다리고 있습니다. 좋은 의견을 보내주시는 분께는 성안당 쇼핑몰의 포인트(3,000포인트)를 적립해 드립니다.

잘못 만들어진 책이나 부록이 파손된 경우에는 교환해 드립니다.

저자 문의 e-mail : simon_kwon@naver.com(권영식)

본서 기획자 e-mail : coh@cyber.co.kr(최옥현)

홈페이지 : http://www.cyber.co.kr 전화 : 031) 950-6300

머리말

필자는 기업에 입사 후 학습량이 절대적으로 부족한 상태에서 여러 번 응시한 적이 있었고, 그때마다 답안 작성을 위해 참고할 만한 서적이 있었으면 하는 생각이 간절했었습니다.

1.6mm 볼펜으로 400분 동안 자신이 알고 있는 내용을 요약해서 해당 교시별로 14페이지에 논리적으로 기술하기란 쉬운 일이 아닙니다. 심지어 알고 있는 내용일지라도 답안에 기술하기란 또한 쉽지 않습니다.

이 책은 이런 어려움을 극복하기 위한 차원에서 학원 수강을 통해 습득한 내용과 멘토링을 진행하면서 스스로 학습한 내용을 바탕으로 답안 형태로 작성하였고, IT 분야 기술사인 정보관리기술사와 컴퓨터시스템응용기술사 자격을 취득하기 위해 학습하고 있거나 학습하고자 하는 분들을 위해 만들었습니다.

기술이란 과거 기술의 연장선으로 성능을 향상하였거나 보안요소, 그리고 저전력, 사용자 편의성을 지향하는 방향으로 발전되고 있습니다. 해당 기술은 어떤 필요성에 의해 탄생하였을까? 그리고 어떤 기술 요소를 가지고 있고, 다른 기술과의 관계는 어떻게 형성되는지? 그리고 향후에는 어떻게 발전될 것이며, 현업(실무자 차원)에서 경험한 문제와 해결 방법 등을 답안에 기술해야 고득점을 획득할 수 있습니다.

답안은 외워서 작성하는 것보다 실무 경험에서 쌓은 노하우를 논리적으로 기술하는 방법이 제일 좋습니다. 특히 IT 분야는 매우 다양하기 때문에 현업을 수행하면서 주위의 동료나 다른 부서의 팀원과의 교류를 통해 간접적인 경험을 많이 축적해 보는 것이 학습에 많은 도움이 되며, 직접 경험하지 못한 분야에 대해서는 간접적인 경험을 통해 습득하는 것도 좋은 방법입니다.

소프트웨어 공학은 현업과 밀접한 연관 관계가 있어 실무자 입장에서 접근하게 되면 보다 빨리 이해되리라 판단합니다. 즉 현업에서 이루어지는 모든 일의 집합이라고 볼 수 있습니다.

〈소프트웨어 공학의 Mind Map〉

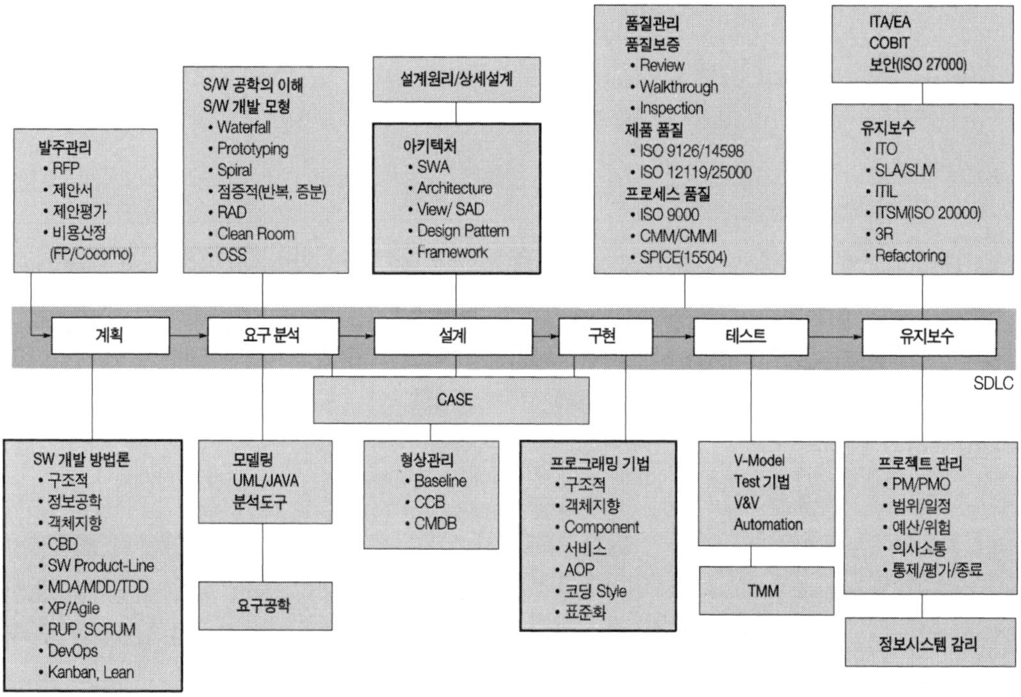

발주관리
- RFP
- 제안서
- 제안평가
- 비용산정 (FP/Cocomo)

S/W 공학의 이해
S/W 개발 모형
- Waterfall
- Prototyping
- Spiral
- 점증적(반복, 증분)
- RAD
- Clean Room
- OSS

설계원리/상세설계

아키텍처
- SWA
- Architecture
- View/ SAD
- Design Pattern
- Framework

품질관리
품질보증
- Review
- Walkthrough
- Inspection

제품 품질
- ISO 9126/14598
- ISO 12119/25000

프로세스 품질
- ISO 9000
- CMM/CMMI
- SPICE(15504)

ITA/EA
COBIT
보안(ISO 27000)

유지보수
- ITO
- SLA/SLM
- ITIL
- ITSM(ISO 20000)
- 3R
- Refactoring

계획 → 요구 분석 → 설계 → 구현 → 테스트 → 유지보수

SDLC

CASE

SW 개발 방법론
- 구조적
- 정보공학
- 객체지향
- CBD
- SW Product-Line
- MDA/MDD/TDD
- XP/Agile
- RUP, SCRUM
- DevOps
- Kanban, Lean

모델링
UML/JAVA
분석도구

요구공학

형상관리
- Baseline
- CCB
- CMDB

프로그래밍 기법
- 구조적
- 객체지향
- Component
- 서비스
- AOP
- 코딩 Style
- 표준화

V-Model
Test 기법
V&V
Automation

TMM

프로젝트 관리
- PM/PMO
- 범위/일정
- 예산/위험
- 의사소통
- 통제/평가/종료

정보시스템 감리

위와 같이 전체적인 구성을 미리 파악하면 학습에 많은 도움이 됩니다.

본 교재는 발전 동향, 배경, 그리고 유사 기술과의 비교, 다양한 도식화 등 25년간의 실무 개발자 경험을 토대로 작성한 내용으로 풍부한 경험적인 요소가 내재되어 있는 장점이 있습니다.

다시 한번 더 학습자 여러분의 답안 작성 방법에 많은 도움이 되었으면 하는 바람입니다.

교재 구입 후 추가로 궁금한 내용이나 문의 사항에 대해서는 운영 중인 카페 http://cafe.naver.com/96starpe에 질문 답변을 통해 언제든지 성심성의껏 답변 드릴 것을 약속드리오며, 본 교재의 내용도 지속적으로 보완하여 학습자에게 도움을 드리고자 합니다.

총 9권의 도서가 집필되는 동안 옆에서 묵묵히 내조해 준 사랑하는 아내와 딸 지혜, 아들 대호에게 고맙고, 또한 출판을 위해 여러모로 도움을 주신 성안당 관계자분들께 감사드립니다.

저자 권영식

차 례

PART 1 Software 공학

PART 2 Software 개발 모형(모델, 모범사례)

PART 3 S/W 개발 방법론

PART 4 UML(Unified Modeling Language)

Employee
− EmployeeName : String − address : String − phoneNumber : String
getEmplyeeInfo( ):EmployeeInfo

↑

Developer
− developerID : String
+ getDeveloperID( ):String

Department
− number : int − name : int − Location : int − phoneNumber : int
+ getName(number:int)String + Department( ):int

1
↓
0...*

Department
− number : int − name : int − age : int − scholarship : int
+ getName(number:int)String + getage(number:int):int

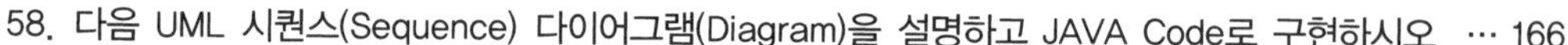

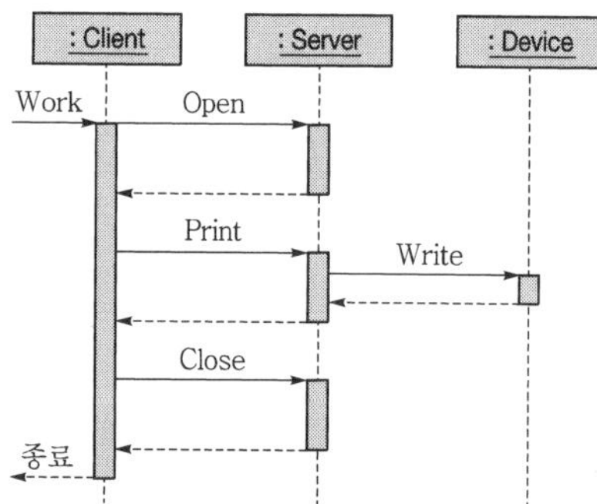

사용자 → GUI → 운영체제 → CPU → 비디오카드 → 모니터

전자 계산기			
1234567890			C
7	8	9	+
4	5	6	−
1	2	3	*
0	.	=	/


```
abstract class Parent {
  int field1;
  static char field2;
  abstract void methodA();
  double methodB(){
  // …생략…
  }
}
```

```
Class Child extends Parent {
  void methodA(){
    // …생략…
  }
  static void methodC() {
    // …생략…
  }
}
```

PART 5 디자인 패턴(Design Pattern)

PART 6 객체 지향 언어

PART 7 아키텍처(Architecture) 스타일

PART 8 OSS(Open Source Software)와 License의 종류

PART 9 Project 관리

PART 10 Process와 Product 검증에 대한 국제표준

PART 11 품질관리

PART 12 기성고 관리(프로젝트 수행 시 중간 점검) 및 S/W 원가 산정

작업번호	추정된 노력(일)	실제 소요된 노력(일)	예상 완료일	완료여부
1	30	10	2월 1일	No
2	20	30	3월 1일	Yes
3	50	30	5월 1일	Yes
4	100	5	6월 1일	No

199. 사업예산은 1,600,000천원, 사업기간은 16개월인 프로젝트가 4개월 경과되어 Project 관리는 수행업체에게 400,000천원을 지급하였다. 그러나 확인 결과 작업 수행률은 20%이었다. 이 문제에 대한 기성고 분석(EVA; Earned Value Analysis)을 수행하였다. 562
가. 프로젝트 비용의 계획대비 실적의 차이(CV), 실제 예상 원가 효율(CPI)을 각각 구하고 값의 의미를 설명하시오.
나. Project 일정 진척사항 파악(SV), 일정에 대한 효율(SPI)을 각각 구하고 값의 의미를 설명하시오.
다. 완료시점 원가 예상치(EAC)를 구해 보고, Project 관리자 입장에서 신뢰성 있는 원가 또는 일정 준수를 위해 현장에서 실현 가능한 고려사항을 제시하시오.
200. 새로운 IT 프로젝트를 수행 중에 있다. 각 단계의 일정은 한 달씩 걸리고, 각 단계마다 10,000천원의 예산이 할당되었다. 각 단계는 해당 단계가 끝난 후에 다음 단계를 수행하도록 되어 있다. 오늘은 3월의 마지막 날이다. 아래 프로젝트 진척 상황표를 이용하여 Earned Value Analysis 측면에서 다음 질문에 대하여 설명하시오. 568

단계	1월	2월	3월	4월	5월	현재상황(3월말)
요구분석	계획 100% 실적 100%					10,000천원 지출
설계		계획 100% 실적 100%				12,000천원 지출
구축			계획 100% 실적 70%			600천원 지출
테스트				계획 100%		미착수
운영					계획 100%	미착수

가. PV(Planned Value), EV(Earned Value), AC(Actual Cost), BAC(Budget At Completion), CV(Cost Variance), CPI(Cost Performance Index), SVS(Schedule Variance), SPI(Schedule Performance Index)의 계산식과 답을 구하시오.
나. EAC(Estimate At Completion), ETC(Estimate To Complete), VAC(Variance At Completion)의 계산식과 답을 구하시오(단, EAC는 향후에도 CPI의 비율로 지출됨).
다. 상기 결과를 바탕으로 현재 진행 중인 IT 프로젝트의 상태를 진단하시오.
201. 소프트웨어(Software) 규모 산정 572
가. 필요성과 산정 방식
나. 규모 산정 방식의 종류별 특징
202. 소프트웨어(Software) 원가 산정 방법 576
203. Software사업 영향평가 582

PART 1

Software 공학

Software 정의, 분류, 특성, 개념, S/W의 유형, Software 위기와 이를 해결하기 위한 방안 등 기본적인 내용이 포함되어 있는 Part입니다. SWEBOK(SW Engineering Body Of Knowledge)에서 규정한 내용과 S/W 공학의 탄생 배경과 구성요소, 모듈화와 분할과 정복, 역공학, 재공학, 난독화 등에 대한 내용으로 S/W에 대한 기본적인 내용을 학습할 수 있습니다.

[관련 토픽 - 17개]

문 1) S/W (Software)에 대해 설명하시오

답)

1. Program Set(집합), Software의 개요

가. Program 관련 기술의 총합, Software의 정의

- 프로그램의 개발, 운용, 보수에 필요한 관련 정보 & 기술

나. S/W의 발전과정 (IT 기술 발전과 함께 기술 발전 지속)

1 세대	2 ⟶	3 ⟶	4 ⟶	5 세대
-Batch 처리	-멀티유저, DB	-분산 시스템	-객체 지향	-Component
-H/W 고가	실시간 S/W	-저가 H/W	-Reuse	기반 S/W

2. Software의 분류 및 특성

가. Software의 분류 (S/W 사용분야)

응용 S/W	비즈니스 업무(급여, 회계, 재고, 학사, 정보/재정계)
System S/W	운영체제, Device Driver, Compiler, Code Library)
주문형 S/W	영상회의, VOD, 실시간 계좌이체, 전자상거래
패키지 S/W	상업용 패키지 S/W (게임, 주문관리, 재정관리)
임베디드 S/W	Embedded System 내장 (차량, IT기기)

나. Software의 특성

비가시성	Code가 외부 노출없이 기억소자에 내재(무형)
복 잡 성	정형적 구조가 아닌 복잡하고 비규칙적임
변 경 성	필요에 따라 수정가능한 진화성(Evolution)
순 응 성	사용자요구사항, 환경변화에 적절히 변형가능
무 형 성	형체 없음, Code내의 Function으로 유형화 가능

			비마모성	외부의 환경에 의해 마모되지 않음
			복제성	간단하고 쉽게 다양한 경로와 노력으로 Easy 복제
			개발성	제조가 아닌 개발의 산출물
3.			Software의 위기와 대응 방안	
			위기	대규모화, 복잡화에 따른 비용↑ 품질↓ 유지보수 어려움
			대응방안	Reuse, S/W 표준화(UML, Design Pattern), 공학적 접근
				"끝"

문 2) Software의 개념을 설명하고 Software의 유형에 대해 설명하시오.

답)

1. program의 집합, Software의 개요.

가. program 문서, 실행파일, Code, 관련기술, S/W의 정의

- Computer 사용자로 하여금 Computer를 쉽고 효율적으로 사용하도록 도와주거나, Computer를 사용하여 주어진 문제를 용이하게 해결하기 위해 사용되는 Computer 활용 및 운영 (operation) 기술.

나. Software Scope (해당 System에서)

사용자/Killer
↕ UX, UI, Application
응용 Software
↕ API
System Software (OS: Window, Android, Unix, Linux, dos 등)
↕ 명령
Hardware

System Software (언어처리 프로그램)
시스템 S/W (유틸리티 프로그램)

- H/W를 지시하고 통제하여 결과를 얻도록 하는 명령들의 집합

2. Software의 유형

구분	유형	내용
기능	System SW	OS, Device Driver, Compiler, LIB.
	응용 SW	비즈니스 업무 (Excel, 한글, office 등)
정보처리	일괄 처리 SW	연말정산, 월급, 세금, 자료 Back-up

			정보처리 방법	OnLine S/W	계좌이체, 전자상거래, 도서 구매
				실시간 S/W	영상(화상)회의, VOD, CCTV 화상.
			공급 방법	패키지 S/W	상업용 패키지 (OS에설치), ERP, GIS 등
				주문제작 SW	Homepage, 요구사항 접수후 개발 납품
				임베디드 SW	자동차, TV등 System에 내장된 S/W

3. Software의 특성.

- 비가시성(무형), 복잡성, 변경용이성, 순응성, 무형성, 비마모성, 복제성, 제조가 아닌 개발 산출물.

"끝"

문 3) Software의 위기와 이를 해결하기 위한 방안에 대해 설명하시오.

답)

1. SW 위기(SW Crisis)의 개요

가. 품질문제(Snowball Effect), 유지보수어려움, SW 위기의 정의

- 동일 문제 반복, Reuse불가, 품질저하, 생산성 약화, 개발 납기 미준수, 전문가부족, 복잡화 등으로 인해 사용자 요구사항(Requirement)에 대응(대처)의 어려움.

나. Software Crisis(SW 위기)의 배경

- (전문가부족) -SaaS(Android, ios, window) 대응전문SW인력부족
- (SW 개발 방식) -대규모 project 개발 경험과 협력, 자동Tool부족
- (SW 산업 인식) -Hardware 위주 개발 생태계

2. Software 위기 발생원인과 해결 방안

가. Software 위기 발생원인

항목	내용
SW 노임 단가	능력있는 SW 개발자에게 적절한 대가 부족
개발 측면	대규모/복잡화에 따른 ROI문제, 장기과제, 특성이해부족
유지보수측면	SW품질이슈, 규격화/품질관리, 보증방법부재
Reuse(재사용)	재사용 방안 수립 필요, 생산성 강화

나. Software 위기의 해결 방안

- S/W 개발 및 유지보수에 Software 공학적 접근 필요.
- 표준화. 자동화도구, 품질 보증 체제 확립 필요(process화)

공학적 접근	→ S/W 위기극복 방안 ←	표준화, 개발표준사양서
객체지향 방법론,		SW, Data 표준화
CBD, 프로젝트관리기법		Reuse 체계화, SW공학접근
자동화 도구 활용	↑	품질 보증 체제 구축
CASE Code생성/	S/W 개발및 유지보수에	ISO 품질 보증체제 도입
관리, 형상관리(Git)	S/W공학 필요	CMMi/SPICE도입, 감리

3. S/W 위기 대처 방안으로 S/W공학 적용 시 효과

기업 경쟁력강화	생산성 향상, 품질이슈 Zero, 비용절감
process화	S/W 개발에 도구, 방법론, 표준화 → process정립
기술 선점	복잡화를 분할, 정복, 위기 대응 → 기술내재화

"끝"

- CMMi : Capability Matrurity Model Integration
  : S/W 개발 & 전산 장비운영업체의 업무능력 & 조직의 성숙도를 평가하기 위한 모델
- CASE: Computer Aided S/W Engineering

문 4) Software 공학이란 무엇이며 S/W 공학의 구성요소와 원리에 대해 설명하시오.

답)

1. Software 개발의 공학적 접근, S/W 공학의 개요

가. 과학적 지식 → Program 설계, 제작에 적용, S/W 공학 정의

- 고품질 S/W 생산 ← 공학, 과학, 수학적 원리와 방법 적용
- S/W 개발, 운용, 유지보수에 체계적, 수량화된 접근법 적용

나. S/W 공학 목표 → 생산성 향상, 비용절감, 만족도 & 품질향상

품질 관리
- 고품질 S/W 생산

적정 SDLC 적용
- S/W 생산 process 개선

S/W 공학의 Goal (목표)

요구사항 관리
- 사용자 만족도 향상

Project 관리기법
- 적정비용, 기간, 자원 → S/W 생산

다. S/W 개발에 공학적 접근이 필요한 사유

개발 어려움	무형성, 진화성 등의 SW 특성과 제조아닌 개발
개인의 특성	사람에 의존하여 개발되는 특성
의사소통 어려움	요구되는 신뢰도에 따라 분석종류와 깊이 알 수 없음
복잡성 해소	Project 규모에 따른 인력, 일정, 비용, 검증 노력

2. Software 공학(Engineering)의 구성요소 및 설명

가. S/W 공학의 구성요소 (도구, 언어, 기법, 원리로 구성)

- S/W 개발은 공학적 접근을 통해 Reuse, 유지보수성 향상
- S/W 개발 위한 도구, 방법론, Process 정립이 필요

도구(CASE)
언어 (UML, DFD, ERD 등)
기법(객체지향 등)
원리 (추상화, 분할&정복...)

중요도 높음

개발자 ...... 개발자

도구

기술

기법

방법론

원리

- S/W 개발: 기법, 원리, 도구, 언어, 기술, 방법론 필요

4. S/W 공학의 구성요소 설명

구성요소	내용 설명	기술
도구 (Tools)	S/W 개발 절차의 일부를 도와주기 위한 Software Program	-CASE Tool -4GL
언어 (Language)	-기호, 단어, 문장, Diagram 구성 규칙 -최종단계 - S/W 제품 표현 수단	-DFD, ERD -UML, 디자인패턴
기법 (Technique)	S/W 개발자의 S/W 공학 process의 수행을 돕는 순차적인 절차	-구조적분석 -자료흐름분석
원리 (principles)	수많은 경험자와 전문가의 지혜를 집대성한 것 (생존 법칙)	-추상화 -분할&정복

3 S/W Engineering의 원리의 구성도 & 설명

가. S/W 공학의 구성원리

- S/W 설계시는 S/W 공학 원리적용, 체계적 기법 사용
- 설계 과정에 원리 적용 - 요구사항 충족 & 생산성 향상

요구명세 ← 개발과정에 접목	S/W 공학원리	정형성과 엄격
분석		관심사의 분리
설계		모듈화
개발구현		추상화
검증		변화 예측
유지보수	← 공학 적용 ↑ 공학원리	일반화, 점진화

- 공학적인 원리를 개발과정에 체계적으로 접목함

4. S/W 공학 원리 설명

원리	설명	기술
정형성& 엄격	- 수학적 표현과 증명, 정형화 기법 - S/W 명세 & 문서화, 엄격관리	UML, 디자인 패턴(모호성 줄임)
관심사의 분리	- 개발 진행 단계의 분리 - 단계별, 품질별, 크기별, 역할분리	분석 → 설계 → 구현 단계분리
모듈화	결합도 낮추고(Loosely Coupled) 응집력은 높임(Highly Cohesive)	최소한의 공유& 교환횟수
추상화	- 각 단계별 목적에 부합된 정보만 취득 - 객체 지향기법의 class 관계	Design Pattern
변화예측	변화가 예상되는 부분을 가능하면 다른 부분으로 독립(분리)	3-Tier(MVC) Client/Server
일반화	공통적인 S/W를 개발하여 그 S/W의 재 사용 가능성을 높이고자 함	CBD 개발 방법론
점진화	단위 검증 완료된 모듈은 통합검증	단위 → 통합 Test

4. S/W 개발의 패러다임 변화
- 복잡도 감소 & 추상화 방식 도입 대세 (CBD 방법)
- 호환성 유지 위한 MDA 방식의 S/W 개발 기술지향
- 공통사용 Core Asset 개발, 지속 Reuse
- Reuse 통한 생산성 향상
- Mobile Application의 MEAP 방식 도입

"끝"

- MEAP : OSMU (One Source Multi use) 방식
- Cohesive : 결합하는
- 2-Tier : ⓒ ↔ ⓢ : WiFi-Direct 방식
  Client Server
- 3-Tier : ⓒ ↔ (Ap) ↔ ⓢ
  ⓒ ↔ ⓟ ↔ ⓢ, ⓢ
  portal
  ↑
  Broker 역할

문 5) IEEE 산하 SW공학 표준 위원회에서 SW공학의 근본 지식을 규정한 SWEBOK(SW Engineering Body of Knowledge)에 대해 설명하시오

답)

1. S/W Engineer의 Common Item, SWEBOK의 개요

가. SW 지식 체계 정리, SWEBOK의 정의

- IEEE Computer 학회에서 S/W Engineering 분야 지식을 정리한 체계

나. SWEBOK의 정리 배경

(지침서의 필요) - SW공학에서의 새로운 원칙들에 대한 Guide 필요성

(전반적 지식요구) - SW전문가라면 모든영역에 대해 최소개론 지식요구

2. SWEBOK의 지식영역 (11개 영역으로 분류)

지식 영역	설 명	주요 활동
요구사항 (Requirement)	사용자 요구의 추출, 분석, 검증 & 관리 지식	-요구사항도출 분석, 명세, 확인
설계 (Design)	사용자 요구사항 만족할 Solution에 해당하는 설계 기술 지식	-아키텍처 -상세 설계
구축(=구현) (Construction)	Coding 능력, 검증 & 단위 Test 작업에 관한 지식	-코딩, 검증 -단위/통합테스트
검증 (Testing)	결함(Defect)와 문제(problems)을 식별후 개선 하기 위한 지식 겸비	-명세/Code기반, 결함 기반 Testing.

(SDLC)

	영역	내용	활동
SDLC ↑	유지보수 (Maintenance)	납품(Delivery)후 결함 발생시 신속한 해결 능력, 지식 보유	-현문제 수정 -검토& 인수
	형상관리	형상식별, System Life-Cycle 동안 무결성과 추적 관리 지식	형상 계획/ 통제/보고, 감시
↓	엔지니어링 관리	SW project의 계획, 실행, 평가, 조정, 규정 준수 → 객관적 측정지식	계획, 조정, 보고 모니터링, 통제
Project 관리	엔지니어링 process	SW 생성후 폐기 까지의 내용, Life cycle 관리 매커니즘 지식	-SDLC 준수 -process 준수
	엔지니어링 도구와 방법	SW공학 활용 project 품질 향상, 생산성 향상 방법 및 지식겸비	영역별 Tool 지원
	품질 (Quality)	이해 당사자들 간의 요구조건에 대한 품질특성과 품질정도를 측정할기술	품질보증, 품질 관리
↓	관련 지식	수학, 경영학, 품질관리/System공학	타분야 연계성

3. SWEBOK 의 활용방안 [결정]

- SW Engineering 분야 에서의 전문가로서의 기준과 규범
- 전문가 인증이나 교육 커리큘럼으로 활용 가능.

"끝"

문 6) SW 산업 육성 전략에 대해 설명하시오

답)

1. Software 산업의 중요성 및 국내 SW 산업 현황

가. SW 산업의 중요성 (모든 IT분야 H/W → S/W 중심)

제품 지능화	제품의 첨단화, 다기능화, SDN, IOT등 S/W 제어
수익 개선	제품의 차별화, 치열한 가격 경쟁, 서비스 차별
H/W 탈피	제조공장 → S/W Content 시장으로의 변화
Mobile	Mobile 시장 대응 필요, H/W 보다는 S/W에 치중

나. 국내 Software 산업의 현주소

시장변화	국내 현황
-SaaS, PaaS 등 토탈 Solution화	-package S/W 60% 해외품 잠식
-Device, SW, N/W 융합 가속화	-IT 서비스 시장 편중(개발 위주)
-표준화 선점, 특허 로열티 지급	-과다 경쟁, 단가 하락, 미표준화

↓ 현주소

-H/W 위주의 경영 정책, -S/W ROI 여건 약화, R&D 인력 이탈
-표준 process, 품질관리 미흡, -국외 후발업체 도전양상

2. 국내 S/W 산업 육성 방안 및 기업의 역할

가. 국내 SW 산업 육성 방안 (5대 과제 제안)

육성 방안	육성 방안에 따른 실천 항목
R&D 기술기반 구축	임베디드, OSS, web기술, SW 품질 체제, Leader 육성
최고수준 인재양성	IOT, Cloud, IT 생태계 발굴 위한 인재 양성
S/W 생태계 개선	제값받기 추진, SW 요구사항 계약관계 상세화

국제협력강화	품질개선및 현지화지원, SW육성 협의체 결모
선택과 집중	융합 SW시장, 신규 OS 개발적용(한국형)

사. SW 산업육성을 위한 기업의 역할

기술혁신	신제품(선도) 개발역량, M&A, 국제 협력 추진
투자확대	R&D 집중, 자체인력, 품질확보.
협력강화	파트너 기업과 동반성장, 기술협력투자고려

"끝"

- SW 중심사회

문 7) Software 설계원리중 Module(모듈)화

답)

1. S/W의 효율적인 유지보수, 독립성 확보, Module화 개요

가. 결합도 최소화, 응집도 최대화, 모듈화의 정의

- System을 분해하고 추상화를 통해 S/W 성능향상 및 디버깅, Testing, 유지보수 용이를 위한 S/W 설계 기법

나. Module화 원리

분할과 정복	정보은닉	자료추상화
(Devided & Conquer)	(Information hiding)	(Abstraction)

- 모듈화는 분할과 정복을 통해 복잡한 문제 단순화 → 개선

2. Module화의 핵심, 결합도와 응집도

가. 결합도(Coupling): 모듈간의 관련성 측정 척도

	구분	설 명	예시
낮음 ↑	자료	모듈간 매개변수로 통신(가장이상적)	Call B (int age);
	스탬프	자료구조(배열, Table)형태로 전달	Call B (int List[]);
	제어	내부 논리 제어용 flag 전달	Call B(a); if (a=1 ǁ a=2) (ǁ → OR)
	외부	모듈들이 외부 환경 연계	Config, XML 파일공유
	공유	동일한 자료 영역공유(전역변수, DB)	Common DB Table공유
↓ 높음	내용	타 Module 직접 참조(goto문)	goto B;

- S/W 설계시 결합도는 최대한 낮출수 있는 설계 필요

나. 응집도(Cohesion): 모듈 내부의 처리 요소들간의 기능연관성 측정 척도

	구분(적)	설 명	사례
높음 ↑	기능	모듈이 단일 기능수행 (가장 이상적)	SORT();
	순차	한 모듈 출력이 다른 모듈 입력	A=Compute(); Update(A);
	통신	동일한 입출력, 다른 기능	Display(A); print(A);
	절차	반드시 순차적(순서대로) 처리	A→B→C
	일시	같은 시간에 동시 수행	A, B, C 동시
	논리	유사기능, 특정형태 분류 요소 처리	CASE a, A; B;
↓ 낮음	우연	뚜렷한 관계가 없음	관계 없음

- 가능한 한 단일 기능 수행으로 응집도 높임

3. S/W 모듈수/비용/인터페이스 관계 & 효율적인 설계 방안

모듈/비용/I/F 관계	효율적인 설계방안
비용 / 인터페이스 수 / 최소비용 구간 / 모듈수	- Fan in 최대화 Fan out 최소화 설계 - 복잡성/중복성 최소화 - 결합 최소화, 응집 최대화

- 모듈수 증가시 비용↓ 인터페이스 수는↑, 적절한 수 정의 필요

"끝"

문 8) Software 설계원리에서 분할과 정복(Divide& Conquer)에 대해 설명하시오.

답)

1. 복잡한 문제 분할 처리, 분할과 정복의 개요

가. 분할→정복→Combine(결합), Divide& Conquer의 정의

- 해결하기 어려운 문제를 원래 문제의 성질과 똑같은 여러 개의 부분문제로 나누어 해결하여 원래문제 해를 구함

나. 분할과 정복의 목적

복잡한 문제 (Complexity) 해결	병렬처리형태 작업→성능개선	작업 배분&역할분담 →효율적 업무 수행

2. Divide& Conquer의 원리와 분할의 원칙

가. Divide& Conquer의 원리(단계 진행)

문제 → 분할 처리 → 문제1 … 문제n → 통합처리 — 해결

분할 | 정복& 해결 | 통합

분할단계	문제들을 다루기 쉬운 부분문제로 분할
정복단계	부분문제들에 대해 개선&해결과정 수행
결합단계	해결된 부분문제들을 재결합

나. 분할(Divide)의 원칙

- 분할 단위(Unit)의 독립성 및 적정성유지필요
- 원래 문제의 성질과 동일한 부분 문제

- 반복 및 중복 작업 제거: 분할 오류시 성능 저하초래

3. Divide & Conquer(분할과 정복)의 적용분야

적용분야	설 명
project 진행	단위 작업 수행 완료후 Combine
알고리즘	Search Algorithm (Binary & Quick검색)
Software공학	구조적분석, 객체지향분석, 설계기초제공
작업단위 구성	WBS (Work Breakdown Structure) 분류
복잡 Issue개선	해결 가능한 범위에서 개선 → 점진적 → 전체해결

"끝"

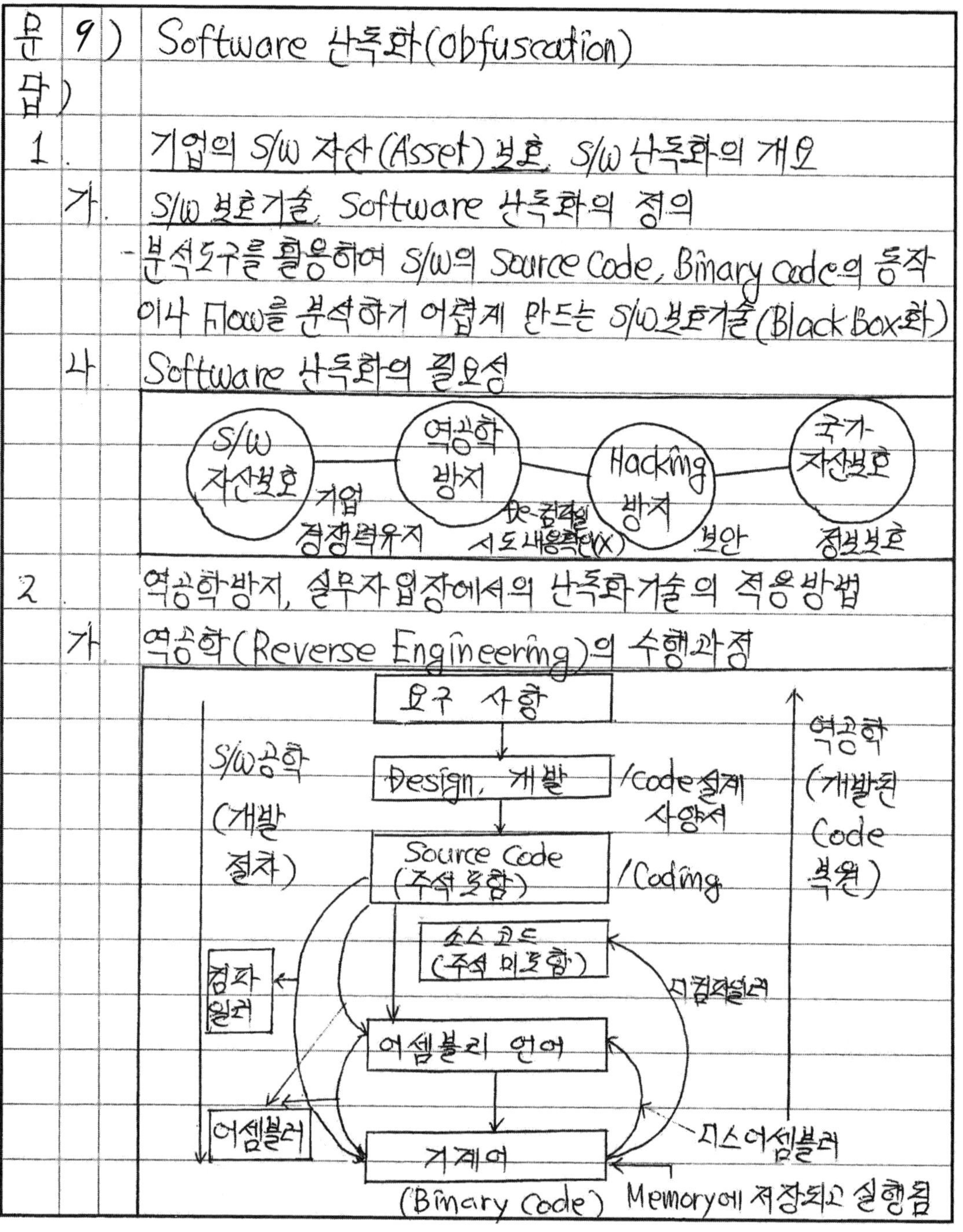

문 9) Software 난독화(obfuscation)

답)

1. 기업의 S/W 자산(Asset) 보호, S/W 난독화의 개요

가. S/W 보호기술, Software 난독화의 정의

- 분석도구를 활용하여 S/W의 Source Code, Binary code의 동작이나 Flow를 분석하기 어렵게 만드는 S/W 보호기술(Black Box화)

나. Software 난독화의 필요성

2. 역공학방지, 실무자 입장에서의 난독화 기술의 적용방법

가. 역공학(Reverse Engineering)의 수행과정

- 역공학이란 Source Code나 어셈블리언어를 디스어셈블리나 De-Compiler를 이용하여 원래 Code의 고유 기능에 관한 Code를 찾아내는 과정

나. 역공학 방지를 위한 난독화 방안(Embedded System 사례)

난독화 방안	설 명
No operation Code 사용	NULL 값 반복 사용, NOP를 여러번 사용하여 Code를 복잡하게 만듬
Binary Code 압축	압축하여 Flash저장, 실행시 RAM 저장후 해독
H/W화(H/W 캡슐화)	Code 일부를 H/W로직으로 구성, Code분석어려움
암호화 방법	AES128/256 Bit 방식적용, H/W key값연계

3. 난독화에 따른 부작용

- 난독화 Code 적용에 따른 성능저하 방지 필요
- H/W 연계시 역공학 방지 효과 있으나 원가 증가
- 필요 이상의 복잡한 Code 적용시 Debugging 어려움

"끝"

문 10) Software의 재사용(Reuse)의 활용, 목적, 구현 방법에 대해 설명하시오.

답)

1. S/W 개발 생산성 확보, Reuse의 개요.

가. S/W 사용성 향상/납기 준수, 재 사용(Reuse)의 정의

- S/W 개발관련 자산(기능, Module, 구성등)을 표준화 하여 반복사용, 개발 생산성을 높임. (LIB화 → 필요시 사용)

나. 재사용(Reuse)의 유형

Black Box 유형	실행 Component, package, 명세서
White Box 유형	S/W 지식, 설계 & Data 정보, Source code 등

2. S/W Reuse의 목적과 활용

가. S/W Reuse의 목적

① 신뢰성 향상	② 확장성 향상	③ 생산성 향상
-Reliability	-Extensibility	-productivity
-기능, 속도, 안정성 사전 검증	-검증기반으로 Easy 업데이트	-비용/시간 절약
④ 사용성 향상	⑤ 유지보수성 향상	⑥ 적응성 향상
- Usability	-Maintainability	-Adaptability
- LIB화 → 재사용용이	-개선, 수정, upgrade용이	-New process에 적용용이

나. S/W Reuse의 활용 - Core Asset화후 필요시 적용생산

Copy 후 수정	pre-processing	LIB화 →필요시사용	package (공통화)	object화 객체지향.
- 일부수정 타 제품활용	- 미리선언 Compile시 조합		변수, package I/F	상속, 다형성

3. Reuse 구현 방법과 Reuse의 활성화 방안

가. Reuse 구현방법

Component	독립성, 재조립성, 표준성 등을 활용하는 방법
Classification(분류)	-Code, object, 변수등의 속성에 대해 표준 pool화 -Code Dictionary, 변수표준, 입력/출력 사양
Design pattern	-특정 도메인에 대해 기경험자의 KnowHow 재활용 -Biz process, 공통함수/언어 표준 Modeling
Modulation	-시스템 분해, 추상화 등으로 디버깅, Test, 수정 -Loosely Coupled, Tightly Cohesion 추구
객체지향방법	-상속성, 추상화, 다형성, 동적 Binding 등 활용

4. S/W Reuse(재사용)의 활성화 방안

- Reuse에 대한 필요성, 장점에 대해 정량(수치)적 제시, 재사용 대상의 자산화에 대한 인식증진
- 재사용 Infra 구축 - 공통 Repository, 활용 process, 지속관리
- 체계적, 지속적인 교육 및 OOP, CBD 활용.

"끝"

- 신뢰성: 이미 기능 점검이 완료되었으므로 신뢰성 확보된 상태

문 11) Software 관리를 위한 기준(Baseline)선에 대해 설명하시오.

답)

1. Software 변경점 관리 기준, Baseline의 개요.

가. 공식/비공식 산출물에 대한 기술적 통제 시점, Baseline의 정의

- 형상관리의 기준이 되는 산출물이 등록, 변경되는 경우, 기술적으로 통제를 지원하는 시점(기준선), 공식적인 절차에 의해 변경

나. Baseline의 주요 역할

무결성, 추적성	S/W 개발의 SDLC 과정에서 산출물의 추적성 유지
식별 가능	프로젝트 진행 상태와 품질관리 System으로 식별
의사소통	이해 당사자와의 의사소통, 의사결정의 주요 요소

2. Baseline의 통제 절차와 SDLC 과정의 Baseline

가. Baseline의 통제 절차

- CMDB(Configuration Management DB)

나. SDLC 과정의 Baseline(기준선) 및 산출물

절차	Baseline	주요 형상 항목(산출물)
계획	기능적 기준선	Project/형상관리 계획서, 표준사양
요구분석	요구사항	요구사항 정의서, Use Case, Flowchart

설계	설계	기준선	기본/상세 설계 사양서, S/W 아키텍처 기술서
구현	시험		원시/목적/실행코드, 단위시험 계획/보고서
통합/시험	제품		통합/시스템/인수시험 계획, checklist
설치/운영	운용		운영자/사용자 메뉴얼, 인도물, App 등록.

3. Agile 및 CBD 개발방식에서 Baseline 활용 방안 표활용

- Agile 방식에서는 산출물을 최소화하기위해 Code 자체를 산출물
- CBD 방식에서는 Component를 검색하여 조립하는 과정이 동시 진행됨으로 복잡성 해소 방안으로 활용.
- 효율적인 형상관리 위한 Team 구성 및 지속관리와 관리기준필요.

"끝"

- Baseline = 새로운 Version 생성

문 12) Module, Component, Service에 대해 각각 설명하고 비교하시오.

답)

1. Module, Component, Service의 정의.

(Module) - 명령문, 처리 Logic, Data 구조로 구성된 Source code 기반으로 단위 기능을 수행하는 program.

(Service) - 기업 내/외부 Resource 기반으로 잘 정의된 업무 process를 독립적으로 수행하고 재사용 가능한 업무

(Component) - 실행 Code 기반으로 독립적인 기능을 수행하는 Module로서 Interface를 통해 호출되며 교체, 재사용이 가능한 program 단위.

2. Component의 요건

특징	내용	비고
구현	실행시간에 Binding 가능한 Compile된 호환상태	실행코드
명세화	용도, 유형, 기술표준, I/F 정보	재사용명세서
표준	재사용&교체가능한 컴포넌트 개발 표준화수	EJB, .Net
패키지화	관련문서와 Code의 패키지화 제공	필요기능패키지
배포가능	독립적인 단위 컴포넌트별 배포가능	재사용 자원

3 모듈, 컴포넌트, 서비스의 비교

비교 항목	Module	Component	Service
주요목적	S/W 복잡도 해소	재사용 향상	Agility 향상
개발초점	상속 중심	Interface 중심	서비스 중심

실행	소스코드기반	실행코드기반	서비스기반
종속성	구현기술에 종속적	구현기술에 독립적	구현기술에 독립적
호출방법	함수호출	Interface 호출	표준 Interface
접근방법론	객체지향방법론	CBD	SOA
모듈화	Tightly Coupled	-	Loosely Coupled

"끝"

- SOA : Service Oriented Arichitecture

문 13) 임베디드(Embedded) Software에 대해 설명하시오.

답)

1. Embedded System에 적용, Embedded s/w의 개요.

가. 임베디드(Embedded) Software의 정의

- 특정(specific) 기능을 수행하는 H/W를 운영/제어 하기위해 제한된 환경하에서 특수기능을 수행하는 Software.

나. Embedded Software의 특징

소형/경량, 비호환성(HW에 종속), 특수성(특정 HW 제어목적), 실시간성, 제한적 UI, 표준준수 어려움.

2. Embedded s/w 개발절차및 package s/w와 비교

가. Embedded Software 개발 절차

Host 환경(개발환경)

개발 → 에뮬레이터 검증

- Window, Android, Linux } 개발 Tool 사용
- 단위모듈검증, s/w위주 기능 Test

→

Target 환경(운영 환경)

포팅 → Target test

- porting, 이식작업(code)
- S/W, H/W 통합검증, System 수준& 기능/성능 Test

- Host 환경과 개발(Target) 환경으로 구분해서 실시

나. package s/w와 Embedded s/w와의 비교

구분	패키지 SW	Embedd SW
개발자역할	Software만 개발	HW/SW 개발(HW 지식필요)
개발환경	주로 Desktop 이나 Notepc 환경 (비주얼 개발환경)	Host와 Target Computer로 구성된 Cross Compile 환경에서 개발.

SW저장위치	HDD	ROM (Flash ROM)
배포	CD, DVD, Home page	H/W와 같이 배포(Release)
형상관리	CVS, Git, SVN	특정 HDD와 CVS.

3. Embedded s/w 활용사례 및 동향.

- 지능형 로봇, 자동차, IoT 제품등에 Embedded s/w 적용
- 모바일 Embedded s/w등 Total Solution 기술 개발을 통해 Software 산업 활성화에 기여.

"끝"

문 14) Software 생산성 향상 기법인 역공학(Reverse Engineering)과 재공학(Re-engineering)에 대해 설명하시오.

답)

1. Software 역공학과 재공학의 개요.

가. Reverse / Re-Engineering의 정의.

역공학	- System 도구를 사용하여 기존시스템에서 사양서나 설계서(Code)등을 역으로 추출하는 작업 (완제품에서 설계사양유추)
재공학	기존 System을 널리 사용되는 Programming 표준으로 변환하거나 고수준 언어로 재구성 & 타 Hardware에서 사용할수 있도록 변환하는 작업 (유지보수 일부)

나. Software 역공학, 재공학의 목적

- S/W 개발생산성 향상 및 표준화(언어, S/W아키텍처등)
- 유지보수 향상 & Software 수명 연장
- Test 용이성 향상, System이해 및 Easy변경 가능

2. SW 역공학, 재공학에 따른 Code관리 및 Flow(진행)

가. SW 역공학/재공학에 따른 Code형상관리

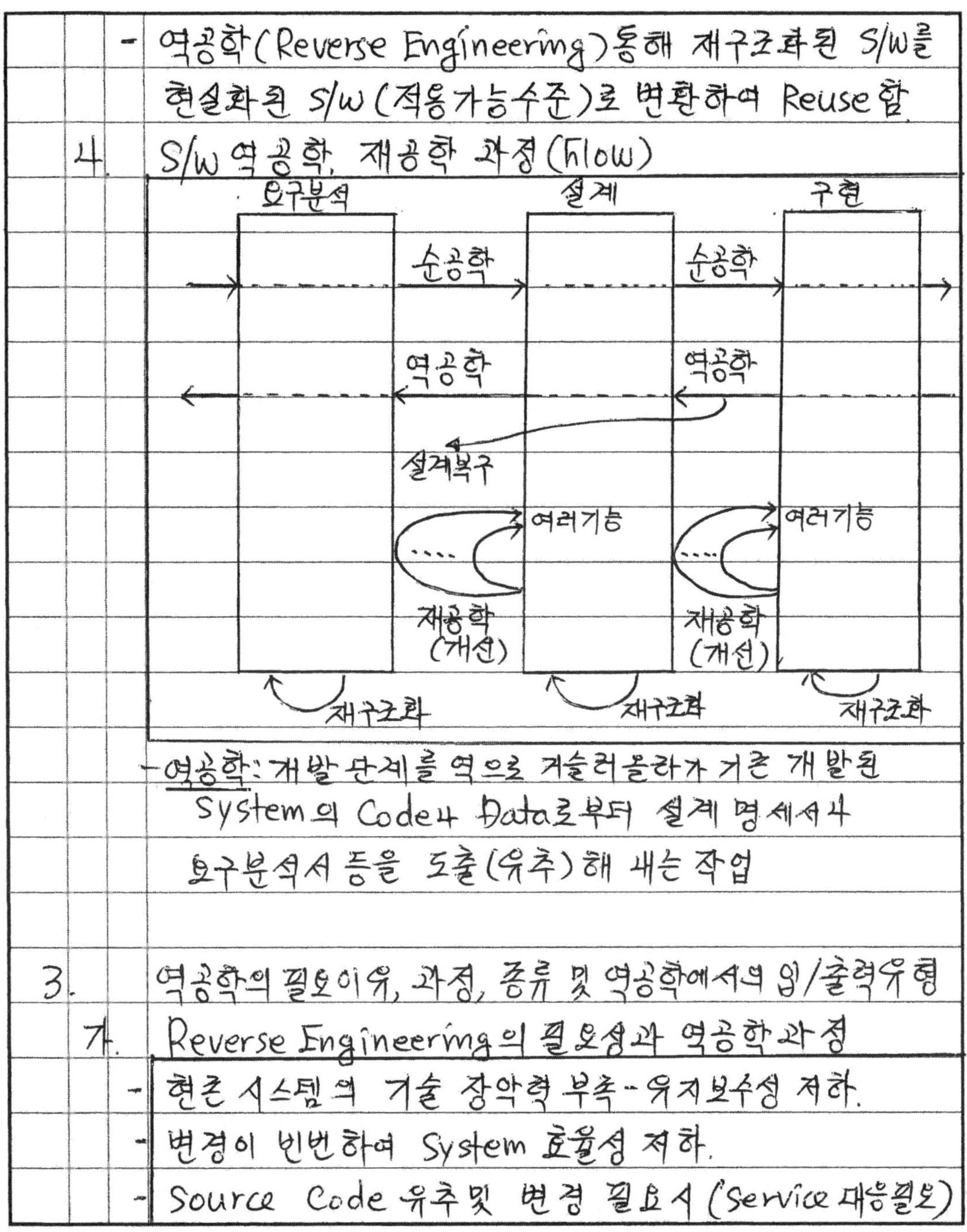

- 역공학(Reverse Engineering)통해 재구조화된 S/W를 현실화된 S/W(적용가능수준)로 변환하여 Reuse함.

4. S/W 역공학, 재공학 과정(Flow)

- 역공학: 개발 단계를 역으로 거슬러 올라가 기존 개발된 System의 Code나 Data로부터 설계 명세서나 요구분석서 등을 도출(유추)해 내는 작업

3. 역공학의 필요이유, 과정, 종류 및 역공학에서의 입/출력유형

가. Reverse Engineering의 필요성과 역공학과정

- 현존 시스템의 기술 장악력 부족-유지보수성 저하.
- 변경이 빈번하여 System 효율성 저하.
- Source Code 유추및 변경 필요시 (Service 대응필요)

Reverse Engineering 과정

Dirty Source code

재구축 | Restructure Code | → Processing

Clean Source code

유추, 추출 | Extract Abstraction | → Interface

Initial spec화

| Refine & Simplify | → Database

정제 ↓ 단순화

~~Final spec화~~

(최종 spec.)

나. 역공학의 종류와 역공학에서의 입/출력 유형

논리역공학	원시 Code 분석 & 설계 정보 Extract(추출)
자료역공학	기존 DB 분석 & 설계 정보 추출 → DB구조개선에 활용

입력	출력
-원시코드, 목적코드, 작업제어 절차	-구조도
-Text 자료, DB구조	-자료사전, 자료flow, 자료 Graph
-I/O 형태& 자료, 각종 Document	-제어흐름 Graph, 개체관계도(ERD)

4. 재공학(Reengineering)의 필요성, 적용방법, 수행단계

가. Re-Engineering의 필요성

- 유지보수 비용 증가 - 개선후 감소 필요.
- System 이해도와 변경 & test가 어려운 경우 - 변경
- 복잡 문제 빈번히 발생 - 유지보수 개선 필요.

나. 재공학의 수행 단계

원시코드로부터 정보추출
↘ 역공학단계 & System의 향상과검증
↘ 순공학단계 & 설계와 최적화
↘ 새로운 Code 생성 & 적용

순서 ↘

다. 재공학의 적용 방법.

유형	적용 방법
재구조화 방법	-시스템의 외부 I/F(기능+의미)유지 필요. -상태를 다른 표현 형태로 변환하는 과정
재 모듈화 방법	- Module 구조 변화 (시스템 구성요소의 Cluster 분석 등), 결합도와 관련성 검토 필요
의미론적 정보추출 방법	-기능을 Benchmarking 및 동작 flow. - Code가 아닌 사양준비시 설계자료로 활용

"끝"

문 15) Lehman의 Software 변화원리

답)

1. S/W 변화관리방안제시, Lehman의 S/W 변화원리 개요

가. S/W 유지보수(관리) 핵심, Lehman의 S/W 변화원리의 정의

- S/W는 요구에 의해 지속변경, 복잡성, S/W 생산성의 일관성, S/W 각 Version의 변화에 대한 일관성을 제시한 S/W 변화의 원리

나. Lehman S/W 변화원리의 중요성

① S/W 특성이해, 유지보수, 변경/형상관리, 품질통제 → 중요 Model

② S/W 조직(인력), process, 기술 반영 → S/W 특성 반영

③ Baseline 유지(버전), CCB 구성, 버전관리 → 설계원리 적용

2. 리만의 Software 변화원리 분류 & 상세

가. 리만 S/W 변화원리 분류(Category)

S-type (static)	P-type (Practical)	E-type (Embedded)
- Spec. & Solutions	- Procedures	- Environment
- 정해진 명세에 따라 동작하는 S/W	- 절차나 실행입력값에 따라 다르게 수행	- 실세계 환경적 상황과 밀접하게 연관됨
- 계산기 Program	- 체스 Game	- 열감지 센서

나. Lehman S/W 변화원리 상세

변화원리	핵심용어	내용
지속 변경	Change	S/W는 요구사항에 의해 지속 변경
자가 규제	Regulation	S/W 진화과정은 단계별 Feedback(규제)

조직적 안정화	Stability	작업량 불변
친근성 유지	Familiarity	각 Version 변화는 일정함
피드백 System	Feedback	제품 개선 도출위한 System에 활용
지속 성장	Growth	사용자 만족위해 지속적 기능추가
복잡도 증가	Complexity	변경으로 System 구조 복잡도 증가
감소하는 품질	Quality	품질 저하 방지위한 환경 지속 관리

3. Lehman S/W 변화 원리 적용 방안

구분	적용 방안	원리
조직 (People)	-전문가조직(유지보수/변경관리)	-조직 안정화
	-개발과 운영조직의 분리	-프로세스 구축
	-CCB구성(형상통제위원회)	-변경통제
프로세스 (process)	-변경 통제 process 구성	-지속 변경
	-process화(요구/변경관리)	-복잡도 증가
	-변경시 영향도 분석 process	-영향 분석
시스템 (System)	-형상관리 System 구성	-프로그램 진화
	-Baseline/CMDB구성	-친근성 유지

"끝"

문 16) Software 형상관리

답)

1. S/W 추적성 확보, 형상관리의 개요

가. 가시성 확보, 변경관리, S/W Configuration 관리의 정의

- S/W의 형상항목의 기능/비기능 특성을 식별하고 문서화 하여 변화를 제어하며 변경처리와 변경상태를 기록하고 보고하는 체계

나. S/W 형상관리의 필요성 (변경관리)

가 시 성	비 가시적 특징의 S/W → 가시성 확보하여 RISK 최소화
추 적 성	요구사항 & 산출물 간의 추적성을 확보
무 결 성	SDLC 생명주기 동안에 제품의 무결성 & 변화관리

2. 형상관리 절차도와 구성요소

가. 형상관리 절차도

- 형상관리는 형상식별 → 통제 → 감사 → 형상기록 순으로 진행

나. 형상관리의 구성요소

구분	구성요소	설 명

① 형상관리절차	식별/통제/감사/기록	형상번호부여, 승인, 무결성 평가, 기록
② LIB관리	Meta등 관리	공동적용 & Meta Data 관리
③ 저장소	저장관리	형상관리항목 저장위한 물리적공간
④ CCB	형상통제	위원회구성, 변경 심사
⑤ 변경통제	변경허용, 배포	CCB에서 진행
⑥ 통합개발환경	Tools	CVS, SVN, Git 등

3 형상관리 Baseline 설정

단계	Baseline	설 명
계획	기능	사용자 요구사항 정의서, 요구사항 명세서
요구분석	분배	사용자 요구 기능들의 System 분배 검토
설계	설계	개발설계 사양인 설계명세서 검토
구현	시험	SW 성능 & 기능충족(만족)할 시험계획서
시험	제품	제품의 품질 보증
운영	운영	설치후 사용자 입장에서 평가

"끝"

→ Software Define Anything

문17) 소프트웨어 정의(SDx)에 대해 설명하시오

답)

1. 가상화에 기반한 SDx(S/W Define Anything)의 개요

가. H/W 변경보다는 S/W적 제어, 제어유연성, SDx의 정의

- Cloud Computing의 발전과 함께 Software 기술을 활용해 기존의 H/W에서 직접제어하던영역을 S/W로 정의(제어) 하는 기술

나. SDx의 특징 (ROI 개선, Realtime Issue 대응, 신속성)

- 유연성증대 - 물리적인 H/W제어 대신 S/W제어로 유연성확보
- 상호운용성(Interoperability) 향상 - 인프라및 App. 통합이나 open API등을 통해 상호운용성 증대, Agility추구, 즉시성

2. Software Define의 유형및 설명

가. Software Define Anything의 유형

DevOps결합 → SDx ← 시장의 모멘텀 형성

Software적관리, 제어, 운영

서비스창출

SDN - N/W, SDS - Storage, SDDC - Data Center, SDR - Radio, SDI - Infra ....

- SDx는 Open stack, Open flow, Open Rack과 연계동작

나. SDx 유형별 특징 설명

유형	특징	내용
SDN (Network)	Data계층과 제어 계층분리	-Data계층: Data 전송담당(HF분리원칙) -제어계층: 경로/정책관리, S/W제어로분리

SDN	Openflow	제어와 Data계층사이에서 SDN 구현프로토콜
SDS	가상화스토리지	Storage 가상머신서비스- 민첩/유연성
(Storage)	멀티플랫폼지원	다양한 Storage 규격 통합 지원
	APP. 통합	개방형 API 집합을통한 상호운용성제공
SDDC	Data통합	물리/논리 자원 & 가상 자원통합
(Data	통합관리	자동화, 오토스케일링, 오케스트레이션 도구
센터)	개방형API	표준 programming 방식으로 접근
SDR	무선통신규격통합	무선 H/W수정없이 Module된 S/W만변경
SDI	Infra 통합	Data Center에 Infra통합, H/W추상화

"끝"

Software 개발 모형(모델)

S/W 개발 과정에 적용될 개발 모형으로 폭포수, 프로토타이핑, 나선형, 증분형과 진화형, RAD 모형, Clean Room 모형, 그리고 각 모델 간의 상관관계와 SDLC 과정에 필요한 Review, Inspection, Walkthrough, 전통적인 SW 개발 Model과 OSS(Open Source Software) 개발 Model의 차이점 등에 대해서도 상세히 학습할 수 있습니다. 기본적인 내용이지만 기본부터 확실하게 다지고 다음 단계를 진행하는 게 좋겠습니다.

[관련 토픽 – 11개]

문 18) SDLC(Sofware Development Life Cycle)

답)

1. 개발진행상황파악, 프로젝트관리지원, SDLC의 개요

가. SDLC(S/W Development Life cycle)의 정의

- S/W가 개발되기 위해 정의되고 사용이 완전히 끝나 폐기될 때까지의 전과정을 단계별로 나눈것

나. 표준 process 제공, SDLC의 출현 배경

S/W위기대처	- 주먹구구식 개발단계 → 표준 process화
생산성확보	- 고품질 S/W의 생산성 확보, 재 사용
Reuse	- 재사용, 유지보수 향상, 개발납기단축

2. Software 생명주기 구성 및 유형

가. Software 생명주기의 구성

↓↑ S D L C ↓	요구명세	요구사항 명세화, 타당성조사, 기능	요구사항정의서
	분석	Design Review, 가능성조사	개념 모델
	설계	분석모델 세분화, 구현형태로 변경	설계 모델
	개발	실행 코드 생성 (Build, Release)	실행 파일
	시험	S/W 오류 발견 및 수정 단계	In-house test
	유지보수	인수후 발생되는 모든 개발활동	upgrade

나. S/W 생명주기의 대표적 유형(Model)

폭포수 모델	각단계 검토후 승인, 순차적 하향식개발
원형 모델	prototype, 핵심부분 선행개발 평가 → 지속
나선형모델	폭포수와 원형 모델의 장점에 위험분석추가

	점증적모델	기능을 분리 여러번에 나누어 Release하고 검증

3 S/W 개발 생명주기 Model의 선정 기준

- 규모와 성격 → SDLC 선정기준
- 방법과도구 → SDLC 선정기준
- 시간과 비용 → SDLC 선정기준
- 개발통제수단과 산출물인도 → SDLC 선정기준

- 선정기준은 규모, 방법, 비용등을 고려

"끝"

문 19) 폭포수(Waterfall) Model

답)

1. S/W 생명주기, Waterfall 모델의 개요

가. 하향식 단계별 개발방식, 폭포수 Model의 정의

- 분석, 설계, 개발, 구현, 검증, 유지보수과정을 하향식 단계별로 순차적 접근하는 방식

나. Project 단계별 산출물 중시, Waterfall Model의 특징

고전적 Life Cycle 패러다임, 각 단계별 철저한 매듭(검증), 높은추상화 단계 → 낮은추상화 단계로 옮겨가는 방식, 하향식

2. Waterfall 모형의 개발단계와 장/단점 비교

가. Waterfall 모형의 개발단계

단계	산출물		
계획수립	→ project 계획서	What	↔ ROI 산출
요구분석	→ 요구사항정의서	↔	↔ 과거경험적용
설계	→ 기본/상세설계서	How	↔ 사양서공유
구현	→ coding	↔	↔ Coding Rule
검증	→ 단위/통합test	Operation	↔ 자주검증
배치(적용)		↔	↔ Release
유지보수		↔	↔ SR적용
Postmortem	→ 사용자 Issue 개선		품질이슈zero

(S/W 개발 Process ↓, 하향식 배포)

- 설계, 구현 단계 : Verification, 검증단계 : Validation

나. Waterfall 모형의 장단점

장 점	일정/비용/산출물 관리가 용이함

	(PM 입장)	-개발 단계 전체 진행 일정을 예측 가능
	단점(문제점 예측 어려움)	-문제점이 Coding 완료후 검증과정에서 구체화되어 개발 일정 지연 가능성이 존재

3. Waterfall 모형 적용시 고려사항

- 관리 쉬우나 요구사항 변경에 대한 신속한 대응 어려움
- 기술위험 낮음. 유사 project 경험시 적용, 정확한 요구사항 필요, Easy 관리 대응, 통합테스트 중요, 단계별 산출물 점검필요.

"끝"

문20) 프로토타이핑(Proto-Typing) 모델을 설명하시오

답)

1. 정식개발전 Mock-up 설계, proto-Typing 모델 개요

가. 요구사항 세밀분석목적, 프로토타이핑 모델의 정의

- 사용자 요구사항을 충분히 분석할 목적으로 사전 proto type 형으로 일시 구현후 다시 요구사항을 반영하는 과정 반복 수행

나. proto-Typing 모델의 목적

사용자 의사소통 도구 → proto-Typing 모델 ← 간단한 시제품 개발

사용자 참여 유도 → proto-Typing 모델 ← 개발 타당성 검토, 점진적

2. Proto-Typing Model의 개발절차 & 장/단점

가. 프로토타이핑 Model의 개발 절차

요구분석 → proto-type 설계 → proto-type 개발 → 평가 → (만족시) 구현 → 인수 & 설치

평가 → 불만족시 → 요구분석

(시제품) (점진적 개발)

Waterfall 모델과 차이

나. Proto-Typing Model의 장/단점

장점	단점
-개발자와 사용자간 소통원활	-중간단계 산출물 문서화 어려움
-요구사항 도출용이	-폐기시 비경제적(Overhead)

	System 이해와 품질향상	프로토타입결과를 최종결과물로 오해

3 Proto-Typing 모델 문제점 & 극복방안

관점	문 제 점	극 복 방 안
개발자	시간 낭비로 인식, 거부감	의사소통 중요성인지(교육)
관리자	Project관리부실화 발생	체계적 개발, 관리도구도입
사용자	요구사항→신속 결과 기대	시제품과 최종결과물 차이인지

"끝"

문 21) Spiral(나선형) 개발 Model에 대해 설명하시오

답)

1. 위험요소 최소화, Spiral 개발 Model의 개요

가. 위험요소의 선행개발 우선, Spiral 모델의 정의

- 주요 기능 Factor를 선행개발을 통해 위험분석, 나선형으로 반복수행, 점진적으로 S/W를 개발하는 방법론

나. BSC, CSF, KGI, KPI의 특징, Spiral 모형의 특성

CSF → Goal → KGI; CSF → Enable → IT process → BSC, KPI	- 대규모 System 개발의 위험 부담 사전 제거(위험분석 추가) - 위험 감소, 개발 장기간

2. Spiral Model의 구성 & 장/단점

가. Spiral Model의 구성 & 수행절차(계위개고)

- 계획&정의 → 위험분석 → 개발 → 고객평가 → Next → 반복수행

나. Spiral Model의 장/단점

장점	-정확한 사용자 요구사항 파악, 위험부담 감소 -품질 확보, 대규모 System 개발에 적합
단점	개발 장기화, Project 관리 난이, 위험관리능력이 성공 좌우

3. Spiral Model의 활용사례

- 신기술 개발분야(Blue Ocean 분야 신제품)
- 고위험 요소 내재 Project(ROI 산출, 기업이익 활성화)
- 대규모 인력투입(사전 선행개발 통한 위험요소 제거)
- 대표적 방법론으로 마르미(MaRMI) Ⅲ 4.0(한국형) 있음

"끝"

- CSF(Critical Success Factors): 핵심 성공요인
- KGI(Key Goal Indicator): 핵심 목표지표
- KPI(Key Performance Indicator): 핵심 수행지표
- BSC(Balanced Score Card): 균형 성과 지표

진화형 　 「하시오.

문22) 증분형(Incremental)과 (Evolutional) 모델에 대해 설명

답)

1. 높은 품질의 S/W를 개발하기 위한 증분/진화형 모델의 개요

가. 증분(Incremental)형과 진화(Evolutional) 모델의 정의

증분형	요구사항 일부분 → 제품일부분 → 반복개발 → 최종제품완성
진화형	구성요소의 핵심부분 개발 → 각구성요소 지속발전 → 완성

나. 증분형과 진화형 Model의 특징

증분형	모든 요구사항의 초기정의, 반복횟수/방법, 산출물 사전계획
진화형	Prototype을 만들고 이를 분석/진화시킴

2. 증분형 Model과 진화형 Model의 개발 생명주기

가. 증분형 Model의 SDLC

- 폭포수 모형의 변형, 하향식 구조의 수준별 증분개발후 통합방식

나. 진화형 Model SDLC

- 핵심 요구사항부터 개발 이를 분석/진화 하는 방식

3. 증분형과 진화형 Model의 장/단점 비교

구분	증분형	진화형
장점	규모가 큰 조직인 경우, 병행 개발 가능, 후반부로 갈수록 성과증가	- 모든 요구사항 초기정의 불필요 - 요구사항 반영/피드백 신속
단점	과도한 증분은 위험증가	프로젝트/요구사항 관리 어려움
활용	대규모 병행 개발, 요구사항 명확	신규 개발 위험 요소 제거용도

"끝"

문 23) RAD(Rapid Application Development) 모형에 대해 설명하시오

답)

1. 매우 짧은 개발 주기, RAD 모형의 개요.

가. CASE 도구와 Component 근간, RAD Model의 정의

- 2~3개월의 짧은 개발주기 동안 SW를 개발하기 위한 순차적인 process 모델 (빠른 개발 위해 Tool 사용)

나. RAD 모델(모형)의 특징

	RAD 특징	
도구의 활용: CASE, 4GL	→	개발 60~90일
Prototyping 사용	→	기술위험 요소 적음(Agility 개발)

2. RAD 모형의 SDLC 및 설명

가. RAD(Rapid App. Development) 모형의 SDLC

진행 단계 ↓	Modeling			
	비즈니스 모델링 단계	→	Application 생성 단계	→ Test 및 인수 단계
	Data 모델링 단계			
	process 모델링 단계			
	분석 (30일)		구축&설계(45일)	배포 (15일)

- 고객과 개발자가 한 팀 (FAST 개념), 짧은 개발 주기

나. RAD의 각 개발 단계의 설명

절차	설명 (고객과 개발자가 한 팀으로 문제 해결)
분석	JRP, 사용자와 함께 업무 Model 작성/검증
설계	JAD, 사용자 참여 공동 설계, CASE 활용

JRP: Joint Requirement planning
JAD: Joint Application Design
FAST: Facilitated App. Spec. Techniques

구 축	CASE, 4GL 기술이용 반복, 신속한 구현
배 포	설계 완료후 사용자 환경 검증, Release

3. RAP 모형의 장단점 비교

장 점	단 점
요구사항의 완전한 이해와 프로젝트 범위의 명확한 설정시 신속한 개발&기능구현 완벽 가능	-책임감있는 구성원 없을시 실패 -적절한 모듈화 가능성 전제 -기술적위험이 높을 경우 부적합

"끝"

- CASE : Computer Aided S/W Engineering Tool

문 24) Clean Room 개발모형(모델)에서 3가지 Box 구조에 대해 설명하시오.

답)

1. Black/State/clear Box, Clean Room의 개요.

가. 점증적 생명주기 모형의 개선 모델, Clean Room의 정의

- System 전체기능을 Incremental(증가분)로 분할, 반복적인 개발과 사용자 피드백(feedback)을 통해 증가분 S/W를 개발 System에 추가하는 생명 주기(SDLC) 모형

나. 클린룸(clean Room)의 목적 - 초기 단계부터 정확성을 검증하여 아예 결함 자체를 예방하는데 목적

다. Clean Room의 특징

반복(점증적)	엄격한 설계&정확성검증 / 중요도, 이용빈도, 피드백	Black Box	State Box	Clear Box

2. Clean Room 모형의 개발 개념과 개발 process

가. clean Room 모델에 의한 점진적 개발 개념

다음 증가분으로 →

증가Ø Core → + 증가 → 증가분 S/W 부분 1 → +증가 → 증가분 S/W 부분 2

개발순서(중요도, 이용빈도, 사용자 Feedback순) ← 우선 순위고려

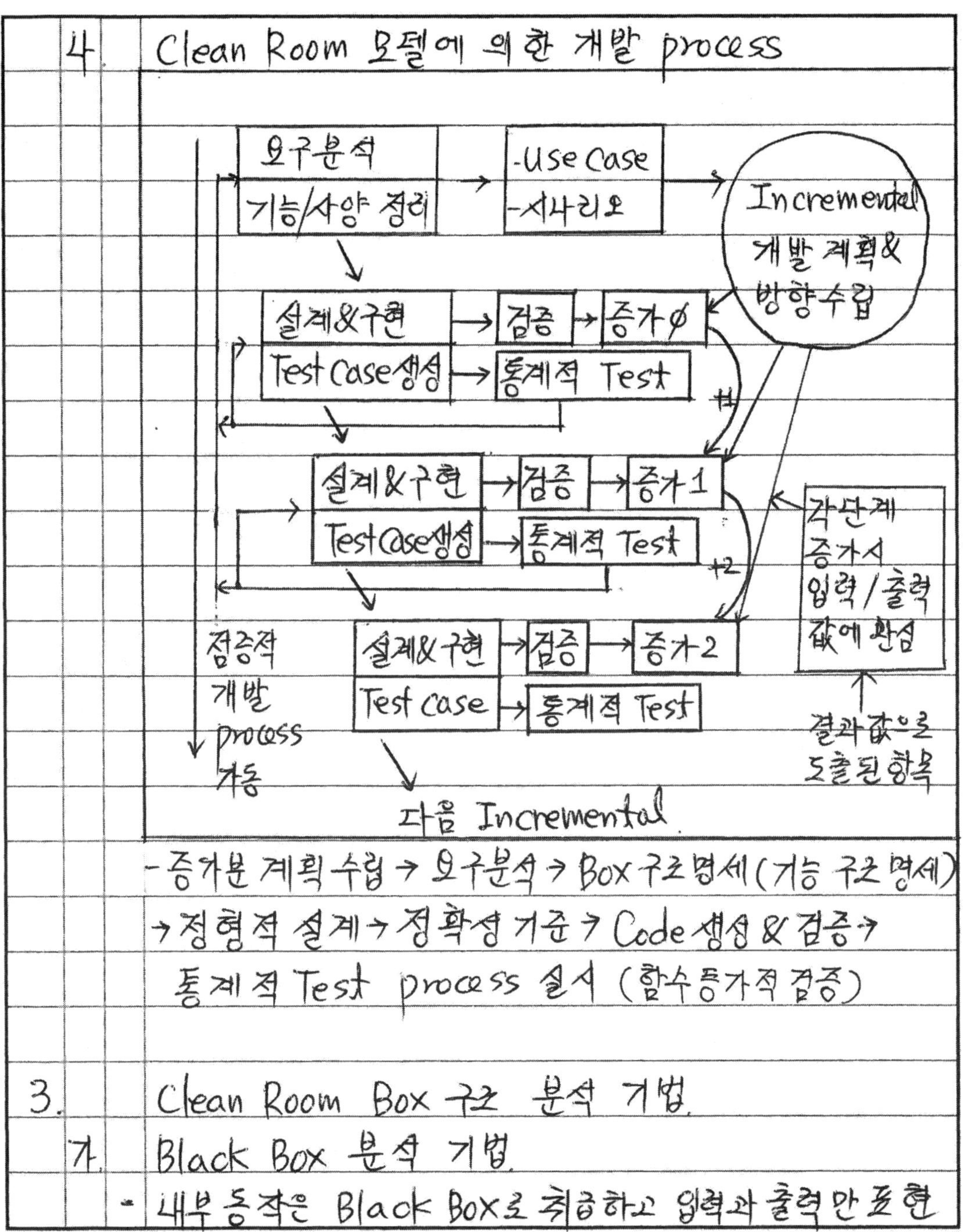

나. Clean Room 모델에 의한 개발 process

- 증가분 계획수립 → 요구분석 → Box 구조명세(기능 구조 명세) → 정형적 설계 → 정확성 기준 → Code 생성 & 검증 → 통계적 Test process 실시 (함수등가적 검증)

3. Clean Room Box 구조 분석 기법

가. Black Box 분석 기법

- 내부 동작은 Black Box로 취급하고 입력과 출력만 표현

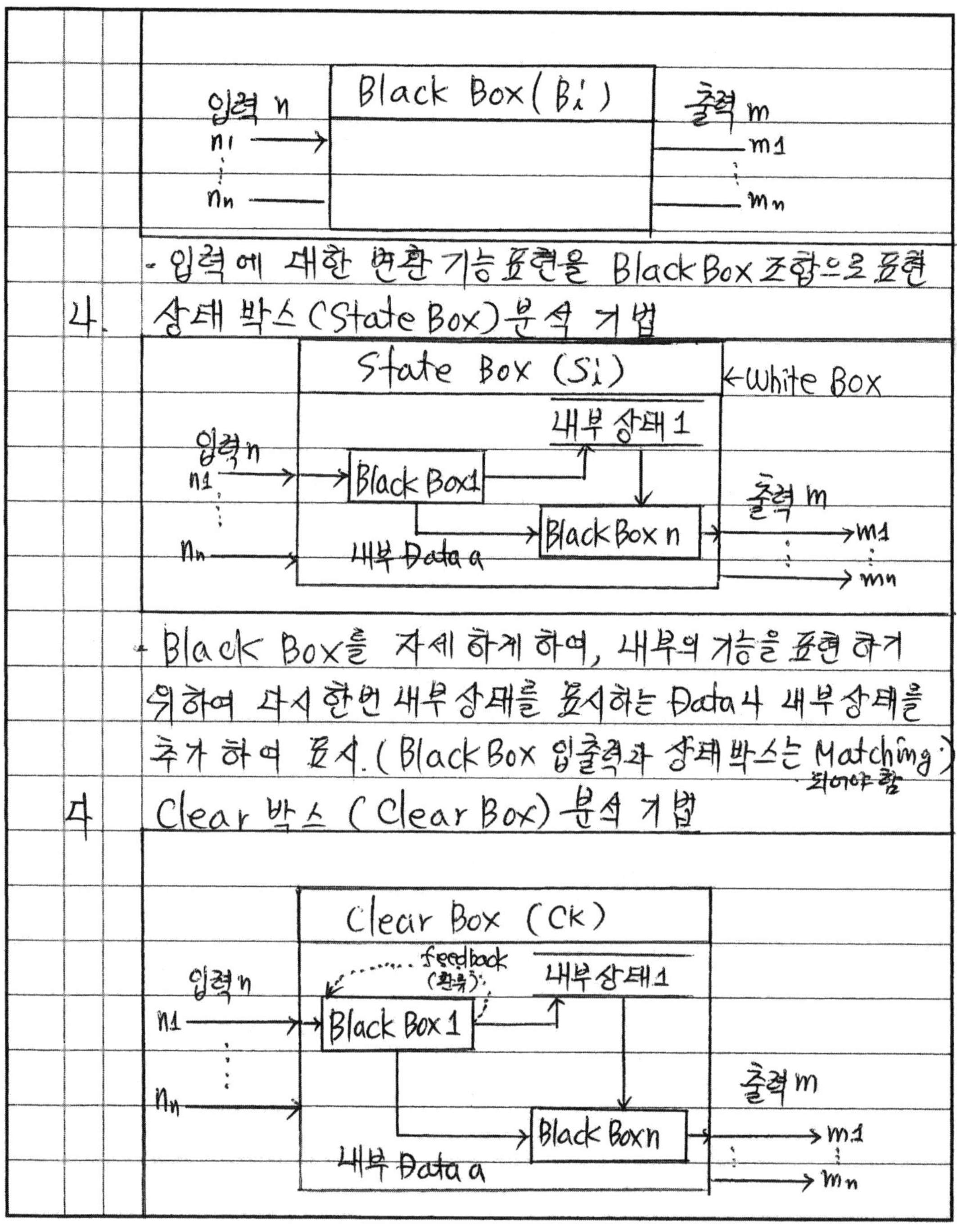

- 입력에 대한 변환 기능 표현을 Black Box 조합으로 표현

나. 상태 박스(State Box) 분석 기법

- Black Box를 자세하게 하여, 내부의 기능을 표현하기 위하여 다시 한번 내부상태를 표시하는 Data나 내부상태를 추가하여 표시. (Black Box 입출력과 상태 박스는 Matching 되어야 함)

다. Clear 박스(Clear Box) 분석 기법

- State Box에 다시금 제어의 흐름을 추가 한 것
- 내부 Black Box와 함께 Black Box 사이에 제어 흐름 및 시간적인 의존 관계를 자세히 기술
- 상세화의 최종단계(마무리)에서 존재하는 Black Box는 기존 S/W Component 이외의 것은 불가.(호환안됨)

"끝"

문 25) SDLC 모델 선정기준과 각 모델간의 상관관계

답)

1. SDLC(Software Development Life Cycle)의 개요

가. 적정모델선정 → 개발납기준수, SDLC의 정의

SDLC 타당성분석부터 개발/유지보수/폐기 전 과정을 하나의 주기로 보고 효과적으로 수행하기 위한 Process를 모델화

나. 협업, 개발일정 준수 위한 SDLC의 역할

S/W 위기극복	생산성 향상, 프로젝트 계획(비용/일정) & 관리 기준 제공
표준화	구성원의 의사소통 & 산출물 표준화, 검증/확인, 검증 정형화

2. SDLC 선정기준과 SDLC 모델간의 상관관계

가. SDLC의 모델 선정 기준

나. SDLC Model간의 상관관계

선정 기준 - project 특성, 개발방법&도구, 시간/비용, 통제 수단, 산출물 인도등 해당 project 특성고려 필요

모델관계도 - 폭포수/Proto-Typing →(개선/요구사항)나선형 →(정형적) Clean Room Model

3 실무경험자로서의 SDLC 적용후 관리방안

관리	설명
물리적	개발환경 Cloud화, 장비사용균일, 주기적 회수
관리적	Daily Meeting, 위험요소사전파악후 해결
기술적	표준 사양 결정후 Share(공유), 변경사항 실시간 공유

"끝"

- CMMI(Capability Maturity Model Integration)
  = 업무능력&성숙도 평가 기준
- SPICE : Software Process 평가위한 국제표준

문 26) SDLC(Software Development Life Cycle) 과정에서 구현 단계에서의 Action Item(Activity)과 일정 지연이 발생되었을 때 Project Manager 입장에서의 대처 방안에 대해 기술하시오.

답)

1. S/W 개발 납기 준수를 위한 Activity, SDLC 개요.

가. Software 개발 생명주기(SDLC)의 정의

- S/W 개발 타당성 분석부터 구현/유지보수/폐기까지의 전 단계를 하나의 생명주기로 인식하고 전 과정을 단계별로 나누어 효과적으로 관리하고 수행하기 위한 process.

나. Software 위기 대처, SDLC의 출현 배경

SW 위기 극복	- 표준 사양, Flow(개발과정)를 통한 극복
Reuse 필요성	- Core Asset, S/W DB 통한 Agility 추구
개발 납기 준수	- 반복문제 사전 Fix, 검증/확인 명문화
표준 process	- 구성원간 용어 표준 & 산출물 표준화, 의사소통
관리 효율성	- 표준 pert를 사용하여 유관부서와 Interface

2. SDLC의 절차와 내용 및 산출물

절차	내용	산출물
기획 (상품기획)	계획, Benchmarking, 상품화 가치, ROI 분석 자료, SWOT 분석	기획서, 제안서
요구명세	명확한 사양, S/W 기능, 제약조건	요구사항정의서

단계	주요 내용	산출물
	-요구사항의 모호성&불확실성 제거	RFP
요구분석 (개발)	-사용자 요구사항 분석 및 이해	
	-비즈니스 모델, UML, 분석도구	-Modeling
	-요구공학 적용하여 표준사양분석	작성
설계 (개발)	-분석 Model을 통한 세분화 작업	-Design
	-S/W Framework, Design pattern	Model.
	view, S/W 아키텍처 적용	
구현 (개발)	-원리, 상세 기술 사양서, 실행코드	-구현 Guide.
	작성, Code의 In/out 명세화	-상세구현서.
	-구조적/객체 지향/Component,	-상세 설계
	Coding style, 표준사양 적용	사양서
검증 (Test 부서)	-Aging 시험, Program 오류 발견 및	-검증 결과서
	개발 의뢰 수정 후 재 검증,	-Checklist
	-Test 자동화, V&V 기법, Black/white BOX	-개발 FA Report
배포 (Release) (개발)	-품질부서 최종 검증(출하 검증)	-Post Mortem
	-생산용 S/W, OEM 진행 S/W, 릴리즈 sheet	-OEM 사양 최종점검
유지보수 (개발+품질)	-생산 후 사용자 조건에서 Issue 개선	-CLCA,
	-ITSM, ITO, SLA/SLM, ITIL,	-FMEA
	-Code 내 유지보수 항목 나열→차후반영	-FA

3\. SDLC 내 구현 단계에서의 Activity

가. 개발 단계에서 상세 구현 방안

상세구현내용	설명	산출물
User 요구사항	-상세한 요구사항 명세서 작성 -project 목적, 범위, Reference 정의	IEEE 830 기준 요구사항(사양)서
기능 구현	기능과 비기능 분리, 특성, 제약분리	사양 Spec화
성능 구현	외부 I/F, 기능, 성능요구사항	성능검증, 타사비교
검증방안	검증의 정의, 요구되는 결과의 기술	checklist, 자주검증서
일정 고려 (개발삽기)	최종 SW Release 일정수립, 개발 삽기 준수 일정 공유	pert를 System 등록 및 Share

4. 상세 구현 단계를 위한 Action Item

Action Item	설명	산출물
platform 결정	platform별 성능과 OS결정	적용 platform
언어 선택	OS와 연관, 사용 언어 결정 (Objective-C, Java, C++, C#)	SDK등 개발환경구축
S/W Frame work 결정	.net(window o/s)등 S/W Framework 결정(version)	.net version 별 기능 분류
아키텍처 Style 결정	MVC, Layer, client-Server 저장소등 기존 Style분류후결정	아키텍처 Style 결정 배경
기능의 범위	목표사양(기능), 기능의 범위결정	목표사양서
동작사양기술	각 기능에 대한 동작 사양기술	세부동작 Flow
Emergency동작	예외 처리를 위한동작 사양기술	예외처리 사양
Code Inspection	구현된 Code의 Cross check	Checklist
pair programming	표준 Format에 따른 Coding	표준 Coding 사양서

입출력 사양	Code내의 입출력 사양 표준화	Coding Rule
N/W통신사양	적용 protocol 사양 정리	protocol 정의
검증 방안	구현된 Code의 검증 방법 기술	Black/white Box 검증
Debugging 방안	Code내의 동작 검증을위한 방법제시	option 처리

4. 상세구현 단체에서 일정지연 발생시의 대처방안

대처 방안	설 명	산출물
Critical path 분류및 집중관리	-지연요소 파악후 부서원공감 -사전 관리를통한 일정 지연요소제거	-일정 만회 대책 수립서
신규 Resource 투입	-과거 경험자위주의 인력 재배치, 목표기능구현위한 경험자와Co-work	과거 경험사례 분석 자료화
세부 지연요소 재 점검	-지연요소에 대한 세부 항목나열 -후행작업자의 참여기회부여	-pert 재점검 -후행작업자공동참여
분할과 정복	Code의 분할과 정복 기법 적용	세부 사양화
과거 경험 사례 적용	기 개발 Model의 관련 Code 조사후적용할 내용 Merge	FA분석, 경험사례 Code
일정 재수립	-현실적으로 구현 가능한 일정과 검증이 완료될수 일정을 수립하고 중간에 Buffer일정 삽입	-PERT Revision
Scrum 방식 적용	PDCA(plan-Do-Chek-Action) 활동, 실무 담당자와 미팅, Idea 발상회 실시.(진행내용공유)	-일일회의통한 진행 내용공유 -향후Action수립.

기능 변경 (구현불가시)	현실적으로 구현이 불가능한 경우는 기능에 대한 사양 변경	제품사양서 변경후 Revision
Crashing (일정단축효과)	- 자원을 Critical path 상 추가 투입하여 기간(pert) 단축. - 비용대비 효과가 높은 Activity에 투입	- Resource 투입계획서
Fast Tracking (일정단축효과)	- 활동혹은 단계(phase)의 연관관계를 재조정 하는 방법. (병행수행) - 재작업 발생 위험	- 일정 재수립 pert 재조정 및 변경
Resource Leveling	- 자원 제약 해결 (특정 시점, 과부하, 제한된 양) 방법	일정 재조정
위험 대응	- 납기지연, 예외 상황등을 고려하여 달성 가능한 일정 수립 방법	Monte Carlo Analysis 결과
Critical Chain 방법	- 일정과 인력등을 고려 Buffer 수립 - 자원 제약을 고려하여 프로젝트 수행	Buffer 관리 방안 수립.

"끝"

- SWOT: Strength, Weakness, Opportunities, Threats
- ITIL: IT Infrastructure Library
- FMEA: Failure Mode and Effect Analysis ← 품질이슈 Zero 화 process
- PERT: Program Evaluation and Review Technique
  : 작업의 순서나 진행 상황(상태)을 한눈에 파악할수 있도록 작성한것 ← 최단기간 목표달성
- 몬테 카를로 법: Computer를 사용하여 확률적인 문제를 해결 하기 위해 모의실험에 의하여 문제를 푸는 방법. 수학적확률/난수표사용

문 27) SDLC 과정에 필요한 Review, Inspection, Walkthrough에 대해 설명하시오.

답)

1. SDLC 과정의 이해당사자간의 검토회(檢討會)

가. Review, Inspection, Walkthrough의 목적

Review	-요구사항의 누락, 불일치, 불완전, 모호함 등을 탐지하여 제거하는 검토회의
Inspection	특정 주제에 대하여 세부적으로 검토하는 회의
Walkthrough	요구사항 명세서의 전반적인 면을 검토하는 회의

나. Review, Inspection, Walkthrough의 관계

Review
특정주제(issue) → Inspection (격식요구)
Formal: 공식리뷰, 의사결정
Informal: 내부리뷰, 동료간 검토 → Walkthrough (격식불필요)

- 중요도 : Review(공식) > Inspection > Walkthrough, 내부리뷰

2. Review의 종류 및 설명 (현업 적용예)

항목	Formal(공식)	Informal(비공식)
참여자	-project Leader, 고객대표, 요구사항분석가, 조직상위관리자(참석)	-동료간 Cross-check -peer Review.
회의내용	향후단계 진행위한 조치, 승인.	-요구사항 재검토 및 확인
현업 적용예	-다음단계 진행여부 의사결정. -양산투자비 결정, ROI 검토	-개발자가 모여 요구사항 구현 가능여부

3. Inspection과 Walkthrough 간의 비교

항목	Inspection	Walkthrough
참여자	-특정 주제(issue)에 대한 검토자 -Engineer, Tester, UI/ux Designer	-유지보수전문가, 고객, 사용자 재료, 품질 담당자, 요구사항 분석가
절차	1) 준비 2) 관련주제&문서 사전 Review 3) 개최 4) 특정주제의 검토내용소개 5) 검토회의 수행 6) 사후 Action Item (검토회의에 대해) 7) 종료	1) 준비 2) 개최 3) 요구사항 명세서의 전반적인 설명 4) 검토회의 수행 5) 사후 Action Item (요구사항 분석가의견) 6) 종료
현업 적용 예	- FMEA, CLCA, FA에 대한 개선 항목 검토 → 재발 방지 대책 수립	-품질 : 과거 경험사례 등록 향후개발시 적용. -품질 Issue Zero화 방안수립

"끝"

문 28) 전통적인 S/W 개발 Model(모형)과 OSS(open Source Software) 개발 Model의 차이점에 대해 설명하시오.

답)

1. 전통적인 S/W 개발모델과 OSS 기반 S/W 개발모델의 정의

전통적인 S/W 개발	OSS 기반 S/W 개발
분석, 설계, 개발, 구현, 검증, 유지보수 과정을 순차적으로 접근 (폭포수, prototyping 등)	In-House 개발 방식이 아닌 다른사람이 이루어낸 성과의 기반에서 함께 open 협업 개발

2. open Source Software 개발 process

- patch를 통해서 지속적으로 꾸준히 개발되고 update 됨
- 개발자들 Community에 의하여 자발적으로 Feature(특징) Design(설계) 등의 의사 결정이 일어남

3. 전통적인 S/W 개발 모델과 OSS 기반 S/W 개발모델 차이점

차이점	전통적 S/W 개발	OSS 기반 S/W 개발

의사소통	- Face to Face 미팅, CC, 메일 - 위계적 체계의 의사소통	- Mailing list, 구조적인 체계없음 - 토론이 문서화 → 문서화 process 강화
사용자 참여	- Release 전에 개발에 참여 불가 - 해당 프로젝트 인원만 산출물 접근	- 개발 초기부터 사용자와 협업 가능 - 모든 개발인력이 산출물 접근 가능
Peer Review	- 같은 개발 구성원에 의해 Review - Code Review 100% 수행 어려움	- Peer Review가 100% 수행됨 - 외부개발자/사용자 Review → Quality 확보
배포 (Release)	- 정해진 process에 의해 - Major 배포시 다수 Feature 포함	- Release Early, Often. - 자주 Release → testing에 유리
지속 testing	- 일정 Milestone시 검증 - Testing 팀 별도 존재	- Milestone에 관계 없이 자주 testing, 이슈 & Bug 초기발견

"끝"

- CC : Conference Call

S/W 개발 방법론

S/W 개발 방법론인 구조적, 정보공학, 객체 지향, CBD, 그리고 Agile, TDD, SPL, XP, RUP, SCRUM, MDD, DevOps, Kanban S/W 개발 방법론에 대해 설명하고 SCRUM 방법과 비교, CASE(Computer Aided Software Engineering), Lean 등에 대한 개발 방법론에 대해 쉽게 접근할 수 있도록 답안화하였습니다. 자주 출제되는 토픽들입니다.

[관련 토픽 – 18개]

비교하시오 각방법론에

문29) S/W의 개발 방법론에 대해 설명하시오 (상세 답)

1. 유지보수용이, 생산성증대, S/W 개발 방법론의 개요

가. 효과적인 project 수행, S/W 개발방법론의 정의

- S/W 개발에 관한 계획, 분석, 설계 및 구축에 관련 정형화된 방법과 절차, 도구등이 공학적인 기법으로 체계화한 표준이론

나. 개발 방법론의 필요성

S/W 개발방법론	
-개발 생산성 향상	-정형화 된 절차와 process
-경험및 Reuse	-표준용어, 산출물공유
-project관리수월	-의사소통 수단 제공
-수행공정의 가시화	-표준사양문서의 공유

다. Software 개발 방법론의 진화 (구정객(Component))

유지보수용이, 생산성(Reuse)증대 → 발전

구조적기법 → 정보공학 → 객체 지향 → CBD

1970, 복잡성극복 / 1980, 자동화 / 1990, 모듈화, 추상화 / 2000, Reuse증대

2. Software 개발 방법론의 구성요소및 종류

가. S/W 개발 방법론의 구성요소

구성요소	내용	비고(산출물)
작업절차	-Project 수행시의 작업단계의체계 -각 단계별 Action Item 열거및순서	단계-활동 작업-산출물
작업방법	-각 단계별 수행해야 할 Job -절차/방법 (Man Month 역할)	작업 방법 제시, 관리

산출물	-각단계별 산출물 목록 및 양식	설계서,체크리스트
관리	-Project 진행을 기록 -계획 수립, 진행관리, 품질, 예산, 일정, 위험요소등의 기록과 공유	-계획서, -진행실적, -품질보증등
기법	-각단계별 작업수행시 기술과 기법	객체지향, ERD
도구	-기법에서 제시된 각 기법별 지원 도구에 대한 상세 사용표준및 방법	CASE, 4GL등

- 작업절차, 방법, 산출물, 관리, 기법, 도구로 구성됨

나. 개발 방법론의 종류

구분	설명	특징
구조적 방법론	-정형화된 분석 절차로 사용자 요구 파악후 문서화하는 체계적분석이론	-Program Logic 중심 -분석도구 활용(Data Flow, 자료사전, Mini-Spec
정보공학 방법론	-정보시스템에 S/W공학적용 -시스템의 계획, 분석, 설계 및 구축하는 Data 중심의 개발 방법론	-기업 정보시스템 중심 -ISP가 필수, Data중심 -CASE도구등공학적 접근 -Data와 process 상관분석
객체 지향 개발 방법론	-분석과 설계 및 개발에 객체 지향(Object oriented)기법활용하여 System 구축하고자하는 방법론	-업무영역을 객체화하여 객체 집단형태로System구축 -캡슐화, 다형성, 추상화 정보은닉, 상속성제공 -객체간 상호작용은 메시지

CBD (Component Based 개발)	-Reuse 가능한 Component의 개발 또는 사용 컴포넌트들을 조합하여 App. 개발 생산성, 품질 향상, 비용최소	-Component 기반 개발 -반복점진적 개발 process -표준화된 산출물 작성, 컴포넌트 Base의 Reuse 향상

-Component 예시 : CPU, Mother Board 내에 WiFi 모듈

3. 개발 방법론 들간의 상호 비교

가. 개발 방법론의 중점, 특징, 장/단점의 비교

구분	구조적 기법	정보공학기법	객체 지향	CBD 기법
중점	기능중심	자료구조	객체	Component
특징	-분할과 정복 -하향식 기능분해	Data와 process 균형	-캡슐화, 추상화 분석초점이 명확	-반복, 점진적 -높은 Reuse
장점	-process 중심의 개발	자료중심으로 비교적 안정적	자연스럽고 유연, 재사용용이	생산성, 품질, 비용, 위험개선, S/W위기극복
단점	-정보은닉 안됨 -낮은 Reuse, 유지보수	기능의 유지보수 재사용성 낮음	-전문가 부족 -S/W 기술 필요	-test 환경부족 -인증 환경 미흡

4. S/W 개발 방법론의 세부 비교(개발단계, 산출물, 언어)

구분		구조적	정보공학	객체 지향	CBD 방법론
특징		분할과 정복 원칙(구조화)	CRUD	White Box Reuse	Black Box Reuse
개발 단계 산출물	계획	도메인/프로젝트 계획서	도메인/프로젝트 계획서	프로세스/개념 Model, 프로젝트 계획서	프로세스/개념모델 프로젝트 계획서
	분석	Dat Flow	ERD	UML	UML

개발 단계 산출물	설계	-구조 chart -프로그램 사양서 (Data flow)	-APP. 구조도 -프로그램사양서 -Table 정의서 /목록	-Class 다이어그램 -Sequence -Component -배치 다이어그램	-Class -Sequence -Component 세부 사양서(설계)
주요 지원언어		C, VB, COBOL	C, VB, COBOL	JVA, C#, objectc	개발언어와 무관

"끝"

- CRUD: Create, Read, Update, Delete

문 30) 폭포수(Waterfall) 개발 모형과 Agile 개발방법론

답)

1. Waterfall 개발모형과 Agile 개발방법론의 개요

가. 폭포수(Waterfall) 개발모형의 정의

계획수립, 요구분석 → 설계, 구현, 검증 → 배포, 유지보수 (하향식)

plan, 분석, 설계(Design), 구현, 검증, 배포, 유지보수 과정을 하향식 단계별로 순차적으로 접근하는 방식

나. Agile 개발 방법론의 정의

→ Time

검증 → 개발 → 디자인 → 검증 → 개발 → 디자인 → 반복

개발 과정의 Source code가 곧 문서, 절차보다는 개발자 중심, 변화 유연, 신속성, 의사소통 강조, Agility 개발

2. Waterfall 개발모형과 Agile 개발방법론의 비교

구분	Waterfall	Agile
관점	개발 모형(Model)	개발 방법론(Methodlogy)
수행원리	Top-down	Iterative
의사소통	적음	많음
요구사항	거의 한번에 정의	지속적으로 요구사항 반영
설계	단계별 상세화	점진적 구체화
개발	순차/단계적 개발	반복적
테스트	빅뱅 Test 주로 이용	회귀테스트 주로 이용
배포	종료 단계 배포	반복, 지속적 배포

3. Waterfall 개발모형과 Agile 개발방법론의 장/단점

구분	Waterfall	Agile
장점	-일정/비용/산출물 관리 용이 -개발 단계 전체일정예측 -간결하고 이해 용이	-지속협업 통한 서비스품질↑ -ROI 증대, 기업이익극대화 -창의성/생산성 향상
단점	-요구사항 변경시 전체일정부담 -단계별 산출물이 완벽하지 않으면 다음 단계에 오류 전파	-체계적 문서부족(감리사 IT감사시 검토 확인 곤란) -사업관리 부분 미흡 발생

"끝"

문 31) Agile process(방법론)에 대해 설명하시오

답)

1. Time to Market, product의 적시 Release, Agile의 개요

가. Source Code 자체가 곧 산출물, Agile process의 정의

- 절차보다는 사람이 중심이 되어 변화에 유연하고 신속하게 적응하면서 효율적으로 System을 개발할수있는 process.

나. Agile process의 등장배경

정보시스템 수명주기 단축	사용자의 다양한요구	기존 방식의 I/F증가, 생산성저하	신속성 요구

다. Agile process의 필요성

지속적 변화에 대한대응	Reuse로 생산성 확보	품질유지 비용관리	I/F간 소화	신속성, 민첩성

2 Agile 방법론의 주요특징과 종류

가 Agile 방법론의 주요특징

특징	내용
변화 적응 (미리상황 주도)	- predictive(예측)하기보다 Adaptive한 방법론. (proactive-미리상황을 주도)
사람 중심 (의사소통→ 민첩함)	- 기존의 process 방법 적용 보다는 사람중심의 개발 방법론, 즉 process 보다 대화(의사소통) 중심.

적용(소규모 프로젝트)	-소규모의 타임박스(Timebox)화된 서브 프로젝트나 반복 주기에 적합
반복 주기 수립 (요구사항 대응)	각 반복주기의 마지막 계획의 재수립 요구 → 요구사항 우선순위 변경, 신규 요구사항 정의, 어떤 기능을 어떤 버전에서 릴리즈할 것인지 결정
Pair-programming	하나의 System을 Cross-check 해 가면서 Coding 하는 Rule 적용

나. Agile 방법론의 종류

종류	특징	비고
XP	-test 강조, 용기/의사소통/피드백/단순성, 12개 실천항목, 1~3주 반복	가장 주목
SCRUM	-project를 Sprint(30일 단위 반복)로 분리 -팀은 매일 Scrum(15분 정도) Meeting	Iteration 계획과 Tracking에 중점
DSDM	기능 모델, 설계와 구현, 수행 3단계 사이클(2~6주)로 구성	영국에서 적용
FDD	짧은 Iteration(2주), 5단계 프로세스 (전체 모델 개발, 특성 list생성, 계획, 설계, 구축)	설계, 구축 Process 반복
Crystal	-project 상황에 다양한 방법론 적용가능 -Tailoring하는 원칙 제공	중요도와 크기에 따른 방법 제시

- Lean 개발 방법과 Agile을 혼재하여 사용(적용) 가능

3. 전통적인 방법론과 차이점 및 Agile 적용 시 고려사항

가. 전통적인 SW 개발 방법론과의 차이점

항목	전통적 방법론	Agile 개발 방법론
계획	다음 단계까지 상세 계획 수립	다음 반복 주기만 상세 계획 수립
요구사항	요구사항 정의 단계에서 모든 요구사항을 Finalize(완결)할것을 강조	요구사항에 대한 Baseline(베이스라인) 설정을 강조, Baseline 설정후 개발
아키텍처	모델과 Spec을 상세화 하는 과정을 통해 Application 및 Data 아키텍처를 초기에 정의하고자 함	실제 개발된 기능 구현을 통하여 빠른 시간 내에 아키텍처의 실현 가능성을 증명해 보이고자 함
검증(Test)	특정 기능 구현후 단위-통합-System으로 확장해 나가는 방식	잦은 개발-Test 주기를 통한 조기 기능의 검증, 지속적 통합및 검증.

나. Agile 방법론 적용시 고려사항

조건	내용
제한조건	모든 경우에 적용되지 않음
Adaptive 방법론 적용 조건	-가변적 요구사항 → 변경될 가능성 유지, -책임감 있는 개발자 → 책임및 경험 소유자, -프로젝트에 전향적인 고객
predictive 방법론 적용조건	.50인 이상의 project team, - 명확히 정의된 범위(Scope)및 제약

4. Agile process (방법론) 향후전망

측면	내용
부정	-방법론으로 적용하기에 process 정립의 부족 -대형 project 부적합, 감리대응 어려움, 관리가이드라인 부족 -제약조건, 적용조건이 가장 중요하나 하기 어려운 부분 있음
긍정	- 방법론이 아닌 일부 기법, Mapping(사상)을 선택적 사용에 유용함, 중소형 project에 적합, 아키텍처 설계나 prototype 수립과 같은 Task 수행에 적합.

"끝"

- xp : eXtrem Programming . 기지를 발휘하다
- DSDM : Dynamic System Development Method
- FDD : Feature Driven Development
- 감리대응 어려움 : Code가 곧 문서(산출물) 검증이 어려움.
- Early Adaptive : 환경에 적응.

문 32) S/W 개발방법론 Agile Methodlogy의 정의, 특성, 장/단점

답)

1. S/W 개발의 Time-to-Market 실현, Agile 방법론 개요

가. 개발과정 Source Code가 곧 문서, Agile 방법론의 정의

- 절차보다는 개발자 중심, 변화유연, 신속성, Agility 개발 방법

나. 기존 개발 방법론의 한계, → Agile 방법론 등장 배경

Time-to-마케팅	N/W 환경, System 성능향상, User 요구사항 급변
적시 배포	기업경쟁력 강화 차원, Real time 대응
정보시스템 수명주기	문서/절차 위주에서 Proactive한 Action 필요

2. Agile 개발 방법론 특징과 장/단점

가. 절차보다는 개개인의 상호작용 우선, Agile 방법론의 특징

Agile 방법론 특징 →
- Agility 추구, Adaptive 대응, Killer App. 추구
- 책임감 있는 개발자와 전향적인 고객
- PM은 관리자에서 촉진자, 팀원 책임 강화
- 구성원의 의사소통 활성화, 중소형 project에 적합

나. Agile Methodlogy 장/단점

장점	단점
- ROI 증대, 기업 이익 극대화	- 체계적인 문서 부족 (감리 대응↓)
- Delivery Time 감소	- 요구사항 변경시 Overhead
- 창의성/생산성 향상	- 사업관리부분 미흡 발생
- 제품 품질 향상 (내재화)	- 감리 대응부족 (문서, 산출물 부족)
- 기업이미지 향상	- 개발자의 피로감

3. Agile 방법론의 단점보완을 통한 성공적인 개발 수행전략

관리 업무의 고도화		발주자의 Agile 참여 독려
-Agile 방법 리더 양성	성공적인 Agile	-발주자의 변화 지속관리
project 관리 기법향상	도입 전략 계획	전사 조직적 Agile 이행
-기존 project와 융합		-Agile 교육, process 공유

- project 상황에 적합하게 방법론 Tailoring 검토 필요

"끝"

문 33) TDD(Test Driven Development) 개발 방법론

답)

1. Test 기반의 단순성(Simplicity), TDD 개발 방법론 개요

가. Test에 통과된 Code만 적용, TDD의 정의

- S/W의 신뢰성 향상, 품질 향상을 위해 Test 설계를 먼저 진행후 Test에 통과한 Code를 Pair Programming과 Refactoring을 통해 반복적으로 진화시켜 나가는 XP의 실천적 개발 process

나. TDD의 특징 → Programmer의 실력 향상 가능

- Agile Adaptive
  - Design for testability : 견고성 보장, 커버리지 확보
  - Instant Feedback : 기능에 집중, Small Release
  - Bottom Up 접근 : 반복, Code 진화, 고품질

2. TDD 개발 Process & TDD Pattern

가. TDD 개발 process (Bad Smell code Remove)

Need (XP 사용자 요구사항) → 단순설계 (Test Case 작성) → Test → Pass → Code 작성 → Bad Smell Code → Refactoring → Simple → Test; → Small Release

TDD 반복수행(단순, 최적화)

- 가장 단순화, 최적화 Code가 만들어질 때까지 수행 (중복 제거)

나. TDD의 Pattern

패턴	설명	방법/유형
빨강막대 패턴	Test를 언제, 어디에, 언제 멈출지 결정	작은 Test, 실패
초록막대 패턴	Code가 Test를 통과하게 만듦	가짜, 명백구현 시험

테스트 패턴	Test - 모듈간 적합, 견고함 검증	모의객체 검증
xUnit	자동화된 단위 Test 지원	junit
디자인 패턴	검증된 해결책, Best Practice	생성, 구조, 행위

3. TDD 문제점 & 해결 방안

TDD 문제점	해결 방안
- 관리 Code량 증가, 역효과 →	자동화된 FW의 사용(xunit)
- 요구사항 변경에 따른 영향 →	중요, 핵심 기능 우선 적용
- Tool 유연성 문제 →	Proof of Concept 사전 수행
- Test Case 독립설계 어려움 →	전략적 기법 적용, 융통성

- FW : Framework, 개발자에게 사전교육 실시, 사전 검증후 적용

"끝"

- 빨강막대패턴 : (심리학적 요인) 빨강막대인 상태보다 초록막대인 상태일때 내가 어디에 서 있는지 잘 알수있음(자신감)
- 초록막대패턴 : (가짜 구현하기) 한 모듈의 Return 값을 상수로 임의적으로 O.K. 상태 → 변수(수정)
- Bottom up ⟷ Top down (정보 위↕아래)

하의상달 (下意上達) / 상의하달 (上意下達)

문34) SPL(Software Product Line) 개발방법론

답)

1. Core Asset, Faster/Better/cheaper. SPL 개요

가. S/W Reuse 극대화 방안, SPL의 정의

- S/W공학 전체 관점에서 Domain Specific 하게 재사용할 단위인 Core Asset를 미리 개발하여 실제 개발에서도 Core Asset를 재조립하여 제품을 만들어내는 개발방법론

나. Software Product Line의 특징

도메인 공학	제품의 공통사용 Code추출→Core Asset화
아키텍처 기반	개발시 Core Asset 개념 적용 Framework
Re-engineering	기존 Core Asset를 상황에 맞게 Reuse

2. SPL 구성& 핵심 개발활용

가. Software Product Line의 구성

- Core Asset 개발후 Product에 탑재 → 양산화

나. SPL의 핵심 개발 활용

Core Asset 개발	Core Asset 개발후 Repository에 저장, 자산화
제품 개발	요구사항별 분류, 제품군(群,무리군)구별후 양산적용
관리 영역	기술적, 조직적 관리, 자원분배 등

3. Software Product Line의 개발방법

Proactive 개발방법	- Core Asset 먼저 개발, 초기투자와 선행 지식 필요 - 범위 선정(개발), 신규제품 개발시 Code 개발 최소화
Reactive 개발	- 여러개의 제품군에서 Core Asset 도출(역공학) - Product Line 기술 처음 도입시 적용유리
Incremental 개발방법	- 초기부터 제품개발과정 중에 계속 Core Asset 개발 - Core Asset Base로부터 제품에 추가, 지속 반복 개발

"끝"

하시오.

문35) Xp(eXtreme Programming) 개발방법론에 대해 설명

답)

1. Software 개발의 Agility 강조, XP 방법론의 개요.

가. XP(eXtreme Programming)의 개념

- 고객이 원하는 S/W를 고객이 원하는 시간에 인도.
- 요구사항 변경에 적극적이고 긍정적인 재처리고
- 급변하는 환경에서 S/W를 신속히 개발할 목적의 개발방법론

나. XP의 특징 - S/W 개발과정에서 발생되는 문제 적극 복 대안

특징	설명
신속한 피드백	짧은 시간단위로 고객의 피드백 수용, 요구사항 적용
단순함	현재 issue만 개선, 미래 일은 걱정하지 않음
점진적 수정	분할과 정복을 통한 점진적 수정
변화의 인정	변경과 변화는 당연히 발생하는 것이라 인정
고품질의 작업	TDD 방법론 처럼 test의 중요성 강조

2. XP의 개발 process 모형, 설명, 개발 단계별 전략

가. XP(eXtreme Programming)의 개발 process

- 사용자 test 시나리오에 적합시 바로 Release 수행.

사. XP의 개발 process의 설명

절차	설명
사용자스토리	사용자 요구사항/UML의 use case
spike	어려운 요구사항이나 잠재적인 Solution들을 고려하기위해 작성하는 프로그램 (기술문제 최소화)
배포계획	project에 대한 배포 계획 수립
반복	하나의 반복은 1~3주 나눔, 민첩성, 신뢰성
인수 test	-고객은 고객 환경에서 검증(Validation) -요구사항에 만족되는지, 통과되는지 확인
작업 배포	소규모로 빈번하게 배포→고객 이득조기 제공

다. XP의 개발 단계별 전략

단계	전략
계획	저비용, 신속한 가치부여, 경쟁력 강화
설계	test 선 진행후 설계 구현 (반복과 단순화 설계)
개발	지속적인통합(CI), pair programming.
test	Coding보다 단위 test 선 진행, test 자동화
관리	XP 관리도구로 Matric 이용

3. XP의 4가지 핵심 가치와 실천 항목(12가지)

가. XP의 4가지 핵심가치(Core Value)

핵심 가치	설명

용기	고객의 요구사항에 능동적인 대처
단순성	부가적기능, 미사용알고리즘은 배제
의사소통	개발자, 관리자, 고객간의 원활한 의사소통
Feed Back	지속적인 test와 통합(CI:Continuous Integration), 반복적결함 수정, fast Response(feed back)

4. XP의 12가지 실천 항목(practice)

구분	실천항목	설명
개발원리	Pair programming	조수,부조수개념 Code Cross check
	공동 책임	팀의 모든개발자가 Code에 대해 책임
	지속적 통합	한 작업 종료후마다 지속통합 및 test
관리원리	planning Game	User Story 활용 Next Release 결정
	작은 릴리즈	기능위주의 Fast Release 실시
	Metaphore	최종적으로 개발되어야할 시스템구조기술
구현원리	간략한 디자인	가능한 한 간략한 Design 유지
	test	개발자가 선 test실시, 실제코드를 작성하기전에 먼저 test 해봄으로써 자신이 무엇을 해야될 지 판단
	리팩토링	중복/복잡성 제거(단순화로 동일기능)
환경요소	-주40시간 작업	-주 40시간 이상 업무금지 -2주 연속 Overtime 불가
	고객 상주	개발 효율성위해 고객도 project 참여
	코드표준	의사소통 도구로 코드 표준화 작성

4. 효율적인 XP 적용 방법 및 XP 적용의 한계점.

XP 적용방법	- Agile process와 RUP 혼합 형태의 프로세스 적용바람직 전반부는 RUP 형태 개발후 후반부는 XP 형태진행
XP 적용 한계점.	- 고객 관점에서만 접근함으로써 문화적 차이점 심함 (고객주도와 팀워크 강조가 심함), 대형 프로젝트 적용어려움.

"끝"

하시오.

문 36) RUP(Rational Unified Process)개발 방법론에 대해 설명

답)

1. 반복적이고 점진적인 개발 process, RUP의 개요.

가. Software 개발의 절차 제시, RUP의 정의

- 예정된 일정과 예산내에서 고객의 요구를 충족시키는 고품질 SW 생산을 위해 개발조직내 Activity(작업&책임)를 할당하는 규칙 이나 절차를 제시한 process.

나. Use Case Driven, RUP(Rational Unified Process) 특징

RUP 개발 프로세스
- Use Case 중심: Use Case가 기준선(Baseline)
- 4+1 view: 아키텍처 적용 개발 효율화
- 반복/점증적인 개발 process
- 4단계 개발 반복주기

-4단계 개발 반복주기(Time Box) - 인식/설계/구축/전이 단계

2. RUP 개발 process의 4단계 과정 및 설명

가. RUP process.

시간의 변화 →

개발 \ 진행	도입 ①	설계 ②	구현/구축 ③	전이 ④
Biz Modeling				
요구사항				
분석				
설계				
구현				
Test				

작업흐름 ↓ / Max 작업량(각 단계) / ←반복수행

①②③④는 단계별 이정표, 수직축은 Work flow(개발진행)

- 4+1 view: Design, Component, process, 배치(Deployment)+사용사례
- 작업흐름: Work flow.

4. RUP 개발 단계의 설명(4단계)

단계	내용	산출물
도입	- Software의 사업성 검토(ROI산출)	- Feature list
	- project Scope(범위) 정함.	- profile list
설계	- 문제 영역 설계(내부 Logic화)	- Use case
	- 개발 계획서(목적, 사양, 일정, 기능)	- 설계 사양서
구현	- Software 요구사항에 맞게 구현	- 구현 사양서
	- 구현된 SW의 기능/비기능 검증	- 검증(checklist)
배치(배포)	- 사용자에게 S/W을 Release(배포)	- 결재 내용(배포)
	- Beta version Test 완료 issue 개선	- FA(Failure분석)

3. RUP의 장점

- Software의 반복적 개발통한 요구사항 충족및 고신뢰도.
- Requirement의 체계적 관리, S/W Modeling.
- CBD 분야와 결합 확대 적용 예상됨.

"끝"

문 37) XP(eXtreme Programming) 방법론과 RUP 방법론에 대해 비교하시오.

답)

1. XP와 RUP 방법론의 정의

XP(eXtreme Programming)	RUP(Rational Unified process)
요구사항 → Release plan ↔ 반복적 개발 ↔ 인수 test → 배포; 단순성, 피드백, 의사소통, open mind; Test 시나리오; spike(검증 program); Issue 개선후	진행/개발: 도입, 설계, 구현, 배포 × 요구사항, 분석/설계, 구현, 검증 (←수행시기)
- Time to Market 실현	- 4단계 Time Box 수행
- Just in Time Release(적시배포)	- 반복적이고 점진적 process

2. XP와 RUP 방법론의 비교

항목	XP	RUP
공통점	반복적 개발	반복적 개발
산출물 정의	거의 없음	각 단계 산출물 필요
Activity 정의	세부적이지 않음	적절하게 세부적
단계 진행	구체성 없음	구체적
Milestone	구체적이지 않음	단계별 Milestone 적용
아키텍처	상대적 변경 용이	매우 강조, 설계 단계시 검증
특징	process 중심 보다는	- 개발 process 중시
	사람(엔지니어) 중심	- 단계 산출물 중시

	구분		
	장점	- 의사소통 원활, 단순화	- UML의 근간
		- Refactoring 적용 쉬움	- Guide line이 자세함
		- 방법론 자체 비용거의없음	- Life cycle 전반 체계적
	단점	- 고객주도와 팀웍 강조심함	- 소형 project에 적용어려움
		- 대형 project에 적용어려움	- Tool과 방법론 전문가 필요
		- 신속한 의사소통 필요	- process 진행 비용증가

"끝"

문 38) SCRUM 개발 방법론에 대해 설명하시오.

답)

1. Team 단위 Sprint(Event 처리기간) 강조, SCRUM의 개요

가. 작업단위(BackLog)의 Tracking(모니터링) 중시, SCRUM의 정의

- Small 개발팀, 짧은 개발주기, Team 집중력과 생산성을 향상시켜 점진적으로 Software를 개발하는 Agile process

나. SCRUM의 특징

관리 강조	포괄적 수용	Role 강조	시간 제약	Backlog	Team
• XP와는 달리 진행체계 수립, 역할(R&R) 정의에 중점	• 기존 개발방법론, 표준사항, 공학적 접근의 포괄적 수용	• SCRUM Team의 Role 강조	• 15분 daily Meeting • 30일 개발주기(Time Box)	• 해야 할 일의 목록, 시간	• 5~9명 • R&R

2. SCRUM process와 설명

가. SCRUM process

요구사항 적용 plan	일정수립	Job 수행/처리	제품출시
사용자고객 요구사항 → 제품책임자 → 일정, 목록, 시간표 (제품 Backlog) → Sprint 계획회의	Job, Job → Sprint Backlog	구체화 (점진적) Sprint기간 (1~4주), 일일회의 진행 및 점검, SCRUM Master에 의해 관리	- Review - Inspection - Validation → 출하 - Postmortem 실시

- 현업에서는 양산 S/W에 일부 기능 변경시 최적 개발 등급으로 SCRUM 진행

나. SCRUM process의 설명

Process	Activity	핵심성공요소(CSF)
plan	제품 Backlog, Sprint Backlog	USE case 우선순위, 8시간 이내

CSF : Critical Success Factors.

Sprint 수행	1~4주 단위 반복	달성가능, 점진적→구체화
일일 회의	진행상황 점검/공유(15분)	15분 이내 정해진 시간 준수
Review	산출물 share & 점검	개선/미완료 작업 보고
Postmortem	3시간 이내 Sprint 회고	지속적 개선, 개선사항 검토

3. SCRUM 적용 방안과 고려사항

기업 적용 방안	적용시 고려사항
-대규모 project 소규모로 분할 후 정복(개발 완료)	-필수 산출물 작업 시간 필요 -산출물 부족에 따른 감리 기준 미부합
-고객 참여 유도(validation)	-Test 범위(Scope) 선정 및
-짧은 주기 관리 → 산출물 관리 철저	Sprint Backlog 현실화

"끝"

문 39) MDD(Model Driven Development) 방법에 대해 기술하시오.

답)

1. MDD(Model Driven Development)의 정의와 모델구조

가. 구현 자동화, MDD의 정의.

- Software를 쉽고 빠르게 개발할수 있도록 platform 종속적인 S/W 모델로 자동변환하고 Source Code를 자동생성하는 개발 방법

나. MDD의 모델(Model) 구조.

구분	설명
비즈니스 모델	-Biz 업무(Logic)를 기술하는 영역
platform독립모델 (PIM)	-구현기술과 무관하게 Biz의 기능과 행위를 정의 -Biz 전문가가 UML로 Modeling.
platform 종속모델 (PSM)	-기술 platform의 특성을 반영하는 모델 -MOF로정의된 PIM을 UML프로파일로 자동Mapping.

2. MDD의 Model 변환 방법과 절차

가. MDD의 Model 변환방법

변환	설명
①→①	개발단계 PIM 상세화 (모델의 정교화)
①→②	기술 종속적 정보추가
②→②	실제 구현정보 추가
②→①	기존 System의 Re-엔지니어링

4. MDD에 의한 개발절차

	CWM		UML Profile 적용
MDA 개발	Target platform 선정 →	Meta 모델 식별, 정의 →	Mapping 기법 정의, 구현
MDA→PIM →PSM	PIM 모델 작성 → Mapping	PSM 모델 생성 →	App. 완성
	MOF→XMI		

- CWM → UML → MOF → XMI 과정을 수행하여 App. 완성

3. MDD 적용 개발의 기대효과

- Meta model 이용으로 구현 공정 자동화 용이
- project 진행과정 전체를 재사용(Reuse) 할 수 있음.
- System 이식성 향상 & Lifecycle이 길어짐.

"끝"

문 40) MDA(Model Driven Architecture) 개발방법론에 대해 기술하시오

답)

1. Model 기반의 Software 개발방식, MDA의 개요

가. MDA(Model Driven Architecture)의 정의

- 모든 Component(기능요소)들의 기술요소를 표준 메타 Model로 정의하고 이를 기반으로 각 구성요소를 정의(Define)함으로써 호환성(System 간)을 보장하고자 하는 Software 개발 방법론.

나. MDA의 필요성(등장 배경) - OneSource Multiuse화

MDA 등장		
-OMG의 CORBA -SUN의 J2EE -MS의 .Net 기존 미들웨어의 호환성 이슈 (이식성)	S/W 표준화 요구 (호환성)	표준 Model 필요 (-Reuse -자동화)

- 기존 Middleware F/W간 호환성 이슈, SDLC에서 표준 사양 필요.

다. MDA의 장점 - 구현 Automation 지향

구분	설명
구현자동화	-Meta Model을 통한 구현 과정의 대부분을 자동화(Automation)할 수 있는 장점.
재사용성	-Project 전체 결과의 산출물을 재사용 가능
이식성	구현 환경과 독립적으로 정의되어 이식성 증가
상호호환성	표준화 통한 App. 구축 후 이기종 플랫폼에도 운용

F/W : Framework

2. MDA Model 분류 및 관련 표준

가. MDA(Model Driven Architecture) Model 분류.

PIM → -표준 메타 모델 기반 호환성 ← PSM
-구현 단계에서의 생산성 향상

PIM	-Platform Independent Model -메타 모델을 기반으로 한 독립적인 모델
PSM	-platform Specific Model -각 구현 환경에 적합한 구현 모델로 자동(Automation) 변환해 주는 모델

나. MDA 관련 표준 메타 Model들의 종류와 설명

표준 메타모델	설 명
UML	-Unified Modeling Language -OMG에 의해 표준화된 객체지향 분석&설계표준 -구현환경에 무관하게 표준방법으로 시스템 모델링
MOF	-Meta Object Facility -다른 메타 모델을 정의하기 위한 메타-메타모델 -UML과 CWM은 MOF 기반의 메타모델 -MOF는 모델 저장소(Repository) 역할
CWM	-Common Warehouse Meta Method ·Data Warehouse 영역에서 DW 아키텍처

				을 정의(Define)한 메타모델
			XMI	-XML Metadata Interchange (I/F 표준)
				-MOF 기반 모델을 XML로 Mapping 위한 표준
				-XML 기반 Data 관리를 위한 표준사양

3. MDA 적용을 위한 과제

- 기술과 System 기능 변화에 따른 새로운 UML profile(프로파일) 생성 및 study 필요
- Legacy system 호환성(OS, HW)을 위한 PIM 변환 필요. - 기존 System 사용자 호환 편의성 제공 차원
- 개발자들의 이해가 쉬운 OMG 표준사양 정립.

"끝"

문 41) 데브옵스(DevOps) 개발 방법론에 대해 설명하시오

답)

1. 협업을 최우선시하는 DevOps 개발 방법론의 개요

가. 개발(Development)과 운영(operation)의 통합, Devops의 정의

- 개발과 운영이 분리되면서 오는 문제점(사후관리, 서비스등)을 해결하기위해 개발팀과 운영팀을 하나의 조직으로 합쳐운영하는 방법론

- S/W개발자들과 IT종사자들 사이의 의사소통, 협업, 융합 강조 S/W개발론

나. 부서 이기주의 타파, 민첩성강조, DevOps의 등장배경

기존의 비합리성		DevOps 개발문화/개발방법론		기대효과
-부서간 이기주의 -책임회피 & 전가 -일정 지연, 납기지연 -의사소통 미비 -결재 경로 불명확	개선 → 필요	개발, 품질, 운영 (교집합: DevOps)	-하나의팀 -TDD -CI -Scrum -XP -협업 -품질보증 ←	-개발 납기 준수 -신속한 문제해결 -proactive 대응 -신속한 Release -서비스 향상

- 기존의 비합리성을 제거하고 신속한 의사결정 및 시장 Issue 대응

- TDD(Test Driven 개발), CI(Continuous Integration)

2. 개발 성숙도별 개발모델 발전 및 DevOps의 기술요소

가. DevOps로의 발전과정

발전	process	설명
초기 단계 CD(Continuous Delivery)	아이디어 → 개발 → 배포 → 아이디어	소규모, 의사결정용이, 분석/설계/개발 및 운영이 같은 Group에서 이루어 짐.

단계	개발 사이클	특징
↓ 성숙된 조직 ↓	아이디어 → 프로젝트 승인 → 요구사항/범위 → 개발 → Test → 수정 → Release 결정 → 산출물 확인 → 릴리즈 → 아이디어	-조직 성숙, 인원증가, 이익증대 → 더욱 체계화된 process 요구됨. -한정된 예산, 역할 세분화 -개발/검증/수정후 릴리즈(느림) -process 수행이 느림 -릴리즈후 운영팀이관, 사후관리 미흡
DevOps 단계	아이디어 → Testcase 작성 → 개발 → 검증 → 통합 → Release → 모니터링 → FeedBack 수집 → 아이디어	-신속한 기능 추가 가능 -Daily Build & Release -개발과 운영이 한팀(신속의사) -개발자가 운영 환경 제어 -자동화 Tool Set & 서비스 신속 -Process 신속, 운영 비용 관리효율

4. DevOps 기반의 개발 사이클

개발진행시나리오	진행 과정의 내용
1. User 요구사항	사용자의 Needs 분석, VOC 수집
2. User Story	사용자 Story 작성 (요구사항 작성)
3. 범위, 우선순위 결정	사용자 스토리에 대한 Scope 정의, 우선순위 지정
4. 이해관계자 관리	Stakeholder에 대한 Reporting 및 관리 (영업, 보고등)
5. 연관성 관리	다른 project와 연관성 (Dependency) 관리
6. 도입&평가방안	필요의 경우 Solution (OSS등) 평가 및 도입
7. 개발	Design, Build, Coding, package, Demo
8. 검증 (testing)	실 사용자 환경포함 검증, User story 적용
9. 배포 (Release)	Web Server에 Release 후 관리, 버전 관리

10. 법적관리	Security 관리, Compliance 관리(법/개인정보)
11. 운영	Service 운영, Monitoring, Tracking.
12. 서비스	대고객 지원 (Customer/OEM Support)

3. DevOps의 개발 조직구성과 핵심기술요소

가. DevOps 기반의 조직 구조

조직 구조	설명
PM/SM User Researcher — Product 관리자 — UX — 아키텍트 SCRUM Master 개발자(Tester) — 운영 - Contents writer - Technical writer 포함 → 개발자(Tester)	· Product 관리자 : 요구사항 우선 순위조정 · UX : UX 지속 개선 · SCRUM Master & Project Leader : 일정관리, 개발리소스 관리, PM과 아키텍트 중간역할, 주간 보고 · User 리서치 : 선행조사 · 기술writer : 기술문서작성

- PM/SM(program/service Manager) : 개발/운영, 과제관리, 이해당사자소통

나. DevOps의 핵심 기술요소

측면	기술요소	설명
품질	품질 수준	시나리오 기반 품질 측정 기술
	테스트 자동화	Script 적용 Test Automation 화
process	Cycle Time 축소	process 간소화, 지속적 관리 향상
	완료시점 적용	검증완료가 아닌 운영서버 정상동작시점
	지속적 출시	지속적 통합 → 운영서버 반영 → 자동화

process	지속출시	개발 초기 단계부터 운영 환경 갖춤
	Release와 배포의 분리	블루-그린 배포(Blue-Green 배포): 운영 환경 두개로 나눠 신규버전과 이전 버전 병행
도구	지속적 통합	Git, Jenkins, 검사일자동 → 결과공유(개발/운영)
	Release 자동화	형상관리 서버내의 자동 Release 환경 구축
	프로비저닝	권한 설정, System 구성 및 관리

4. S/W Visualization과 DevOps의 비교 및 필요역량

가. Software Visualization과 DevOps의 비교

구분	S/W Visualization	DevOps
목적	-개발상태 실시간 파악 -정량적 분석기법 -개발의 투명성	-외부 Issue 실시간 대응 -의견일치, 개발문화 확립 -개발의 통일성 확보
기대효과	자동화에 의한 편의성, 문서작업의 최소화, 품질기반의 개발문화	

나. DevOps 개발의 필요역량(실무개발/운영 경험 위주)

- Open Mind 필요, Coding능력, 협업능력, 의사소통 능력, process 수행 및 재정의 능력, 시스템 운영 경험 및 자동화 Tool 생성/제작 능력&역량, Biz 이해 필요.

"끝"

문 42) KANBAN S/W 개발 방법론에 대해 설명하시오. (SCRUM과 비교하시오)

답)

1. S/W Release 적시성, Just-in-time 배포, KANBAN의 개요

가. Resources의 최대한 활용(공백시간없이) KANBAN의 정의

- S/W 개발기간중 기능구현에 있어 전후 기능간의 Botteneck (병목현상) 발생을 방지하기위해 S/W 엔지니어의 투입을 적시 적소에 할당하여 Task overload(업무과중)ing 피하는 방법론

나. KANBAN S/W 개발위한 조건

해당분야 기경험자	고도의 개발역량 요구, 검증&Coding&디자인필수
동일 Domain	같은 분야의 경험과 활용이 가능한 System
반복적 Release	개발주기가 반복적이고 배포가 많은 경우 적용

2. 개발기간중 Bottleneck 발생 원인과 KANBAN 활용 해결방안

가. Bottleneck 발생원인 (HDD 개발과정의 예)

Start 개발 기간 end

Read 기능구현 (2명, 추가2명필요) Read/write/Compare 검증 (기능검증기간)

Write 기능구현 (2명)

Format 기능구현 (2명)

Bottleneck

인력 Assign.

WIP 제한효과

- ~~Read/write 기능 검증을 위해서는 선행 작업 구현이 필수~~ 인데 process 진행을위해 Format 기능구현 인력 Read기능구현에 할당

나. KANBAN 활용 해결(개선 방안)

- 기능구현에 있어 overloading(업무과중)되지 않게 Resource Assign(work-in-progress(WIP) 제한)

적시 적소: 適時適所: 알맞은때, 꼭 알맞은자리.

- Scheduling 개념을 도입 Job 수행의 Full Empty 고려

Scheduling 도입	Scheduling 미 적용
(S) Start → 작시 적소투입 → 민첩성 → (E) End 미지연	(S) → Waiting 완료 - - - → (E) End 지연

3. SCRUM과 Kanban의 비교

구분	SCRUM	Kanban
개념	1~4주 단위 Sprint Backlog 명세(요구) 활용 Agile 개발	-Just in time 생산목적 -WIP 조정(제한) 통한 생산성 UP
반복 수행	고정적(Static) 반복	Dynamic, 반복 없음
진척 관리	Burn down chart 사용	kanban board 사용
작업 내용	같은 Team 공유	다른 팀에서도 공유, 참여 가능
매일 미팅	매일 15분 내 Daily 미팅	사전 정의된 Meeting 없음.
공통점	Agile 방법론, 납기준수, Quick 배포, 지속적통합(CI)	

"끝"

WIP(Work-in-Progress) 제한 (일의양 제한)

문 43) CASE(Computer Aided Software Engineering) 에 대해 설명하시오

답)

1. Software 개발과 개선의 자동화, CASE의 개요

가. CASE (Computer Aided S/W Engineering)의 정의

- Software 개발의 전 과정을 자동화하여 개발 및 유지보수의 생산성과 개발된 S/W의 신뢰성을 향상하고 ISSUE 발생시 개선까지 자동화 도구 사용하는 방법

나. CASE의 필요성과 목표

필요성	목표
-Software 위기 해결	품질 향상, 생산성 향상
-개발 자동화	SDLC 자동화
-SW의 복잡도 증가 극복	개발, 유지보수, 형상관리 쉬움

2. CASE의 유형과 주요 기능

가. CASE의 유형

유형	개발주기	지원 기능	내용
Upper Case	기획(계획) 단계	조직구조, 정보구조, Bench mark	계획수립, 요구분석, S/W 기본설계 작업
Middle Case	분석 설계 단계	ERD, DFD, Minispec, User View, Structure Chart, Proto type	생명주기 상세 설계 작업 지원, 화면/Report 작성

Lower CASE	구현 단계	-스키마 생성 (Schema) -원시 Code 생성	개발, 시험, 유지보수, 원시코드
Integrated CASE	전 단계	-산출물 관리	모든 단계 지원

- SDLC 전 과정에서 품질과 신뢰성 향상을 지원하는 Tool

4. CASE의 주요기능

기능	내용
체계적인 시스템 기술분석	-Graphic 구문, Table, 오류추적, 의사소통원활 -완전성, 일관성, 비교평가
수명 주기 통합& 지원	-단계전환 자동: 단계별 자료 자동 공유(순/역공학) -자료사전 : 자료 상관 관계 -타당성 검사: 다양한 정보검색, 출력

3. CASE 도구의 구성과 장단점

가. CASE 도구의 구성도

Diagram 지원도구 / 재사용 도구 / 프로젝트 관리/지원 — 분석/설계기 — 정보저장소 (Repository) — 재/역공학도구 — Code 생성기 / 문서화 도구 / Prototype 도구

- SDLC 과정에 CASE 도구 적용 → 개발 효율화

나. CASE 도구의 구성요소

주요 기능	설명
Diagram 지원 도구	- 사용자 (User) 요구 명세서에 대한 설계 Diagram (다이어그램) 생성
분석 & 설계기	- 설계 명세서 (Design spec.)에 대한 불일치성, 모호성, 불완전성 등을 자동적으로 검사
Code 생성기	- 명세서로부터 programming 언어로 쓰여진 모듈화 (Module)된 Code 생성
정보저장소 (Repository)	- 수명주기 (SDLC) 동안 생성된 모든 system의 정보를 관리하고 저장
프로젝트관리/지원	- Project 관리자를 위한 정보 지원 도구
프로토타이핑 도구	- 사용자 Interface 부분 등을 초기 제품화하는 도구
재/역공학 도구	- 기존 시스템에 대한 설계명세서를 작성

다. CASE 도구 활용시 장단점

장점	단점
- SDLC 전 단계의 개발 표준화 작업	- 비용이 고가
- 개발시 사용자 참여 증대	- TOOL 사용 어려움
- SW 재사용성 증대 & 유지보수성 향상	- 완벽한 Coding을 생성하지 못함.
- 문서화 용이 (자동화 포함)	

4. CASE 도입시 기대효과

관점	기대효과	설명

구분	항목	내용
개발자 측면	Reuse 향상	기존원시 Code 활용 Reuse 향상
	문서화 작업	다양한 관점의 문서화 작업 가능
	신뢰성 향상	품질 검증을 통하여 개발한 S/W 신뢰도 향상
	품질 향상	정형(수치)적인 process 통한 신뢰
관리자 측면	상호이해도	program 이해도 향상
	품질 정형화(일관성)	정형화에 따른 품질 수준 유지
	측정 기준 마련	생산위한 공정한 기준 마련
	개발기간 단축, 비용절감	유지보수 비용 & 시간 절감
사용자(운영자) 측면	시간절약/분석효율	사용자들이 SW를 쉽게 이해할 수 있음
	정확한 산출물	산출물 정확성 통한 System 운영

"끝"

문44) 린(Lean) S/W 개발 방법론에 대해 설명하시오

답)

1. JIT(Just In time), 칸반(Kanban) Lean 방법론의 개요

가. 필요시점 필요한 양 만큼만 생산(재고 최소화), 비용최소, Lean의 정의

생산방식(도요다) → S/W에 적용 → 정의 → -S/W개발에 불필요한 낭비 제거, 개발 납기 준수, Just In time화

TPS생산방식(pull 방식) ← 재고최소화

나. 린(Lean) Software 방법론의 특징

TPS, pull 방식	-낭비제거 생산 방식 기반(도요다 자동차 생산)
개발 납기 준수	- Just in time 목표, 고객에게 민첩하게 가치전달
Kanban 활용	-작업지시서 활용, Workflow가시화, WIP 제한

2. Lean의 개발 방법 7원칙과 주요 구현 방법(Kanban 적용)

가. Lean의 개발 방법 7원칙

낭비제거
- 파레토법칙(2:8) 20%에 집중
- 기능20%에 집중
- TDD 방식 적용
- 조직경계 간소화 (결재 신속)

품질 내재화
- TDD-Code 실수 Zero화
- No Use Legacy Code
- CI(지속통합) 중첩된 동기화 기법사용

지식 창출
- 과학적방법
- 실천우선
- 표준정립
- 미래예측 가능조직

사양 확정
- 확정을미룸
- 의존성제거
- option 유지
- 학습중요

최적화
- 가치흐름 초점
- 완전한제품 Release
- Cycle time 측정(펌성능 up.

인간존중 ← 사람존중
- 자부심, 책임감, 신뢰, 칭찬
- Leadership 제공
- 파트너 존중, 외주업체 상생

Fast 인도 ← 고객만족
- 신속한인도, 고품질 저비용화
- 일의 양 제한
- 대기열 길이 제한

4. Kanban (작업지시서) 적용 내용

Todo 5	Dev ③	Test 2	배포 3	Done!	Kanban의 3가지 규칙
H I J K	F G ↑ Task	D E Task 허용수	C	A B	① Workflow 가시화 (sprint-카드에 할일)→벽에 ② WIP (Work In process) 제한→동시 진행 항목 제한 ③ 작업소요시간 측정 및 최적화 →각 작업별 예측가능시간 최적화
——→ flow			→허용수보다 작게 Task 운용		

- 예측가능, 소요시간 최소화, Process 최적화, Agile과 혼용가능

3. 린(Lean) 개발 방법 적용시 고려 사항

결함(problem) 관리	- 효과적 관리위한 WIP Scheduling 필요
Agile도구	- XP, SCRUM, 등의 개발 도구 활용 및 연계
비즈니스관점	- 가치 전달위한 전략적 접근이 필요.

"끝"

- TPS: Toshiba production System
- Lean: 절감하다
- Just in Time: 낭비제거, 재고 최소화

문 45) 모바일(Mobile) App.(앱) 개발의 특성과 이슈(Issue)에 대하여 설명하고 애자일(Agile)을 활용하여 모바일 개발 환경에 적합한 개발방법을 제시하시오

답)

1. Mobile App.과 Agile 개발방법론의 개요

가. 모바일 App.과 Agile 개발방법론의 정의

Mobile APP.	phone이나 Tablet 환경에서 동작되는 App.
Agile 방법론	Time to Marget, 적시배포, Agility 요구방법론

나. 다양한 Mobile App. 환경의 분류

Samsung 갤럭시 phone Tablet	<복잡한 생태계 구조>	ios ipad, iphone
	Mobile APP. 생태계	
Android phone, Tablet	<개발자의 피로>	Window phone, Tablet, Desktop용

- 다양한 OS와 개발환경, 언어를 사용하여 개발중

2. Mobile App.(앱) 개발특성과 Issue 설명

가. Mobile App 개발특성(다양성 존재)

구분	Android	ios	Window
회사	Google	Apple	M/S
활용	phone, Tablet	phone, Tablet	phone, Desktop
언어	JAVA	swift	C#, XAML

개발환경	Eclipse	X-Code	Visiual studio
open API	99% open API	폐쇄성	90% open API
App 등록	등록후 즉시배포	등록후 심사 일소요	등록후 심사 소요
OS	Android	ios	Window
장점	JAVA 범용 API	UI/UX 우세성	범용 호환성 우세
단점	UX 보안 필요	폐쇄성	시장점유율 낮음

- XAML = eXtensible Application Markup Language
  - 버튼, Box, Control의 배치를 정의

4. Mobile App. 개발 이슈

이슈	Issues	설 명
다양한 개발환경	Android/ios 윈도우 개발환경 다름	OS와 각각 개발환경간의 호환안됨 OS에 따라 각각 App. 개발
OS 및 Tool 버전별 호환안됨	신규 OS와 기존 개발환경과 미호환	- Android와 Windows경우는 대부분 호환성 유지 경향 - ios는 신규OS와 X-Code간 미호환
App. 등록 기간 소요	심사과정에서 N.G시, Retry 필요	- ios의 경우 몇일 소요 Window 경우도 몇일 소요
test 환경부재	신규기기 구입 투자 필요	매번 신규기기 검증을 위한 투자 반복 (Software의 ROI저하)
잦은 OS Update	OS update에 따른 부작용	- 기존 App.과 신규OS간 호환성 문제 - Main UX 구동 미호환 발생

3. Agile 활용 모바일 개발환경 효율 향상 방안 제시

가. Agile 개발방법론의 특징

특징	-개발 Code가 곧 문서, 절차보다는 개발자 중심
	-Mobile App. 다수 변경 요구사항 대응 가능 방법론

Agile 개발 방법론
- Time to Market, 적시배포
- Agility 추구, proactive/Adaptive 대응
- 구성원의 의사소통 활성화, 팀원 책임 강화
- 책임감 있고 변화 신속 대응 Mind
- 기업 경쟁력 강화 위한 Real time 대응
- ROI 증대, 창의성, 변화 대응 신속 대처

-다양한 Mobile 기기의 OS별, Device, Driver별, 기기별 호환성 유지를 위해 정확한 Version별 차이점 관리 필요

나. Agile 기반 Mobile App. 개발 Process 제시

Test Automation (script 사용)

	1단계	2단계	3단계	
-계획, -변경점 모니터링 -대응 방안 협의 -변경협의 -Running 개선	신규기능적용여부	구현, 검증	OS,기기별검증	App 등록 (예: play store)
	개발 → Test, 설계 구현	개발 → Test, 설계	개발 → Test, 설계	등록시점, 모바일 App. 탄생
	기존 App 대응	적용	적용	등록 후 배포

개발자와 검증자 간의 실시간 대화 필요

① 신규 기능 적용 여부 판단: User 환경 필수 항목인지 여부

② 개발 사양의 중요성 : 개발, Release, Version 관리
③ 기기& OS환경, Version별검증 : 기기 업체 활용
④ 개발, 검증병행 : 지속통합(CI), TDD방법, Pair프로그래밍
⑤ 다양한 도구활용 : Simulation환경, 다양한 OS 대응
- 신규개발 항목선정, 구현, 검증 Checklist 적용

4. 향후 Mobile App. 개발위한 추가 연구분야
- MEAP 환경 구축후 One Source Multi-use 적용
- HTML5 등 Web 브라우저환경에서 실행되는 App. 적용
(Web App.→기기간 호환가능)
- 기기별, OS별, Device Driver별 검증업체 활성화고려
- 국가 행정, IT보호차원의 행정적 지원 필요성
- IT전문가 협의회 구성(주도 : 기술사), 정책 유도

"끝"

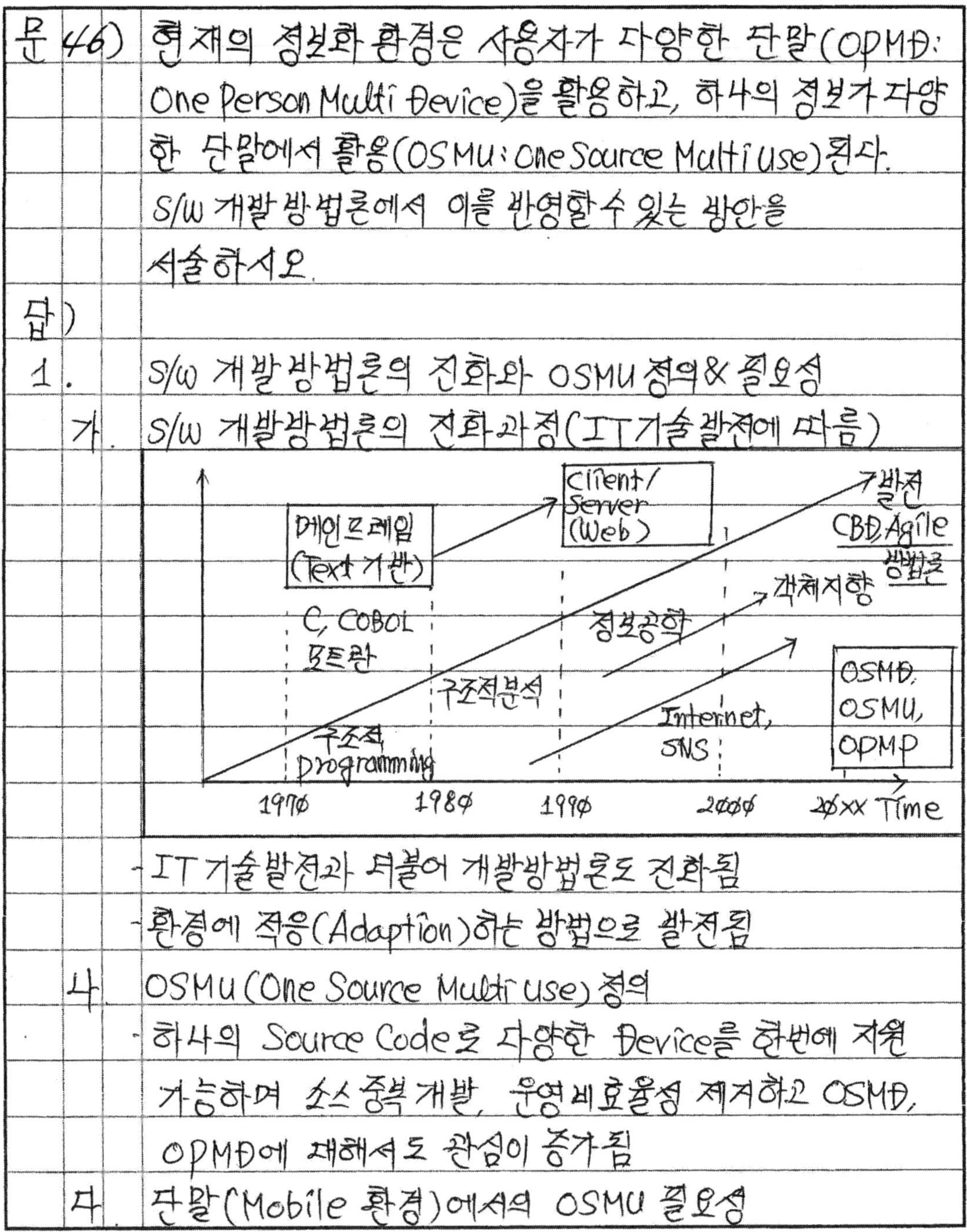

문 46) 현재의 정보화 환경은 사용자가 다양한 단말(OPMD: One Person Multi Device)을 활용하고, 하나의 정보가 다양한 단말에서 활용(OSMU: One Source Multi use)된다. S/W 개발 방법론에서 이를 반영할 수 있는 방안을 서술하시오.

답)

1. S/W 개발방법론의 진화와 OSMU 정의& 필요성

가. S/W 개발방법론의 진화과정(IT기술 발전에 따름)

- IT 기술발전과 더불어 개발방법론도 진화됨
- 환경에 적응(Adaption)하는 방법으로 발전됨

나. OSMU(One Source Multi use) 정의

- 하나의 Source Code로 다양한 Device를 한번에 지원 가능하며 소스 중복개발, 운영비효율성 제거하고 OSMD, OPMD에 대해서도 관심이 증가됨

다. 단말(Mobile 환경)에서의 OSMU 필요성

문제점		개선 효과
각 OS별 개발인력 필요, 환경변화에 미적응, 관리어려움	OSMU 도입 → 반응형 Web 디자인 →	Any OS 대응, 동일 App, 비용절감, 개발 납기준수, 성능향상
<형상관리도 별도>		<다양한 기기 해상도 대응>

2. 다양한 Device 등장에 대응, 반응형 웹 정의, 기능, 특징

가. OSMU를 위한 반응형 Web의 정의

반응형 웹(Web)	-접속자(사용자)의 화면크기에 반응 -Web page의 Size가 사용자 화면 크기에 따라 가변(줄었다 늘었다) 가능한 상태로 최적화되도록 자동조절되는 Web 개발 방법

나. Responsive Web Design의 개념

Source → CSS3 (유동형 Grid, 유동형 이미지, 반응형 레이아웃, 반응형 메뉴) → Target 단말

사용자 화면에 자동조절

-OSMU를 위해 반응형 Web 개발이 대세임

다. 반응형 Web 구현 기술요소(기능&특징)

CSS3 —① 미디어 Query→ Device1 브라우저 (해상도 1024 x 768)

CSS3 ←② Response(응답)— Device1 브라우저

CSS3 → ③ 최적화 화면 → Device2 브라우저 800x600

동작		설명
①	Query	해상도, 화면비율, 지원 색상수 Query
②	응답	해당 Device(단말)의 특성(features) 정보
③	최적화	유동형 이미지/Grid 제공으로 최적 화면

라. Responsive Web의 기술요소

기술 요소	설명
One Web 인터페이스	OSMU(One Source Multi Use) 구현 기술
표준 Web 기술	HTML5, Web worker, Local 스토리지 등
HTML5, CSS3	CSS3 최신기술 Trend 채택, 표준적용
N-Screen	N-Screen 환경의 운영&관리 가능
Hybrid App.	Native/Web App. 합성하여 기능 대응
VDI 기술	Server 자원 가상화 통한 개발 환경

3. 반응형 Web 기획시 적용할 사항(5단계)

단계	설명
정보설계 (ID)	PC, Mobile, Tablet 등 다양한 정보들을 각 Device 별로 사용자가 쉽게 Search 가능한 정보 Contents를 구조화하는 것이 중요
↓ 우선순위 관점 정의	설계된 ID 통해 Content와 필요한 정보들을 나열, 사용자와 Client 요구사항 고려하여

↓	우선순위 관점으로 정의 필요
가변 단계 정의	우선 지원할 Device Size(화면)의 범위 결정후 가변 단계 정의, 출시된 Device뿐만 아니라 향후 출시될 Device도 고려 필요
↓ 레이아웃 정의	화면 Layout 정의, Layout 확대, 축소 이동고려, 중요항목들을 도출하여 배치, 구성된 Layout이 크기위치 변동이 없도록 설계
↓ UI구성 요소 정의	각 영역별로 UI 구성에 대한 요소 정의, 전체 사용자 시나리오 위주로 기획하고 개발단계에 반영후 최종 검증도 필요

4. 반응형 Web 디자인의 장/단점

장점	사용자 친화적	사용자 이용 모든 Device에 친화적
	관리의 편의성	Content & site 유입 트래픽 관리 편의
	검색엔진최적화	단일 URL로 운영, 통합 최적화 가능
단점	개발&높은비용	보통 Web 사이트 보다 1.5배 시간 필요
	유지보수의한계	Site Open 후 변경하기 어려움
	성능 저하	모든 Device 대응 Loading 속도느림
	Legacy 호환성	구버전 브라우저 호환 필요

-문화적 차이(Main 화면)도 고려 필요.

"끝"

UML(Unified Modeling Language)

Modeling 목적과 Software에서 Modeling이 필요한 이유, 구성요소, UML Diagram의 종류와 설명, UML의 4+1 View 모형, Class Diagram을 JAVA 언어로 실제 Coding 예제, UML의 확장 메커니즘 적용 방법, 관계표시인 일반, 의존 일반화, 실체화에 대한 예제 상황과 Coding에 대한 내용을 학습할 수 있도록 하였습니다.

[관련 토픽 - 26개]

"Model : Building의 설계도 역할"

문 47) Modeling을 정의하고 목적과 Software에서 Modeling이 필요한 이유에 대해 설명하시오.

답)

1. Model, Modeling, Modeling의 목적

가. (Model의 정의) - 현실의 단순화 및 가시화를 통해 개발 System의 계획/구상을 표현, 개발시 System의 총체적인 계획/구현방안표현

나. (Modeling의 정의) - Model을 만드는 모든 작업(추상화)으로서 품질이 좋은 SW를 개발및 배치할 수 있게하는 모든 활동, UML언어사용

다. (Modeling의 목적) - 원하는모습으로 가시화, 구체화, 명세화, 문서화

2. Software에서 Modeling이 필요한 이유.

- 강건설계 (Robust Design) — Robustness
- 풍부한 Reuse
- 유지보수
- 결합제거

→

- 품질 Issue Zero화
- 가치 창출 (수익구조 개선)
- 오류교정과 유지보수용이
- Agility(신속,민첩) 환경대응

↑ 지침서, Guideline, 빌딩의 설계도

3. Modeling 방법들과 UML의 필요성과 목적

가. Modeling의 방법과 UML탄생

- 럼버 - (OMT)
  - 객체모델링(객체추출→속성)
  - 동적 모델링 (객체의 행위&상태)
  - 기능 모델링 (객체간 상호작용)
- 부츠 - (Booch)
  - System→View로분석, View-여러모델
  - 분석보다 설계에 치중
- 야곱슨 - (OOSE)
  - UseCase 강조 - 요구정의, 개발&시험

→ (UML 탄생) 2.0 (2004년)

OMT: Object Modeling Technique

OOSE: Object Oriented SW Engineering

4.		Modeling의 필요성과 목적 & 기능	
		필요성	- Model은 빌딩의 설계도 → S/W 구현시도 설계도 필요
			- System 구축을 위한 어휘와 규칙에 기반한 System의 개념적/물리적/논리적 Model이 필요.(DB Modeling과 유사)
			- 객체 지향 개발, CBD 개발 방법 & 도구 호환성 대두
		목적	① 객체 지향 개념을 이용한 System Modeling
			② System의 구조적 문제와 project 팀내 의사소통, Software의 재 사용(Reuse) 문제 해결
			③ 개념적 산출물과 실행 가능 산출물간의 명시적 결합을 설정
		기능	- 요구 정의 단계에서 최종 Testing에 이르는 단계에 사용
			- 정보 System, Realtime System, 분산시스템, System software, Biz system의 Modeling 능력
			"끝"
	-	SE: UML, CA: Logic도, 건축: 설계도, DB: ERD	

문48) UML(Unified Modeling Language)에 대해 정의하고 특징과 개발 방법론과의 관계를 설명하시오.

답)

1. UML(Unified Modeling Language)의 개요

가. System Modeling을 위한 표준언어, UML의 정의

- System 개발과정에서 생성되는 산출물을 명세화하고 시각화, 문서화하기 위하여 사용되는 객체 지향적 분석 및 설계를 위한 표준 Modeling 언어(그래픽 언어)

비주얼(visual) Modeling - S/W 복잡도를 관리하는 능력 향상 효과

나. UML의 등장배경 - 구현 위한 설계도 작성

의사소통 (worldwide) → UML 등장

Booch, Rumbaugh, Jacobson

- 표준 표기법
- 분석가, 개발자, 사용자 참여
- Graphic 표기

- System을 바라보는 시각화 효과(13개 관점)
- 각각의 Diagram 표기

2. UML의 특징과 설명

특징	설명	
UML ↓ SW 설계도 작성 표준 언어 — 그래픽 언어 → 가시화, 언어 → 구축화, 명세 → 명세화, 의사소통 → 문서화 → 시스템 구현	가시화 / 시각적 Graphic 형태 언어, 의사소통용이	구축화 / 다양한 언어와 연결(Java, C++, C#) 순공학, 역공학 가능
	명세화 / SDLC 각 단계별 명세를 위한 정확한 명세제시	문서화 / System 통제 평가, 의사소통 문서화(요구사항, Code, 검증, 배포)
	UML	

3. UML과 개발 방법론과의 관계

관계	설명
상호보완	-UML은 방법론이 아닌 Modeling 언어 -방법론에서 분석&설계사양들을 표현위한 Graphic표기법
개발과정에서 활용 (UML 적용)	①개발방법론 = 모델링언어 + process 일관성 -process : 설계 작업시 각관계에서 취해야 하는 지침 -주로 process 보다는 Modeling 언어를 사용 ② 사람의 생각과 행위를 구조화하는 명시적인 방법 -무엇을/어떻게/언제/왜에 대해 사용자에게 설명
Modeling 언어로 적용	-방법론의 핵심&의사소통 수단, 모델은 Modeling 언어로 표현, 모델 사용시 기호인 표기법&기호사용 표준
공통 적용가능	-platform& Application에 독립적 언어 (공통가능) -개발방법론과 무관, 언어에무관, CASE도구에 무관

"끝"

*Class의 정의 : 객체를 정의해 놓은 것

Class의 용도: 객체를 생성하는데 사용

Class	객체
제품설계도	제품
TV 설계도	TV
붕어빵 기계	붕어빵

문 49) S/W공학에서 모델링(Modeling)의 개념과 왜 Modeling 언어로 UML(Unified Modeling Language)이 필요한지에 대해 설명하시오.

답)

1. S/W공학에서의 모델(Model), Modeling의 개요

가. System의 청사진 제공, 모델/모델링의 정의

모델링 (Modeling)	SDLC 단계에서 요구사항, 분석, 설계까지 개발자가 고민하고 결정하는 모든 개발활동
Model	Modeling 활동의 결과(산출물) ex: 요구사항정의서

나. SDLC과정에서의 Modeling, Model의 Scope

SDLC과정	요구사항정의 → 분석 → 설계 → 구현(배포) → 검증/배포
Modeling	← Modeling 범위 →
Model	요구모델 / 분석모델 / 구현모델 / 검증모델
작성자	요구/사용자 / 시스템분석가 / 아키텍트 / 시스템tester
모델링언어	← UML(Unified Modeling 언어) →

2. Modeling시 UML이 필요한 이유(가구명문)

UML → System Modeling 표준언어

그래픽 기호 → 가 시 화

순/역공학 → 구 축 화

명세 → 명 세 화

상세 내역 → 문 서 화

→ 설계후 구축

Modeling은 process, 언어, platform과 무관

가시화	그래픽 형태, 이해관계자 간의 의사소통 자료

			구축화	다양한 객체 지향언어로 변환가능(순/역공학)
			문서화	project 참여자간의 통제, 평가및의사소통
			명세화	SDLC 각과정마다 모델을 정확하고 완전하게 명세

3. 각 Model 개발시의 UML 효과

- 이해당사자들 사이의 원활한 의사소통
- System이 원하는 사양(spec.) 모습으로 가시화
- 구조와 행동을 명세화, 분석/설계의 문서화 (산출물)

"끝"

문50) UML(Unified Modeling Language)에 대해 설명하시오
(구성요소에 대해 상세히 설명하시오)

답)

1. 객체 지향적 분석의설계 방법론의 표준, UML의 개요

가. OD, OMT, OOSE의 통합, UML의 정의

- 객체 기술에 관한 국제 표준기구 OMG (Object관리 Group)에서 인정한 객체 지향 분석, 설계를 위한 통합모델링언어

나. UML(Unified Modeling Language)의 특징

가시화	가시적인Grapic형태로 작성, 이해관계자간의사소통자료
구축화	다양한 객체 지향언어로 변환가능(순/역공학)
명세화	SDLC 각과정마다 모델을 정확하고 완전 하게명세
문서화	Project 참여자간의 통제, 평가및 의사소통

2. UML의 구성요소 : 사물, 관계, 다이어그램으로 구성

사물 Things	구조	명사형, 정적부분, 개념 또는물리적요소들을 표현
	행위	동사형, 동적부분, 시간과공간에 따른행위요소들을표현
	그룹	모델을 조직하는부분, 모델을 분해/재구성할수있는단위
	주해	설명 부분, Comment로 모델 요소를 명확히설명
관계 Relation ships	연관	——표기, 선생님 1 가르침 * 학생, 구조적관계로 Link 집합
	의존	- - ->표기, 주문 - - -> 상품, 두사물간의 의미적인 관계
	일반화	—▷표기, 병사 —▷ 군대, 상속, 자식은부모의구조와 행위공유
	실체화	- - -▷표기, 병사 - - -▷ <<Interface>> 군대, Interface계약명세화
다이어그램	Class	Class와 Class간의 관계를 기술
	Componet	Component 구조와 연관관계 표시

UML1.0 -9개 Diagram ↓ UML 2.0개념 Diagram (13개)	Object	특정시점의 객체의 Snapshot를 표시
	Composite구조	하나의 Class의 실행시의 내부구조를 기술
	Deployment	System의 물리적인 배치를 기술
	Package	시스템의 컴파일시의 계층적인 구조를 표시
	Activity	절차적이고 병렬적인 행위를 기술
UML2.0 추가	Use Case	사용자가 상호 작용하는 시스템의 모습을 표시
	State machine	객체의 상태/event에 따른상태변화기술
-Composite구조	Sequence	객체들 간의 상호작용을 순서에초점을 맞춰표시
-Interaction Overview	Interaction Overview	Sequence와 Activity 다이어그램의결합
-Communication	Communication	객체들간의 상호작용을 연결에 초점을 맞춰 표시
-Timing.	Timing	객체들간의 상호작용을시간제약에초점을맞춰기술

"끝"

- OD: object Design
- OMT: object Modeling Technique
- OOSE: object oriented S/W Engineering

문 51) UML(Unified Modeling Language)의 구성요소 중 사물(Thing)의 세부내용에 대해 설명하시오.

답)

1. UML(Unified Modeling Language)의 개요

가. 방법이 아닌 Modeling Language, UML의 정의

- 개발과정에서 생성되는 산출물을 명세화, 가시화, 구축화, 문서화하기위하여 사용되는 객체지향적 분석 및 설계를 위한 표준 모델링(Modeling)언어

나. UML의 구성 요소

사물(Things)	관계(Relationships)	도형(Diagrams)
구조(Structural)	의존(Dependency)	UML 2.0 13개 diagram
행위(Behavioral)	연관(Association)	
그룹(Grouping)	일반화(Generalization)	
주해(Annotation)	실체화(Realization)	

구조	정적측면 - Class, Componet, Object, Composite, Deployment, 패키지
행위	동적측면 - Activity, Usecase, State, Sequence, 상호작용, 통신, Timing

- UML의 구조는 사물과 사물들간의 관계 및 사물들간의 관계를 도형 형태로 표현 (패키지는 그룹과 구조에 포함)

2. UML구성요소중 Things(사물)에 대한 설명 및 표기법

가. Thing의 유형에 대한 설명

유형	설명	사례

구조 사물	모델의 정적인 부분을 나타내며 개념적/물리적요소를 명사형으로표현	Class, Interface Componet, node
행위 사물	모델의 동적인 부분 표현, 시간과 공간에 따른 행동을 동사형으로 표현	Interaction, State Machine
그룹 사물	-다른 사물을 Group화하는 기능 -모델을 분해/재구성할수 있는단위	package
주해 사물	-UML모델을 설명하는부분, 모델이해 -Comment로 모델요소를 명확히 설명	Note

나 Things(사물) 요소의 표기법(Notation)

유형	Notation 및 설명
구조 (Structural)	class: Audioplayer (name) / +Volume, +Title (속성) / +Stop(), +pause(), +play() (기능) class: Event Manager / +active() / +Standby(), +Idle(), +Sleep() interface: «interface» Shape / +draw(), +Move(), +delete() - 사물(객체)를 class (name+속성+기능)화함
	Component: Launcher.Java Node: Server -Launcher Component 표기 Server node 표기

행위 (Behavioral)	Interaction(상호 작용) — Display → Use Case — (place order) 상태 머신 (State Machine) — [Waiting] Collaboration — (Make order)
그룹 & 주해	그룹-Package — [Business Rules] 주해 - 노트 (Note) — [Comment]

"끝"

문 52) 모델링(Modeling)과 programming을 비교하고 개발과정에서 사용되는 UML Diagram의 종류를 나열 하시오

답)

1. 모델링(Modeling)과 프로그래밍(programming)의 개요

(Modeling과 programming의 정의)

모델링	구축할 System의 모습, 사양을 정의
프로그래밍	모델링 내용으로 System을 실제 구현하는 과정

2. Programming과 Modeling의 비교

→ SDLC 과정 →

요구사항 정의 → 분석 → 설계 → 구현

모델링 기간 → | Programming →

Coding 위한 분석 & 설계 단계 | Coding 단계

구분	Modeling	Programming
목적	-구축할 System의 사양 설계 -가시화, 명문화, 구축화, 문서화	- Coding & 실제구현 - Design(설계) 패턴적용
세부 Activity	- 요구사항 정의, 분석, 설계 - 상세 설계 사양서 작성	- Source Code 작성, Compile, 시험, 디버깅
산출물	- Modeling 결과 (설계사양)	Source Code & S/W
표기법	-Modeling 언어 UML, DFD, ERD	Programming 언어 Java, C#, C++, objective C
지원도구	CASE 도구 (예 Rose, Together)	개발도구 (Eclipse, VB, Xcode)

3. 개발단계별 주로 사용되는 Diagram

SDLC →

요구사항정의 → 분석 → 설계 → 구현 → 테스트

package

use case

Class,
object,
state,
activity,
Interaction

-Component, 배치, Composite 다이어그램은 Release시 적용. "끝"

문 53) UML의 4+1 view 모형(Model)에 대해 각 요소에 대해 상세히 설명하시오

답)

1. UML(Unified Modeling Language)의 4+1 view 개요

가. 복잡한 System을 5개의 다른 View로 해독, 4+1 view 정의

- Modeling 대상인 System Software 아키텍처를 여러관점, 즉 뷰(view)에서 표현하기 위하여 UML의 Diagram 적용기술

나. SDLC과정 에서 4+1 View 적용과정

요구분석	설계	업무(process)	응용 개발(조립)	배치
Use Case	Design	process	Implementation	Deployment
분석가	설계자	System통합자	Programmer	System엔지니어

(Use Case: 전과정에 적용 / process: 수행 조율 / Implementation: 구현)

- 설계 → process → 구현 → 배치순 개발, UseCase는 전과정에 적용

2. 4+1 View의 구성과 설명(View의 내용)

가. UML 4+1 View의 구성

설계 view (Design)	사용자(기능성)	구현 view (Implementation)
분석가, 설계자	Use case view (SDLC 전과정에 적용)	프로그래머, S/W 형상관리
프로세스 view (process)		배치 view (Deployment)
시스템통합자(성능, 확장성, 처리량)		system 엔지니어(시스템구성)

나. UML 4+1 View의 내용설명 (view)

관점	설명
UseCase	- 외부 Actor에 의해 인식되는 System의 기능요구사항 - 정적 (Static): Class Diagram - 동적 (Dynamic): 상호작용, State, Activity
Design (논리)	- 기능/비기능 요구사항 달성: System 내부의 설계 View - System 내부의 Class와 Component를 파악& 기술 - 논리 View (Static): Class & object 모델 - 논리 View (Dynamic): 상호작용, State, Activity
process	- process/Thread (Activity)의 동기화 및 통신관계 : Class와 Class 간의 상호 작용에 초점 - 설계 (Design) View와 정적/동적 모습 표현 동일
구현	- 시스템 구성하는 물리적인 (구현된) Componet 및 그들 간의 상호 작용 관계를 표현하는 View - Static: Componet, 동적: 상호작용, State, Activity
배치	- 시스템을 구성하는 장치, Computer간의 통신방법 - Static: Deployment Model로 표현 - 동적: Interaction Overview, State, Activity

3. 각 View의 세부 내용 설명 (역할 중심)

가. Use Case View

역할	내용

상호작용	-System외부에 존재, System과 상호작용, 제공할 기능
-기능추출	-Actor : System과 상호작용 하는 대상
	-Usecase : System이 제공할 기능
4+1view중심	-다른 4개의 view를 유도하는 중심적인 역할
고객/사용자	-개발자 뿐만 아니라 고객/사용자에게도 중요
와 소통	-개발자 : 개발할 시스템의 요구사항에 대한 이해
Channel	-고객/사용자 : 자신들이 원하는 System인지에 대한 확인
Black Box	System을 하나의 Black Box로 취급(역할)

나. Design view

- Usecase관점에서 정의된 기능을 System에 제공
- System 내부 Class/Component 결정, 상호작용에 초점

측면	관심사항	사용 Diagram
객체(정적)	-Class와 Class 간의 관계	Class
Modeling	-Domain별 객체추출 및 구조화	
기능모델링	System의 필요기능	Usecase, Activity
동적모델링	-Class 내부 동작	State Machine
(기능수행	-Class간의 상호작용	Sequence, Communication
방법)	-Class 연산 동작	Activity
아키텍처	System의 구성,	Component, 배치
모델링	관계(Relationship), 구조	package, 복합구조

다. process view

- 병행성을 가진 Class, 즉 Activity Class 및 그들 사이의

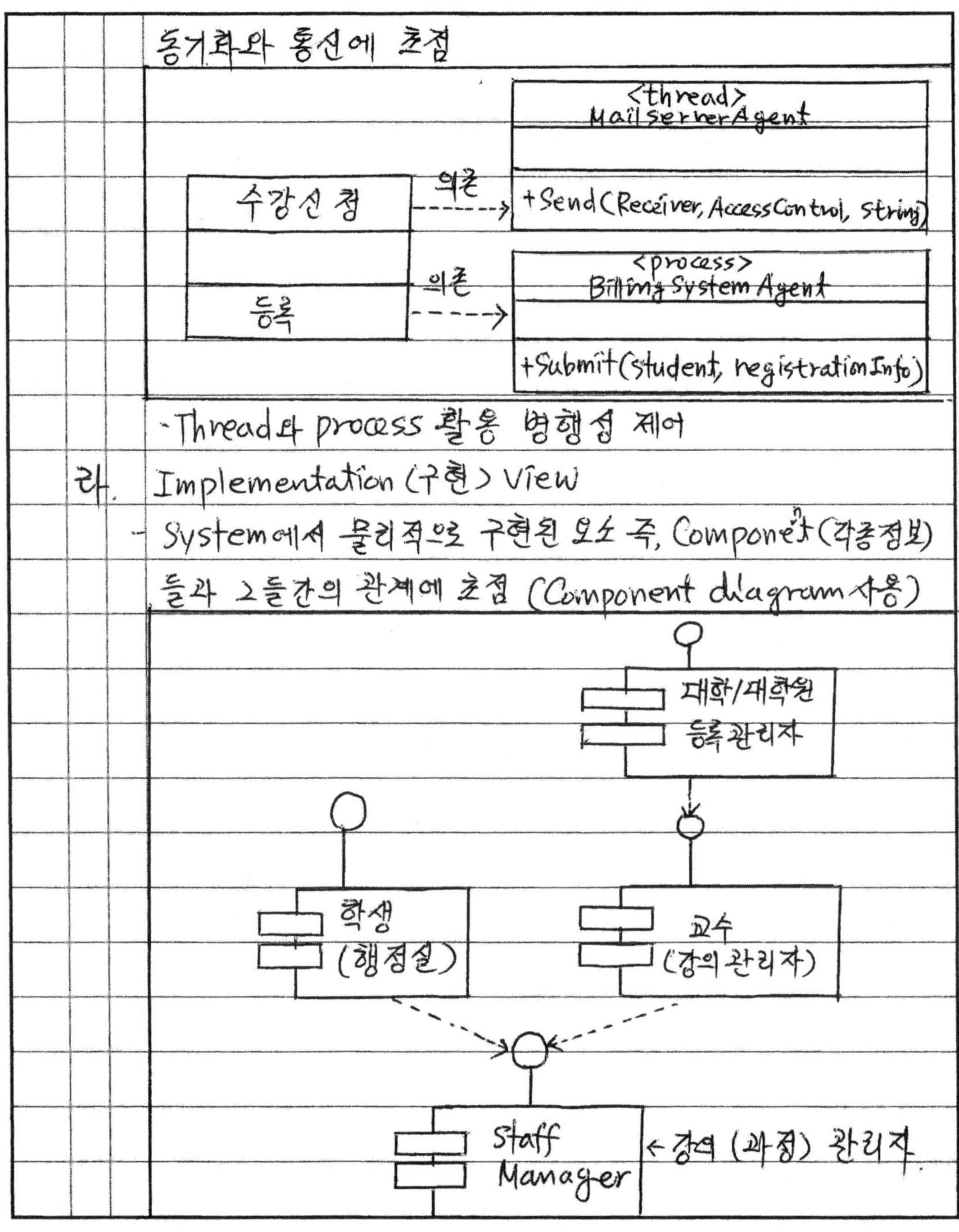

동기화와 통신에 초점

- Thread와 process 활용 병행성 제어

라. Implementation(구현) View

- System에서 물리적으로 구현된 요소 즉, Component(각종정보)들과 그들간의 관계에 초점 (Component diagram 사용)

마. Deployment(배치) View

- System을 구성하는 처리장치, 즉 Computer와 Computer 간의 통신방법에 초점 (배치 Diagram 사용)

Client IE —«HTTP»— Web Server —«RMI»— APP. Server —«TCP/IP»— DB Server
Client 사파리 —«HTTP»— Web Server

- System 구현후 배치 전략(성능, 보안, 사용자편의성 제공)

4. System 유형별 사용 UML diagram.

구분	관점	Diagram	간단한 APP.	반응System	복잡한 분산 system
논리적	Usecase	Usecase	V	V	V
	설계	Class	V	V	V
		Interaction	V	V	V
		State chart		V	V
	프로세스	Class			V
		Interaction			V
		State chart			V
물리적	구현	Component			V
	배치	배치			V

- 복잡한 분산 System에서는 Diagram 많이 활용. "끝"

문 54) UML의 4+1 View Model를 설명하고 SDLC 과정에 어떻게 적용되는지에 대해 설명하시오

답)

1. 객체 지향분석의 설계방법론, UML 4+1 View 개요

가. 4(설계, 구현, process, 배치)+1(Usecase)의 정의

- SDLC(Software Development Life Cycle) 각 단계별 적용가능한 Diagram의 배치 기술

나. 4+1 View의 구성도

설계: Design View	Usecase View	구현: Implementation view
프로세스: Process view		배치: Deployment view

- 설계 → process → 구현 → 배치순 개발, 전과정에 Usecase 적용

2. SDLC 과정에서 4+1 View의 활용

구분	SDLC 과정				
개발과정 View	Usecase →	Design →	Process →	구현 →	배치
단계	요구분석	설계/아키텍처	업무 process	응용 개발/조립	배치
적용 Diagram	Usecase	Class	Sequence, Component, State Activity	Component	Deployment
작성자	분석가	분석/설계자	S/W 아키텍트 ← →		

설명	요구단계, System이 사용하는 event와 기능위주 표현	객체, 속성, 관계, 동작에 의한 System구조 & 동작 기술	System의 내부 동작을 기술	대규모 System을 Sub-System으로 나눌때 사용	Hardware 결합 & 효율적 배치

"끝"

문 55) UML에서 관계(Relationship) 표시는 4가지(연관, 의존, 일반화, 실체화) 관계로 표시된다. 각각 설명하고 실생활에서 사용되는 예를 Notation하여 설명하시오. (집합연관과 합성연관도 설명하시오)

답)

1. 사물, 관계(Relationship), Diagram으로 구성된 UML의 개요

가. UML에서의 각 Relationship(관계)의 정의

관계	표현(익히기)	설명	설명(동작)
Association 연관	직원 — 회사	has a 관계	두 class간 서로 연관이 있음
Dependency 의존	주문 ---> 상품	depend 관계	class 변경시 사용하는 다른곳도 같이 변경
Generalization 일반화(상속)	상위 동물, 하위 소, 염소	Inherit 관계 (Extends)	하위 Class가 상위 class의 기능, 역할을 상속받음.
Realization 실체화	범사 ---▷ <<Interface>> 군대	구현관계 Implements	분류자가 수행하기로 되어 있는 계약 명세화
Aggregation 집합연관	A 회사 ◇ B 부서	part of 관계 (A는 B로 구성)	전체와 부분 간의 구조적 관계 표현
Composition 합성연관	player ◆ 화면, 제어기	contain a 관계	떼려야 뗄 수 없는 관계 책상 – 다리, table 판

2. 실생활에서 사용되는 Relationship(관계)의 예

Group
<<Interface>> 상품생산
Implements ④
Inherit ③
전자회사 — has ① — 상품
part of ⑤
depend ②
Contain
PC player — hasa ① — 직원 — hasa ① — 부서
주문 /order.
⑥ Contain
화면, 제어기 /stop, play, pause.

① 연관
② 의존
③ 상속
④ 실체
⑤ 집합연관
⑥ 합성연관

<실생활 관계도>

Notation 표기법은 정확히 그리고 외워야 함

분류(관계)	관계	설명
연관	직원-부서, 전자회사-상품, PC-직원	연관관계로 has a 관계
의존	상품-주문	상품 판매는 주문에 의존
일반화	Group-자회사	Group의 기능과 역할 상속
실체화	전자회사-상품생산	전자회사는 상품을 계약에 의해 생산
집합연관	전자회사-부서	회사는 부서로 구성됨
합성연관	player-화면/제어기	player는 화면과 제어기가 필수

"끝"

2칸에서 이해하고 추가(부연) 설명할 부분임.

자바 ⟷ Class diagram

정보은닉에 사용된 접근제어자에 대해 설명하시오

문 56) 다음의 Class Diagram를 자바 Code로 작성하고

Employee
#getEmplyeeInfo():EmployeeInfo
-EmployeeName : String -address : String -phoneNumber : String

Developer
-developerID: String
+getDeveloperID():string

답)

1. Class Diagram의 정의
   - Class와 Class간의 관계를 표시.
2. Class Diagram의 표시방법

Class name
속성(attribute)
Method

3. Class Diagram의 속성 표시

속성 표시

visibility name: type[count] = default 값

visibility : + public
- private
protected
~ package (default)
/ derived

← 외우기

4. 주어진 Class Diagram에서 JAVA Code 변환

Coding.

```
public class Employee {    // Class 생성
    private String EmplyeeName;   // 대소문자 주의(구별)
    private String address;
    private String phoneNumber;

    Protected EmployeeInfo getEmplyeeInfo() {
```

← 쓰기법만 알면 쉬워요.

```
        return employeeInfo;  // Return 정보
    }
  }  // class 선언 End
public class Developer extends Employee{
    private String developerID;
    public String getDeveloperID(){
        return developerID; // Return 개발자정보
    }
}
```

- Coding 시주의: {, } 구분, 대소문자, 필요시 // 주석.

5. 주어진 class diagram에서 정보은닉 요소의 설명.

종류	설명	정보은닉요소
public	접근 제한이 전혀 없음	없음.
private	같은 class내에서만 접근가능	있음
protected	같은 class내, 다른패키지의 자손class 에서 접근이가능	있음.

- 한 project내에서 Access 제어자의 접근 범위
  public(가장넓음) > protected > private

"끝"

문 57) 다음 Class Diagram을 자바(JAVA) Code로 변환하시오

Department
-number : int -name : int -Location : int -phoneNumber : int
+getName(number: int):String +Department() : int

속성: number, name, Location, phoneNumber
Method: getName, Department

1 … 0...*

↓ JAVA 변환

```
public class Department
{
  private int number;
  private int name;
  private int Location;
  private int phoneNumber;
  public String getName(int number){
    return null; }
  public int Department() {
    return 0;
}
```

+the Employee

↓ 0..*

Employee
-number : int -name : int -age : int -scholarship : int
+getName(number : int) : String +getAge(number : int) : int

↓ JAVA 변환

```
public class Employee
{
  private int number;
  private int name;
  private int age;
  private int scholarship;
  public String getName(int number)
  {   return null; }
  public int getAge(int number) {
      return 0;
  }
```

"끝"

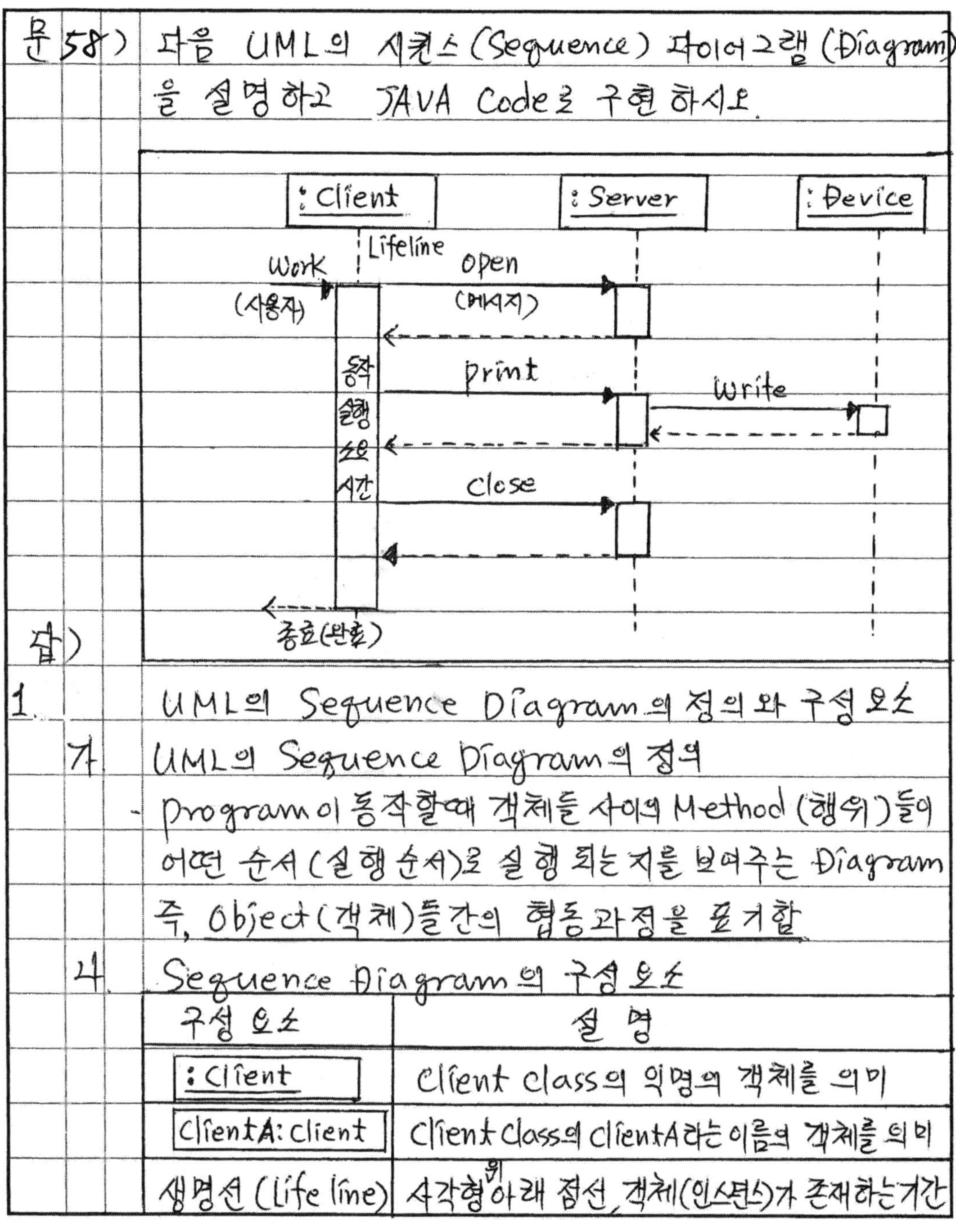

문58) 다음 UML의 시퀀스(Sequence) 다이어그램(Diagram)을 설명하고 JAVA Code로 구현하시오.

답)

1. UML의 Sequence Diagram의 정의와 구성요소

가. UML의 Sequence Diagram의 정의

- Program이 동작할때 객체들 사이의 Method(행위)들이 어떤 순서(실행순서)로 실행되는지를 보여주는 Diagram 즉, Object(객체)들간의 협동과정을 표기함

나. Sequence Diagram의 구성요소

구성요소	설명
:Client	Client class의 익명의 객체를 의미
ClientA:client	Client Class의 clientA라는 이름의 객체를 의미
생명선(Life line)	사각형 위 아래 점선, 객체(인스턴스)가 존재하는 기간

객체 활동 기간	-생명선 중간의 가늘고 긴 사각형: 객체활동중 즉, cpu를 얻어서 실행이 되고 있는 상태

2. JAVA Code로의 구현

구분	Code	설명

Client	class Client {
	Server server;
	void work();
	server.open();
	server.print("Hello world");
	server.close();
	}
	}
		Class
		선언
		명령입력됨
		open
		print
		Close

Server	class Server {
	Device device;
	void open(){ //..생략// }
	void printf(String s){
	device.write(s);
	//...
	}
	void close(){ //... }
	}
		class
		선언
		open
		print
		write
		
		Close

Device	Class Device {
	void write(String s){ //... }
	}
		write

"끝"

제어과정을

표시하시오(내용을 상세히 기입하시오)

문59) 다음의 구성 객체를 이용하여 Sequence Diagram으로

사용자 → GUI → 운영체제 → CPU → 비디오카드 → 모니터

답)

1. 시간 경과 표현, 시퀀스 다이어그램의 개요

가. 객체, 메세지, 시간의 조합, Sequence Diagram의 정의

- 여러 객체들이 시간 경과에 따라 객체 상호간 교류과정을 표현한것

나. Sequence Diagram의 구성 (→ 동기, ⇀ 비동기 제어)

왼쪽에서 오른쪽으로 진행 → 시간

객체1 | 객체2 | 객체3

메세지(실선) | 메세지

객체 사각형에 밑줄

← 객체의 생명선 (lifeline)

오퍼레이션의 실행소요시간

- 객체들, Message, Lifeline, 실행소요시간으로 구성됨

2. 주어진 구성 객체에서의 Sequence Diagram과 설명

가. 주어진 구성 객체에서의 Sequence Diagram의 도식화

객체1 GUI | 2 OS | 3 CPU | 4 비디오카드 | 객체5 모니터

Key제어

사용자 User → 초기화 → 메세지전달

작동

동기 / 비동기 / 비동기 / 비동기

메세지 / 메세지 / 메세지 / 메세지

Feedback

종료 → 시간경과순 동작

나만 알기 문제 출제 문제 어렵

DMA 동작과 유사. 그림 그릴줄 알기

나. Sequence Diagram의 동작 설명

제어권	동작 설명
User	User는 K/B에서 key stroke(누름)
GUI(앱)	GUI(Application)는 Key입력을 OS에 통보
OS	OS는 GUI를 Cpu에게 그 사실을 알림
Cpu	Cpu는 비디오 제어기에게 GUI갱신 명령
비디오제어기	비디오 제어기는 모니터로 메시지 전송
모니터	화면에 문자 표시, 사용자에게 Feedback

실행(그림 그리면 좋아라져)

"끝"

문 60) 아래와 같은 전자계산기를 객체 지향 언어를 사용하여 생성하고자 한다. Class Diagram으로 표기하는 방법에 대해 기술하시오.

∅123456789			C
7	8	9	+
4	5	6	−
1	2	3	×
∅	.	=	÷

← 전자 계산기

답)

1. Class Diagram으로 표기하는 방법

방법	내용
Class명 only	Class → 향후사용 (Reserved)
속성과 Method 명기	Class명 / 속성 / 조작, Method
속성과 Method 설명 명기	Class 명 / 속성: 형 = 초기값 / 조작(인수 List): 반환값

2. 주어진 전자계산기 객체에서 Class 분류(분할&정복)

Class 분류	내용(Instance 화)←구체화
버튼 class	[C], [ϕ]~[9], [−], [=], [+], [−], [×], [÷]
Display class	[ϕ123456789] ← Display
틀 class	[789 456 123 / + − × ÷] ← 전자계산기의 틀

3. 각 Class의 class diagram

Class	Class Diagram
버튼 Class	버튼 속성: -폭, -높이, -색, -표면 문자들 조작, 메서드→ +누른다( ) -: private +: public
틀 Class	틀 속성: -폭, -높이, -색 Method: +스위치 on( ), +스위치 off( )

Display Class		Display
	속성	- 폭 - 높이 - 색 - 표시하고 있는 숫자, 수치 - 최대 행수
	Method, (조작	+ 수치변경 () + Error 메세지표시 ()

"끝"

문 61) UML 2.0에 대해 설명
(4계층구조와 4가지영역)

답)

1. MDA의 핵심 구성요소, UML 2.0의 개요

가. UML(Unified Modeling Language) 2.0의 정의

- SDL의 과정중 요구분석, 시스템 설계과정에서 개발 Modeling을 위한 객체 지향 모델링 언어

나. UML 2.0의 등장배경 (UML 1.x의 한계 극복)

UML 1.x		UML 2.0	
-복잡성/이해어려움 -설계 지원 부족 -모델↔Code간의 불일치	→	UML 2.0	-정확한 언어구조 -대규모시스템적용가능 -중복개념 제거 -MDA, MSC 개념추가

2. UML 2.0의 4계층 구조 및 4가지영역 설명

가. UML 2.0의 4계층 구조및 설명(역할)

	계층	구성도	설명(역할)
메타 Class	M3	Class	-MOF(Meta object Facility) -M2 메타 모델 수준 정의
설계위한 구성요소	M2	속성, Class ← 인스턴스	-모델요소, 언어등 정의 -속성, 클래스, 인스턴스등요소정의
설계	M1	video (+title : String) ← 《스냅샷》 :aVideo (title=국가대표)	-사용자모델 도식화- -Meta 모델의 설계
제품	M0	국가대표 ← 비디오명 : 국가대표 (인스턴스 의존)	-Model 만들어낸 실행 수준의코드 (영화 Title)

4. UML 2.0의 4가지 영역

영역	특징	내용
Diagram 호환	모델간 호환	Case도구 벤더들간의 호환성 이슈취급
OCL	통제, 제약	모델수준에서의 요소제어 및 제약을 다룸
하부구조	Meta 모델	메타모델 수준의 기본구조체 명시
상부구조	구조/행위 Diagram	메타모델 기반 사용자 수준 모델 활용하여 시스템의 구조와 행위를 정의

3. UML 2.0의 향후 전망

- MDA 핵심 구성요소로써 MDA 사상과 동시 발전 예상
- Component에 대한 구현 용이, 현업에서 적극 사용중.

"끝"

- MSC: Media Solution Center
- OCL: Object Constraint (제약) Language

문 62) S/W 제품이 시장에 출시된 후 사용자로 부터 예기치 않은 문제점이 있다고 Service Desk에 접수되었다. SLA(Service Level Management)에는 3일 이내에 개선 대응해야 한다고 명시되어 있다. 3일 이내에 Issue를 개선(Clear)하는 과정을 UML의 Timing Diagram으로 기술하시오. (개선은 개발 담당자, 검증은 품질 담당자가 진행하며 각각 1일씩 소요된다고 가정한다)

답)

1. UML의 Timing Diagram의 정의 - Real time system 이나 시간 제약성이 중요하게 다루어져야 할때 사용.

2. Timing Diagram의 표기와 상태(state) Diagram과 차이

- State(상태) Diagram은 개개의 구성요소에 대한 상태표시, Timing Diagram은 구성요소들 사이의 상호작용과 상태 변화를 동시에 표현함

3. Issue를 3일 이내에 개선 과정 및 Timing Diagram

가. Issue 개선과정 (SLA에 3日내 Service 완료 제약됨)

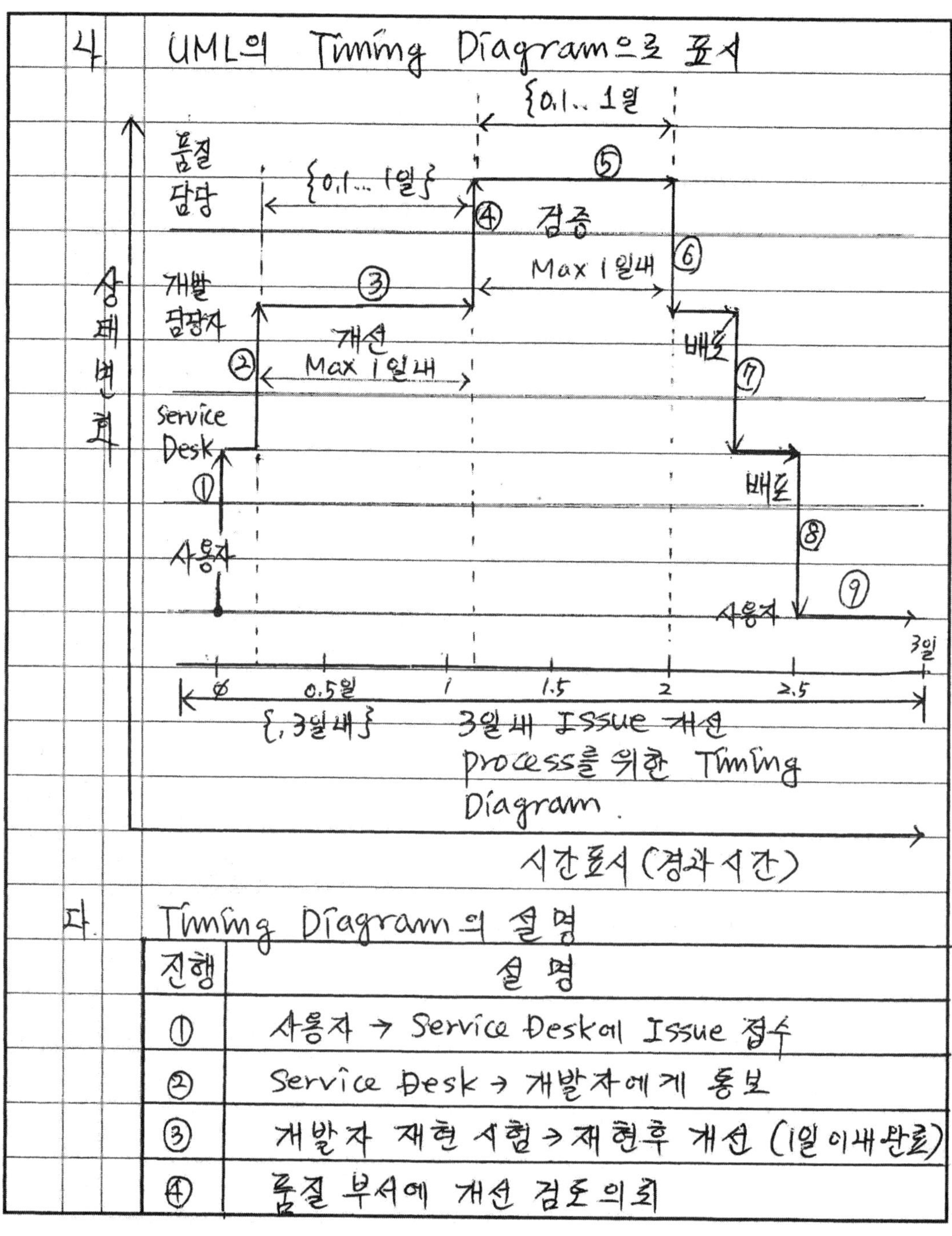

나. UML의 Timing Diagram으로 표시

다. Timing Diagram의 설명

진행	설명
①	사용자 → Service Desk에 Issue 접수
②	Service Desk → 개발자에게 통보
③	개발자 재현 시험 → 재현후 개선 (1일 이내 완료)
④	품질 부서에 개선 검토 의뢰

⑤	품질부서 동일환경 문제 개선 전후환경에서 실시
⑥	품질부서 검토결과 통보
⑦	개발-FA, CLCA, 과거경험 사례 등록,문제공유후 배포
⑧	Service Desk에서 End user에게 Release (배포)
⑨	사용자 최종 개선 확인후 종료

"끝"

문 63) 아래 Code에 대해 Class Diagram으로 표현하고 설명하시오

```
abstract class Parent{
    int field1;
    static char field2;
    abstract void methodA();
    double methodB(){
        //...생략..
    }
}
```

```
class Child extends Parent{
    void methodA(){
        //...생략...
    }
    static void method C(){
        //...생략...
    }
}
```

답)

1. Class Diagram의 정의

- Class나 Instance(객체), Interface 등 간의 정적(static)인 관계를 시각적으로 표현한 Diagram

2. 주어진 Code에서의 class Diagram 표기

3. Class Diagram 표기후 각 요소의 설명

항목	명칭	설명
①	Parent class	상위 class, 부모클래스
②	Child class	하위 class, 파생클래스, 자식 클래스
③	추상 class (abstract 클래스)	-추상 메서드를 하나이상 가지고있는 class -이탤릭체로 표현
④	정적 필드 (static 필드)	-객체 가 아닌 class에 포함된 변수 (객체마다 하나씩 생기지 않음) -underline으로 표현
⑤	추상 메서드 (abstract method)	-구현 부분이 없는 메서드 → 자식 class가 구현해야 함, 이탤릭체 이름으로 표현
⑥	정적 메서드 (static method)	-객체가 아니라 class에 포함된 메서드 (정적 메서드는 정적 필드만을 접근함) -Underline 그어 이름을 표현

"끝"

문 64) 아래 시나리오를 기반으로 고객과 점주가 사용하는 주문 시스템에 대한 Use Case Diagram을 작성하시오.

가. 고객은 주문시스템을 통해 가격을 조회하고 주문할 수 있다.

나. 고객은 주문시스템을 통해 주문 상태를 확인하고 주문을 취소할 수 있다.

다. 점주는 주문시스템을 통해 주문 활동을 모니터링하고 창고를 관리할 수 있다. 할 수 있다.

라. 회계 시스템은 주문시스템과 연동하여 주문이나 취소처리

답)

1. Usecase Diagram 기반 분석 Modeling 개요

가. Use Case 다이어그램 기반 분석 모델링 절차

① 고객/시스템 요구사항분석 → ② Usecase Diagram 작성 → ③ Usecase 시나리오 작성 → ④ Usecase 실체화

⑤ Verification

- UML 기반의 분석설계 모델 수행시 고객, 시스템요구사항을 분석하여 Usecase Diagram을 통해 분석 전개 가능

나. Usecase Diagram 기반의 분석 Modeling 절차설명

절차	설 명	기법
①	-고객 요구사항 도출, 분석, 명세 -단위기능 목록 도출	-요구사항 도출 기법 (인터뷰, 문서검토)

②	-Context 분석 (Boundary 결정) -Actor, Usecase 식별, 도식화	-단위기능 분해 -MECE, LISS
③	-상세 Event 흐름 명세(기본/대안/예외) -Event 시나리오 지속 검토/정제	-Event storming -User story
④	·정적, 동적 객체 모델링 (설계) -컴포넌트 도출, 통신(Interface) 메커니즘	-Class/Sequence Diagram
⑤	-각 단계별 산출물 동료검토 -요구사항 정제, Update 반영	-Inspection -Walkthrough

-이해당사자 간의 의사소통 도구로 활용하여 향후 분석, 설계 Modeling을 전개하는데 활용 가능함

2. Usecase Diagram 작성 절차와 구현(작성)

가. Usecase Diagram 작성 절차

① Context 분석 → ② Actor 식별 → ③ Usecase 식별 → ④ Usecase Diagram 작성

①	-산출물, 업무분석을 통한 경계분석 -System Boundary 도출	-아키텍처 문서 -업무/문제 분석서
②	-주/부 actor 식별, 역할 책임 할당 -Actor 간의 관계 설정	-고객사 조직도 -System I/F 정의서
③	-고객관점의 기능 중심 정의 -단위기능을 고려한 추출	-System 기능분해도 -화면설계서, ERD

④	- Usecase와 Actor간 관계 설정 - Usecase 확장/일반화 관계 식별	- Process 정의서 - Program 명세서

- 각 절차를 거쳐 단위기능, 요구사항 충족성 등을 검토하는 활동을 거쳐 Usecase Diagram 작성을 수행

나. Usecase Diagram 작성

단계	설명
① Context 분석	주문 시스템을 통한 가격조회, 주문, 확인, 취소 Transaction과 System 경계 외부인 회계 System과 Interface 함
② Actor 식별	주문 시스템과 상호작용하는 고객, 점주, 회계시스템을 Actor로 식별함 (고객, 점주, 회계시스템)
③ Usecase 식별	가격조회, 주문부터 창고관리까지 Usecase 식별 가격조회, 주문, 주문상태조회, 주문취소, 주문활동 모니터링, 창고관리
④ Usecase Diagram 작성	System Boundary : 주문 시스템 고객 — 주문, 주문취소; 주문 «include» 가격조회; 주문취소 «include» 주문 상태조회; 점주 — 주문활동 모니터링, 창고관리; 고객 «생성» 점주; 회계시스템 — 주문, 주문취소

- 작성된 Usecase Diagram을 통해 Usecase 명세서 작성

3. Usecase 시나리오 명세서 작성 (UC=Usecase)

목차	설명	
Usecase ID/명	- Usecase ID : 예) UC-orderPkg-001 - Usecase 명 : 주문	
UC 개요	고객은 주문시스템을 통해 가격을 조회하고 주문 가능	
Actor 설명	고객 Actor, 회계시스템	
선행조건	- 회원고객주문의 경우, 사전에 고객 등록이 되어 있어야 함 - 비회원 고객의 경우, 비회원 고객의 개인인증과정 수행함	
event 흐름	기본흐름	고객은 상품을 검색한다
		가격을 조회함
		고객은 상품을 주문함
	대안흐름	비회원 고객 주문일 경우 사용자 인증과정수행
	예외흐름	주문 실패시 주문상태정보를 실패로 변경하고
		주문실패 상세 내역을 고객의 메일로 전송
후행조건	- 주문 완료후 주문상세 정보를 고객 Actor에게 제공 - 회계시스템은 고객주문을 매출계정으로 등록함	
비기능요구	고객 주문 Transaction은 0.5초 이내 수행	

- Usecase 시나리오 명세 작성과정에서 고객의 추가 요구사항을 도출, 정제 가능함

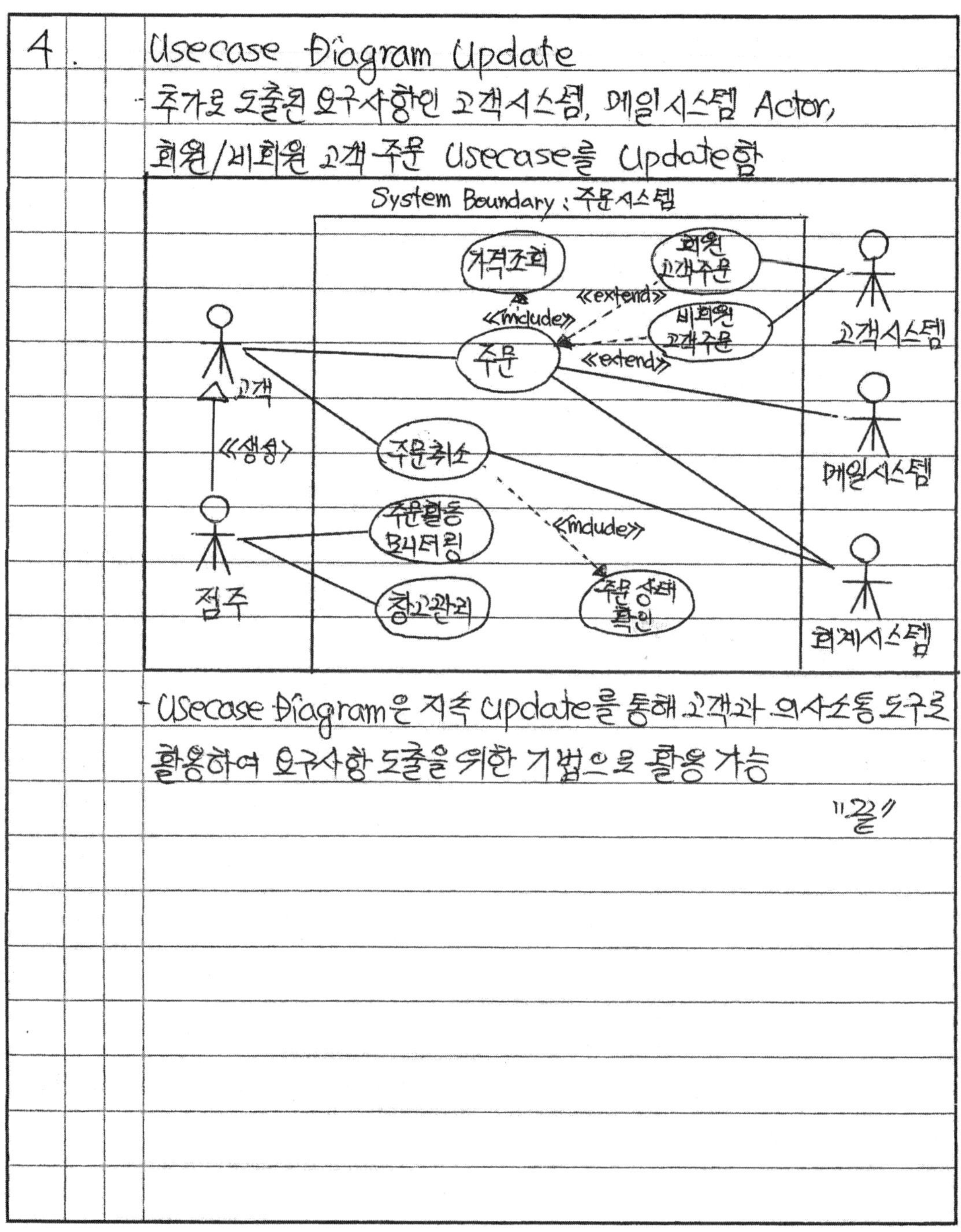

4. Usecase Diagram Update

- 추가로 도출된 요구사항인 고객시스템, 메일시스템 Actor, 회원/비회원 고객 주문 Usecase를 Update함

- Usecase Diagram은 지속 update를 통해 고객과 의사소통 도구로 활용하여 요구사항 도출을 위한 기법으로 활용 가능

"끝"

문 65) 다음 주사위게임 유스케이스(Usecase)에 대하여 작성하시오

- 참여자는 주사위 게임을 수행한다. 주사위 게임은 두 개의 주사위를 굴려서 결과를 보여준다. 주사위가 앞면에 나온 값의 합이 8이면 이기는 것이고, 그렇지 않으면 지게 된다.

가. 개념적 객체 모델(Conceptual Object Model)
나. 시퀀스 다이어그램(Sequence Diagram)
다. 클래스 다이어그램(Class Diagram)

답)

1. 주사위 게임 설계 방안, Usecase 작성순서 설명

①→②→③ 순서로 설계

- 개념(Conception) 객체 모델을 먼저 작성하고 객체간의 관계(Relation)를 정립한 이후 Sequence/class 다이어그램설계

2. Conceptual Object Model의 개념, 특징, 모델작성

가. 개념적 객체 모델의 개념과 특징

개념	System 설계위한 개념적 단순화 & 데이터와 관계에 대하여 제한적으로 표현하는 구조기반의 Diagram

특징	포괄적 객체, 특정 시점, Data 흐름, 정적 구조

- 특정한 사건의 Data를 식별하여 객체화를 수행한 후 관계를 구조화하여 포괄(전체적)적으로 가시화

나. 개념적 객체 모델 작성

Player (name) — Rolling (1 : 2) — Dice(주사위) (DiceValue)

Player 1 — Play — 1 DiceGame (-)

- 주사위 게임과 주사위 굴림(Rolling), play에 대한 식별

3. Sequence Diagram 작성, 개념 & 특징

가. Sequence Diagram 작성

Player / DiceGame / Dice 1 / Dice 2

1) Setgame
2) Roll()
3) Value()
4) Roll()
5) Value()
6) addvalue()
7) Result()

- event와 Message가 시간에 따라 가시화될 수 있고
Class 또는 객체의 관계성 식별은 불가

4. Sequence Diagram의 개념과 특징

개념	문제 해결위한 객체를 정의하고 객체간 주고받는 Message 순서를 시간 흐름에 따라 보여주는 Diagram
특징	시간 순서의 도식화, 동적(Dynamic) 상호작용, 객체간 Event와 Message 가시화, 언어 사양 정의(제약표현)

- 시간순차성을 두고 메시지통한 Data의 전달과 정보획득 표현

4. Class Diagram의 작성, 개념&특징

가. Class Diagram 작성

player
-Dice1 : Dice -Dice2 : Dice

Dice
-Dicenumber : int

player 1 — 2 Dice

player 1 — 1 DiceGame

DiceGame
-player1 : Player
+play()

- Class Diagram은 System의 정적인 부분을 표현하는 대표적인 UML 구조의 Diagram임

나. Class Diagram의 개념과 특징

개념	System에서 사용되는 Class를 정의하고 Class간 존재하는 정적 관계를 표현하는 Diagram
특징	관계의 속성과 동작은 생략가능. 구조(객체) / 관계 (1:2) / 접근자(−, +)로 구성

- 속성과 연산중심의 Class로 모델링한후 상호관계 설정

"끝"

문 66) UML의 확장 메카니즘(Extensibility Mechanism)에 대해 설명하시오.(Stereotype 사용예를 드시오)

답)

1. 새로운 구성요소추가, property, 의미지정 확장메카니즘개요

가. UML의 확장 메카니즘의 등장배경

- 기존 Model로 표현하기에 부족한 부분을 확장할 필요성대두

나. UML 확장 Mechanism에 추가된 요소

패키지→ «system» Client {version 1.2} ← Stereotype ← Taggedvalue 제약사항 Client {<1Gbps} Server

- Stereotype, Tagged value, 제약(Constraint) 추가됨

2. 확장 메카니즘에 적용된 요소의 세부설명

가. Stereotype - 기존의 UML 표현양식에근거, 자신의 문제에 적합한 새로운 유형의 표현양식을 정의

사용	표현	사용 예
Class, Node, Component, 패키지	«이름»	«system» client (Class), «action» Server (Node), Component «Launcher» Java, ICON로 사용 → 습도센서

- 기본적인 요소 이외에 새로운 요소를 만들기 위한 확장메카니즘

나. Tagged value - UML 요소의 규격에 새로운 정보 추가.

- 표현 : { tag value }

사용	표현	사용 예
Class, Node, Component	{tag}	«system» Client {ver 3.1} ← tag / server {cpu=3} Node / Tag «DB» {ver 1.7} Component

다. 제약 (Constraint)

정의	- 제약을 이용, 새로운 의미를 추가하거나 기존 규칙을 수정 - 모델이 잘 구성할수 있게 반드시 지켜야할 조건들을 지정

사용	표현	사용 예
주로 관계적 요소에 적용(연관, 집합, 의존등)	{의미}	«은행» / 제약사항 {Secure} / <회사> / {or} ← or 조건명시. / Bank Account / 직원

3 확장 메커니즘 현업에 적용 방법 (방안)

- 몇개의 표준화된 안을 설정하여 Modeling에 적용.
- 짧고 함축되고 의미 있는 문구(명칭) 사용
- 정확성이 중요하게 요구되는 부분이면 OCL을 사용하여 제약 표현식으로 나타내고 그렇지 않으면 자유로운 문장 사용

"끝"

OCL: Object Constraint language

문 67) 아래 UML의 스테레오 타입(Stereotype)을 JAVA로 Coding하고 많이 사용되는 스테레오 타입(Stereotype) 3가지 이상 나열해서 설명하시오.

답)

1. UML에서 Stereotype의 정의

- UML의 기본요소외에 추가적인 확장요소를 만들기 위한 확장 메커니즘, ≪ ≫ 길러멧(guillemet)으로 표현

2. 주어진 Stereotype의 JAVA Code로 변환

≪interface≫
Developer
+WriteCode():void

→

```
public interface Developer{
  public abstract void writeCode();
}
```

≪utility≫
Math
+PI:double{ReadOnly}
+cos(double):double
+sin(double):double

→

```
public class Math{
 public static final double PI=3.14159;
 public static double sin(double
   theta){ //Sine 계산.....
   return φ;
 }
 public static double cos(double
   theta){ //cosine 계산...
   return φ;
 }
```

- 주어진 Diagram Interface와 utility class를 표현,
필드와 메서드 밑의 밑줄은 Static(정적) 필드 또는 메서드임.
{readonly}는 final 키워드를 사용하는 상수 의미

3 Stereotype의 종류 (3가지 이상 나열)

타입 종류	설명	
≪interface≫	모든 Method가 추상메서드이며 인스턴스를 만들 수 없음. - 추상메서드와 상수만으로 구성된 class	
≪include≫	하나의 유스케이스가 어떤 시점에 반드시 다른 유스케이스를 실행(포함관계)	고객, 주문, 사용자 확인, ≪include≫
≪extend≫	하나의 유스케이스가 어떤 시점에 다른 유스케이스를 실행할 수도 안 할 수도 있는 확장관계	주문, 등록 고객, ≪extend≫

- ≪entity≫ ≪boundary≫ ≪Control≫ 등이 있음

"끝"

문 68) UML의 State Machine Diagram 에 대해 설명하고 엘리베이터(Elevator)의 예를들어 State Machine Diagram으로 표시 하시오.

답)

1. UML의 State Machine diagram의 정의와 용도

가. (정의) - G={State, Transition} Event에 의해 주도되는 System의 변동상태에 초점을 두고 어떻게 객체들이 환경과 상호작용을 하고 상태 변화가 일어나는지를 기술함.

- System의 동적측면의 모델을 생성하는 행위적 Diagram

나. State Machine diagram의 용도

- 반응적인(Reactive) 객체및 System의 내부복잡한 행동을 표현
- 정보시스템 보다는 기술적시스템 또는 내장시스템에서 주로 이용

2. Elevator 동작에 따른 State Machine diagram 표시

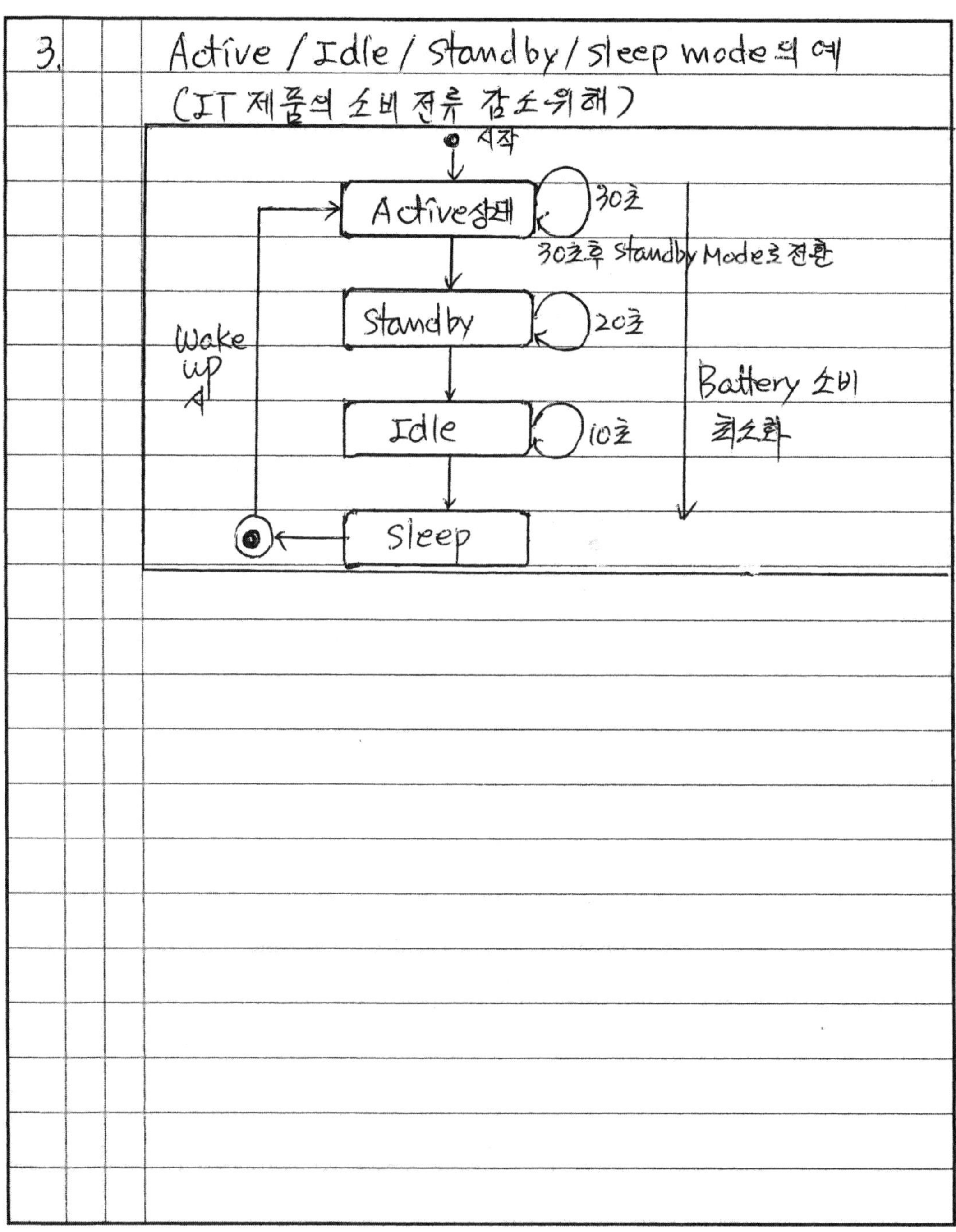
3.
Active / Idle / Standby / sleep mode의 예
(IT 제품의 소비 전류 감소위해)
시작
Active상태
30초
30초후 Standby Mode로 전환
Standby
20초
Idle
10초
Sleep
Wake up
Battery 소비 최소화

문 69) UML의 연관(Association) 관계와 방향성 있는 연관(Directed Association)에 대해 예를 들어 설명하시오.

답)

1. Association관계와 Directed Association의 차이

분류	연관 관계	방향성 있는 연관
UML 표기	────	────>
도식의 예	[Peer A] ──── [peer B]	[Peer A] ──> [peer B] (0..1 / 0...*, *, -기능)
도식의 의미	PeerA가 PeerB 참조할수있고 PeerB가 PeerA를 참조할수있음.	PeerA가 B를 참조 * : 인스턴스 갯수, 0..1, (최대1개) 0...* (무한대의 인스턴스) -기능(A가B참조시의 기능역할)
공통의미	두 class간 서로 연관(관련)이 있는 관계임.	

2. Directed Association의 예와 Code

가. 학생이 해당 과목 학점 알려고 할시 연관(class)

class	학생	-subjects (과목들) ──> *	학점	──> 1	과목 (Subject)
속성	-Subjects:List		-grade:String		-name:String
메서드					
	학생 Class	여러개 있을수도있고 없을수도있음	Grade class		Subject Class

- 학생과 과목 사이에 Grade(학점) class를 추가

나. 위의 연관관계에서의 Java 언어로 표현

```
import java.util.List;
public class Student {
    private List<Grade> subjects; }
```

```
public class Grade {
    private Subject subject;
    private String grade;
}
```

```
public class Subject {
    private String name;
}
```

"끝"

문70) UML의 일반화(Generalization)에 대해 예를 들어 설명하시오.

답)

1. UML의 일반화(Generalization)의 설명

항목	설명(내용)
의미	부모 class와 자식 class 간의 상속(Inheritance)관계
UML표기	──────▷
도식 예제	Unit ← 슈퍼(부모)class; 상속 관계 - - - → △ 상속; Marine, BattleCruiser ← 서브(자식) Class
일반화의미	서브Class가 주체가되어 서브class를 슈퍼클래스로 Generalize 하는것을 말함 (←반대→ Specialization (구체화))
상속의 의미	슈퍼Class의 필드나 메세지를 사용하며, 구체화 하여 필드& Method(속성)를 추가하거나 필요에 따라 Method를 Overriding(오버라이딩)하여 재정의
주의사항	슈퍼Class가 추상클래스일경우는 Interface의 메서드와 같이 추상 Method를 반드시 overriding 해서 구현해야함

2. 일반화의 예제 class와 Coding 예제

- StarCraft Game의 Teran 종족에서 Unit 사용의 예제(Marine과 Battle Cruiser)

diagram	Java Code 예제

가. Diagram 표기

Unit
+X : int
+Y : int
+move(X:int Y:int)
+stop()

← 부모 class

△ 상속

Marine	BattleCruiser
+move(X:int, Y:int)	+move(X:int, Y:int)
+stimPack	+YamatoGun.

← 자식 class

← 속성,

← Method.

나. Code 구현

```
public class Unit{
    int x, y;
    public void move(int x, int y);
    public void stop(){}
}
```

```
public class Marine extends unit{
    public void move(intx, inty){}
```

```
public void StimPack { }
}
```

```
public class Battlecruiser extends Unit {
    public void move (int x, int y) { }
    public void YamotoGun() { }
}
```

"끝"

문 71) UML의 실체화 (Realization) 관계에 대해 예를 들어 설명하시오.

답)

1. UML의 실체화 (Realization)의 설명

항목	내용
의미	《interface》의 spec(명세, 정의) 에 따라 Method를 overriding 하여 실제 기능으로 구현하는 것 《Interface》와 《interface》에 동작이나 서비스를 제공하는 Class나 Component 사이의 관계를 지정하기 위해 사용
UML 표기	- - - - - - - - - - - - - -▷
도식 예제	TV - - - -▷ 《interface》 리모콘 TV - - - -▷ 《interface》 Remote Control / 속성 / Method: Turnon() Turnoff() Setvolume() TV ———○ 리모콘
표현방식	2가지. - - - - - -▷ ———○
속성	스테레오 Type 《interface》 사용

2. Realization(실체화)의 Class와 예제 Code.

- 두가지 표현 방식이 있음.

가. Diagram 표기 (2가지)

```
<<interface>>
CheckLogic
+ isTrue() : Boolean

DataCheckLogic
+ isTrue() : Boolean

CheckLogic

DataCheckLogic
+ isTrue() : Boolean
```

나. Code 구현

```
public interface CheckLogic {
    // CheckLogic 사용하여 True/false Return
    public Boolean isTrue();
}
public class DataCheckLogic implements CheckLogic {
    //@ override                          // 실체화는 Implements
    public Boolean isTrue() {             // 로 구현 (at Java)
        // 날짜와 관련된 CheckLogic 수행)
        return True;
    }
}
```

"끝"

문 72) UML의 의존(Dependency) 관계에 대해 예를 들어 설명하시오

답)

1. UML의 의존(Dependency) 관계의 설명

항목	내용
의미	어떤 class가 다른 클래스를 참조하는 것 - Class diagram에서 제일 많이 사용
UML표기	- - - - - - - - - - ->
도식예	<Dependency stereo type> User - - - - «create» - - - -> Schedule User - - - - «parameter» - - - -> Schedule

2. Dependency(의존)의 Diagram과 예제 Code

User
↓ (점선)
Schedule

```
public class user {
    //객체생성 & return
    public Schedule createSchedule() {
        return new Schedule();
    }
    public void useSchedule(Schedule schedule)   ← 객체, ↑변수
    //객체를 매개변수로 받아 사용
    // use schedule...
    Schedule schedule2020 = schedule.
        getScheduleByYear(xxxx);
}
```

//끝//

디자인 패턴 (Design Pattern)

추상화에 대한 정의와 추상 클래스 생성 방법, 디자인 패턴(Design Pattern)의 종류와 패턴별 설명과 활용 예를 기술하였고, 디자인 패턴의 예제로는 Prototype, Singleton, Abstract Factory, Iterator, Adapter 패턴에 대한 내용들을 학습할 수 있는 Part입니다. 실제 객체 지향 언어인 JAVA 언어가 어떻게 사용되고 있는지를 파악하고 학습하는 게 중요합니다.

[관련 토픽 - 9개]

문 73)	디자인 패턴(Design pattern)에 대해 설명하시오.
답)	
1.	Software 엔지니어의 경험 집대성(Coding), 디자인 패턴의 개요
가.	pattern간의 관계, 사용 방법의 설명, Design pattern의 정의
-	S/W 엔지니어의 경험이나 유용하다고 생각되는 객체들간의 일반적인 상호 작용 방법을 모은 목록
나.	디자인 패턴(Design pattern)의 필요 이유(부각이유)

디자인 패턴	- S/W 재사용성, 호환성, 유지보수성을 보장 - 기존 디자인 결과물 최적화, 표준화 → 품질향상 - 공통언어(개발시), Code 품질 향상, 변화 대비

2. Design 패턴의 주요특징과 유형

가. Design pattern의 주요특징

구성요소	pattern name, 문제점 및 Solution, 결과도출
적용 지침 (객체 지향)	- 객체 지향 설계 5대 원칙 적용 : 개방폐쇄(OCP), 인터페이스분리(ISP), 의존관계역전(DIP) 리스코프치환(LSP), 단일책임원칙(SRP) - 결합도 최소, 상속보다 위임, 인터페이스를 기준으로 사용

나. Design pattern의 유형 (23개 pattern)

구분	생성 패턴	구조 패턴	행위 패턴
의미	객체의 생성 방식을 결정하는 패턴	객체를 조직화 하는데 유용한 패턴	객체의 행위를 조직, 관리, 조합하는데 사용되는 패턴

OCP : open close principle
ISP : Interface Segregation
DIP : Dependency Inversion
LSP : Liskov Substitution
SRP : Simple Responsibility

범위	Class	Factory Method	Adapter (class)	Interpreter, Templat Method
	객체	Abstract Factory, Builder, prototype, Singleton	Adapter, Bridge, Composite, Decorator, Facade, Flylweight, proxy	Command, Iterator, Mediator, Memeto, observer, State, Strategy visitor.

" 끝 "

→ 디자인 pattern을 알고 있으면 S/W 전문가 느낌.
⇒ 다 알고 있어야 함 (중요한 거 ☆)
간단한 설명과 활용예를 제시하시오

SE 특강 자료 참고

그림 그리고 설명 필요

문 74) 디자인 패턴(Design Pattern)의 종류를 기술하고 각 패턴의

답) ☆(3) -(차별화를 위해 꼭 필요)

1. S/W 엔지니어 경험집, Design pattern의 정의
- 객체들 간의 상호 작용 방법에 대해 기술한 SPEC.집

2. Design pattern의 종류, 설명 그리고 활용 예

구분	종류	설명	활용
생성 패턴	☆Factory Method	객체 생성을 다른 class에 위임	재생 함수
	☆Abstract Factory	객체들의 패밀리(Family) 생성	제품군 생성
	☆Builder	제품패밀리(햄버거+콜라+감자)	제품 조립
	prototype	Clone(복제) 가능한 객체 복사	복제 위한 선객체 생성 ①
	☆Singleton	인스턴스 하나 생성→메모리 상주(static)	Serial 번호 발행 ⑤
구조 패턴	☆Adaptor	I/F 불일치에 사용	인터페이스 변경
	☆Bridge	구현과 추상화 개념분리(확장)	MEAP 적용 ②
	Composite	객체 전체-부분 Tree화(Leaf)	DB 탐색 Tree
	Decorator	기존 기능에서 기능추가(Dynamic)	Text editor ③
	☆Facade	복잡화→단순화한 인터페이스	레거시 EAI I/F
	Flyweight	경량 객체공유(공유, 비공유)	스타게임 SCV 생성 ④
	☆Proxy	객체 접근을 위임	Proxy Server
행위	Interpreter	언어 문장 해석(Terminal 조직)	Compiler
	☆Template Method	기본 골격 구조 정의(서브클래스에서 구체화)	S/W Framework
	Command	요청과 실수행 시점, 스케줄링	Web program (HTTP 요구/응답)
	Iterator	순차 반복 수행	DB 순차 접근

③ 100 line text editor → 100 ↓ 200 확장(스크롤 필요)

☆ ☆ ☆ ☆ ☆

④ Command Center에서 SCV 생성 (공유) 비공유 / 비공유

⑤ Serial 제작 Code를 메모리에 한 번만 상주에서 계속 사용

① ※ 복제 위한 선객체 생성: 그림판 □ ○ 활용

② Window 설치 → 추상 → 구현 → MEAP. 리눅스 - - - (확장)

⑦ ⑥의존성 최소화 목적

구분		종류	설명	활용
☆☆☆☆	행위패턴	☆Mediator	한쪽에서 책임지고 처리(n:n → 1:n)	Multi-Casting
		☆Memento	상태저장후 복구(버튼), 되돌리기	Backup시스템
		☆Observer	One Source Multi use	Dash Board
		State	객체 내부 상태 변화시 행위 변경	OS(Run-time) ⑦
		☆Strategy	동일문제에 다양한 알고리즘→해결	알고리즘(S/W)
		Visitor	해당 class 변경없이 기능추가.	알고리즘 추가.

"끝"

단어의 뜻과 연관하면
유사하니 이해도 됨.

(ROI는 암기보다는 ~~
해야 합니다.

문 75) prototype 패턴(pattern)에 대해 설명하시오.

답)

1. 생성 pattern, prototype pattern의 개요.

가. Clone() (복제)을 활용한 객체 생성, prototype 패턴 정의

- 임의로 자신의 복제를 만드는 기능을 각 객체에 구현, 모든 Class에 자기 자신을 복제해서 Return하는 메소드 구현방식

나. prototype pattern의 의도(Intent)

- Clone(복제)이 가능한 객체를 복사함으로써 새로운 객체 생성.

2. Prototype 패턴의 구조 및 설명

가. 프로토타입 pattern의 구조.

Figure
+Draw()
+SetLocation()
+Clone: Figure

① Clone 메소드 →

② Client

client는 인스턴스 복사하는 Clone 메소드 이용 새로운 Instance를 만듦.

③

Line
+Draw()
+SetLocation()
① → +Clone(): Figure

Rectangle
+Draw()
+SetLocation()
① → +Clone(): Figure

Text
+Draw()
+SetLocation()
① → +Clone(): Figure

- 부모 Class인 Figure를 참조해서 Clone() 메소드 호출가능

나. prototype pattern 설명

① 부모 Class를 참조하여 복제 (Clone() 메소드 호출→복제
② Client Code는 공통 부모 class와의 개별 class를 참조할 필요가 없음 ← 다형성을 적용
③ Source객체가 스스로 자신의 복제본을 생성해서 Return.

3. prototype pattern의 활용.

- 복제를 통한 객체생성 필요시 적용.

적용 point	임의의 도형 선택 → Ctrl-D → 선택 도형 복제
ClipBoard	Ctrl-C (도형복제가 ClipBoard에 저장)→반복가능
	Ctrl-V (ClipBoard에 복사된 도형 복제)→반복가능

"끝"

문	76)		Singleton 패턴(pattern)에 대해 설명하시오.
답	)		
1	.		생성 패턴, Singleton의 개요.
	가.		객체의 생성방식을 결정하는 패턴, Singleton 패턴의 정의
		-	Class의 인스턴스를 오직 한개만 생성될수 있도록 제한하고
			그 인스턴스가 전역(public)에서 접근될수 있도록 하는 방식.
	나.		Singleton pattern의 의도
		-	Class는 오직 하나의 Instance를 가지도록 보장하고
			해당 Instance에 접근할수 있는 전역 접점을 제공.
2.			Single-ton pattern의 구현 및 예제
	가		싱글톤 패턴의 구현 방법.
			- 생성자를 private로 감추고 Instance를 하나만 생성
			하여 Return 하도록 Class getInstance()로 구현
	나		Singleton 패턴의 예제

```
Class BigArray {
    Private BigArray() { Count = 0; } //생성자를 private로 선언
    private static BigArray instance = null; //멤버변수 선언
    public static BigArray getInstance() {
        if (instance == NULL)                //Singleton 메서드
            instance = new BigArray();
        return instance;
    }...
}
```

3. Singleton pattern의 요약 및 활용

가. Singleton pattern의 요약

Singleton	
-instance : Singleton = null	← private static
-Constructor()	
+getInstance : Singleton	← public static
+ operation 1()	
+ operation 2()	

4. Singleton pattern의 활용

- Instance 하나 생성후 메모리에 상주(static:고정)하여 제품의 Serial 번호를 발행 ← 매번 Serial 번호를 생성하기 위해 재 Loading(class)할 필요 없음
- 복수의 Instance 존재시 서로 간섭 발생으로 인한 Bug가능

"끝"

문 77) 객체 지향 개념에서 추상화(Abstract)에 대해 정의하고 Code(추상 class로) 구현한후 설명하시오.

답)

1. 추상, 추상화(Abstract), 구체화의 개요.

가. 추상의 정의 - 현실세계에서 여러가지 사물이나 개념에서 공통되는 특성(성질)이나 속성을 추출하여 이를 일반적인 개념으로 파악하는 정신(Action) 작용

나. 추상화(Abstract)의 정의 - Class간의 공통점을 찾아 내어 공통의 조상(parent)을 만드는 작업(구체화)

다. 구체화의 정의 - 상속을 통해 Class를 구현, 확장하는 작업

2. 추상화의 필요성과 선언 방법

가. Abstract(추상화)의 필요성

- 공통점을 추출하여 군대 Class로 추상화
- Code의 Reuse, 간소화, 유지보수 확보, 생산성 증대.

4 추상화 Class 선언 방법

<JAVA Code 예>

```
abstract class classname {
    //속성과 기능 명기
}
```

```
abstract class WiFiAudio { //추상 class
 abstract void Audioplayback(int Track);
              //추상 Method
 abstract void stop(); //추상Method
}
```

3 추상 Class 작성 (무선환경 Audio player)

- WiFi (802.11ac)나 BlueTooth 통한 Audio play

```
abstract class AudioPlayer{
   boolean pause; //일시정지
   int CurrentTitle; //현재 재생 곡명
   AudioPlayer{
          pause = 0; //false //초기상태
          CurrentTitle=0;// 초기상태 0
   }
   abstract void play(int position); //추상메소드
   abstract void stop();        //추상메소드
```

```
    void play(){
        play(CurrentTitle); }
    void pause(){
      if (pause) {        //pause 중
          pause = 0;   //pause clear후 재생flag
          play(CurrentTitle);
      }eles {
          pause = 1;  //pause 수행
          stop();
      }
    } //pause() 동작
} //Audioplayer    classend
```

- WiFi 통한 Audioplay나 Bluetooth를 통한 Audio play시 공용으로 사용 가능한 class를 추상화 class화함

4. Audioplayer 추상화 class를 활용한 WiFi/Bluetooth Audioplayer의 구현 방법

- 최초 무선환경 연결(Setting)만 차이가 나고 공용사용가능

```
Class    WirelessAudioplayer extends Audioplayer{
         // parent의 추상Method를 상속
    void play(CurrentTitle){
         // Audio data 전송 및 play, Encoding
    }    // decoding 동작수행
```

```
void stop() {
  // play중 CurrentTitle save, pause후 재생 필요
  시 재생
}
// WirelessAudioPlayer에 추가된 멤버
int WirelessStatecheck; // 무선 상태 확인
int GetEventNotification; // 상태(기기) 확인
int CurrentTitle; // 현재 재생 곡명

void nextTitle() {
    CurrentTitle++; // 다음곡 재생 )
    // 다음곡 선택후 playback 수행
}
void previousTitle() {
    CurrentTitle--;
    // 이전곡 playback 수행
}
}
```

-실제 세부 Code는 생략

"끝"

문 78) Abstract Factory 패턴(pattern)에 대해 설명하고 아래 Code를 Class Diagram으로 표현한후 Abstract Factory pattern을 적용하여 Coding 하시오.
(Computer Game인 Starcraft에 나오는 Unit들임
-종족은 테란(Teran))

```
Class Marine { //보병
    int x, y ; // position
    void move (int x, int y) { } //위치이동
    void stop ( ) { } //stop
    void stimPack ( ) { } //stimPack 공격
}
Class BattleCruiser { //전투 순양함
    int x, y ;
    void move (int x, int y) { }
    void stop ( ) { }
    void YamatoGun ( ) { } //야마토 Gun 공격
}
Class Dropship { //수송선
    int x, y ;
    void move (int x, int y) { }
    void stop ( ) { }
    void load ( ) { } //선택 Unit를 태움 (Load)
```

```
    void Unload { } // 선택 Unit 내림
}
```

- Class 간에는 공통 기능과 속성(Attribute)이 많이 존재함

답)

1. Abstract Factory pattern의 정의

- Class 간의 공통점을 찾아내어 공통의 조상(Parent)을 만드는 작업 (생성하는 작업)
- Abstract Factory pattern의 필요성 (Reuse)

-Window OS GUI
-OSX GUI
-Android GUI
-Linux/Unix GUI
<OS의 종류>
각 OS별 GUI 개발은 비효율
문제점 → 구현시 각각 구현 필요
개선방안: 공통 GUI → Factory class화
유지보수성 확보
설계 효율
Code 축소, 시간 단축, ROI 개선

2. 주어진 Code 내에서의 공통점 찾기

항목	Marine	BattleCruiser	Dropship
공통 속성과 기능(공통점)	X, Y position	X, Y position	X, Y position
	move	move	move
	stop	stop	stop
차이점	stimpack	YamatoGun	Load (태움), Unload(내림)

- Position, move(), stop() 속성과 기능이 동일

동일 속성	X, Y Position
동일 기능	Move(), stop()

3. 공통점 파악후 Abstract Factory 구현(class Diagram화)

부모 class →

«interface»
Unit
+x : int
+y : int
+move(x: int, y: int)
+stop()

자식 class들 →

Marine	BattleCruiser	Dropship
- 속성	-	-
+stimPack()	+YamatoGun()	+Load() +UnLoad()

} 기능

4. Class Diagram 작성후 Coding

```
Abstract Class Unit {
    int x, Y;
    abstract void move(int x, int y);
```

```
        void stop() { } //정지
}
class Marine extends unit{
        void stimPack() { } //공격
}
class BattleCruiser extends unit{
        void YamatoGum() { } //공격
}
class Dropship extends unit{
        void Load(){ }       //탑승
        void unLoad(){ }     //내림
}
```

"끝"

문 79) Iterator pattern에 대해 설명하고 Java에 적용된 예제를 기술하시오.

답)

1. Iterator pattern의 설명

항목	설명
용도	- 자료구조 탐색기능을 별도의 객체로 분리해서 구현 자료구조 객체와 자료구조 탐색 객체로 구성
표준	자료구조 탐색 객체를 표준 탐색 Interface로 정의
구조	«interface» Iterator: +hasnext(), +next(), +Remove() ← Client → «interface» Collection: +add(data:int) ←탐색객체, 목록객체→ ArrayIterator: +hasnext(), +next(), +Remove() ListIterator: +hasnext(), +next(), +Remove() Array: +add(data:int) List: +add(data:int) - 모든 자료목록의 탐색 작업을 Client는 동일한 탐색 객체 사용가능
재사용성	특정 자료 구조와 무관한 Logic 구현 가능
유지보수성	여러 종류의 탐색 추가 구현이 용이함.
가독성	자료 구조에 무관한 동일한 방식의 탐색 가능

JAVA 제공여부	Interface: Collection, List, Iterator, ListIterator 제공 Class : ArrayList, Linked List 제공함.

2. JAVA에서 적용된 예제

- Collection Framework에서 저장된 요소 탐색 방법 표준화.

```
import java.util.*;
Class Iterator예제 {
    public static void main(String[] args){
    ArrayList list = new ArrayList();
                                  //Java에서 class 제공
    list.add("1");
    list.add("2");
    Iterator it = list.iterator();
    While(it.hasNext()){
                   //다음 Data Read
        object obj = it.next();
                          //Read Data
         print(obj);
    }
  }//main
}//class
```

"끝"

문 80) Iterator pattern를 사용하여 Factory Method pattern을 구현하시오

답)

1. Factory Method의 설명 (객체의 생성 방식 결정)

항목	설명
용도	객체 생성을 위해 공통 부모 class에서 해당 객체 생성 메소드를 선언하고 자식 class에서 재정의
표준	Iterator 사용시는 Iterator와 연동해서 사용
	Client «interface» MYIterator: +hasnext() +next() +Remove() ←탐색 객체 «interface» MYCollection: +add(data:int) +getIterator():MYIterator 객체 생성→ ArrayIterator: +hasnext() +next() +Remove() Array: +add(data:int) +getIterator():MYIterator 재정의→ ←---- 의존 (class가 다른 class를 의존)
다형성	탐색객체를 참조하여 객체 생성 (의존 ---->)
구현	Client Code는 개별 class 참조없이 부모 class만 참조
유지보수	부모 class가 수정되지 않으면 Client에는 영향없음.

			재사용성	Client code는 특정 class에 의존 없이 구현 가능
	2.		JAVA Code로 구현 예제 (객체 Add 구현)	

```
import java.util.*;
abstract class MyCollection{
    public abstract void add(int value);
    public abstract MyIterator getIterator();
    public void addAll (MyCollection c){
        MyIterator it = c.getIterator();
        it.hasnext();              → ∅이면 끝
        while(!it.hasnext())
            this.add(it.next());
                     객체 add함.
            :
            : 생략
```

"끝"

문 81) 아래 class diagram에서 Textview class를 Adapter pattern 을 적용하여 구현하시오.

Figure
+Draw()
+SetPos(x:int, y:int)
+SetSize(x:int, y:int)

Line
+Draw
+SetPos(x:int,y:int)
+SetSize(x:int,y:int)

Textview
+show()
+Move(x:int,y:int)
+Resize(x:int,y:int)

답)

1. Adapter pattern의 설명

항목	설명
용도	객체내의 Method Interface가 맞지 않을때 중간에 Adapter(Interface 역할)를 사용
역할	Adapter class는 실제로 일은 하지 않고 단지 중간에서 호환성을 맞춰 주는 역할 수행
호출	Client의 Method 호출은 adapter class가 받음
다형성적용	Textview class도 공통부모 class인 Figure의 하위 class로 만듦. (Reuse의 장점 활용)

2. Adapter pattern 적용방법

- 부모 class Figure의 메소드와 Textview의 메소드 일치시킴.

Figure
+Draw()
+SetPos(x:int, y:int)
+setsize(x:int, y:int)

Line
+Draw()
+SetPos(x:int, y:int)
+Setsize(x:int, y:int)

Text
+Draw()
+SetPos(x:int, y:int)
+setsize(x:int, y:int)

TextView
+show()
+Move(x:int, y:int)
+Resize(x:int, y:int)

중간에 Adapter 사용
- Show() → Draw()로 변경
- Move() → SetPos()로 변경
- Resize() → Setsize()로 변경

3 Java 사용 Code 구현 예제

- Text Adapter를 구현.

```
Class Text extends Figure{ //Figure Class 상속
    TextView _textView =new TextView();
    public Text(String s){
        _textView. SetText(s);
    }
    void Draw() {_textView. Show();}
    void SetPos(int x, int y){_textView. Move(x,y);}
    void SetSize(int x, int y){_textView. Resize(x,y);}
};
```

"끝"

객체 지향 언어

객체 지향 언어에 대한 구성 요소, 객체, 클래스, 기능, 속성에 대한 정의와 특징, JAVA 언어에 대한 내용과 객체 지향 개념에서 상속 방법 및 추상화, 설계 원칙, 정보 은닉, 오버라이딩과 오버로딩 방법에 대한 실제 Code 예제를 통해 학습할 수 있습니다. 객체 지향 개념에 대해서는 명확히 이해하고 습득해야 합니다. 기본적인 내용이지만 자주 출제되고 있습니다.

[관련 토픽 – 17개]

문82) 객체 지향 개념과 구성요소인 객체(object), 클래스(Class), Message, 속성(attribute)에 대해 설명하시오.

답)

1. 객체 지향(Object oriented)의 개념과 등장배경

가. 객체 지향의 개념 - 복잡한 현실세계의 매커니즘을 객체로 규정해서 Computer system에 적용시킨 개념으로 Object, Class, Message, 속성으로 구성됨.

나. Object oriented 개념의 등장 배경

등장 배경	내용
Software의 위기극복	개발 납기준수실현, 생산성 향상을 위한 Reuse(재사용성), 확장성 증대
전통적인 개발의 문제점 극복	낮은품질, 개발 지연, 위험요소 등에 대한 해결 방안 필요.
산출물관리/추적의 어려움	산출물의 일관성 결여, 유지보수 비용 증가에 대한 대안 필요, Easy추적성 필요

2. 객체 지향의 구성요소

가. 객체(Object)의 구성요소

TV 객체 - 현실에 존재하는 사물(Thing, object)

StarPE TV	- class
+ 색상, volume	- 속성(변수)
+ 켜기, 끄기, 볼륨제어	- 기능(Method)

- TV 객체의 구성은 StarPE TV class와 속성, 기능으로 구성

4 구성요소의 설명

구성 요소	내용	예
object (객체)	현실 세계 사물 & 개념	TV
Class (클래스)	객체의 Templet (TV종류에 StarPETV가 존재)	StarPE TV
Message (메세지)	객체간의 상호 작용 (의사소통)	볼륨낮추기 등
Attribute (속성)	Class가 가지는 속성	색깔, 채널

3. 실제 Coding 예 (JAVA)

```
class StarPETV{
    String color; //색상
    boolean power; //전원 on/off      ← 속성 (Attribute)
    int channel; //채널

    void power() {power = ! power} //TV on/off
    void channelUp() {++channel} //CH. up        ← Message =Method
    void channelDown() {--channel} //CH. down
}
```

↑ StarPETV class

"끝"

문 83) 객체 지향 개념에서 상속 (Inheritance)에 대해 정의하고 상속방법과 실제 Code로 구현하여 설명하시오.

답)

1. 상속(Inheritance)의 정의와 장점

가. 객체 지향기술의 핵심 개념, 상속(Inheritance)의 정의
- 기존의 Class를 재사용하여 새로운 클래스를 생성 하는것
- 하위 class에게 자신의 속성과 메서드를 사용할수 있도록하는개념

나. 상속의 장점 · Program을 쉽게 확장, 이해성

Code size 축소	관리효율	설계효율	유지보수성
적은양의 code로 새로운 Class 작성	공통사용 관리가능 Code추가 변경용이	재사용높임 Code중복제거	생산성 향상 변경용이

2. JAVA 언어에서 상속 방법과 표현, 실제 Code의 사례

가. JAVA 언어에서 상속 방법의 표현

```
class  Child  extends  Parent {
    // 고유의 Data 속성과 메서드 정의
}
```

생성되는 class 이름뒤에 extends 기입시 상속됨

나. 상속관련된 표현용어

조상 Class	부모(Parent)/상위(Super)/기반(Base)클래스로명칭
자손 class	자식(Child)/하위(Sub)/파생된(Drived)클래스로 명칭

다. 상속(Inheritance)의 Scope 표현의 예

```
Class Parent { }
Class Child extends Parent { }
```

UML 표기 → Parent ← 상속 — Child

범위 → Child (Parent)

3. 실제 Code 구현 (상속)

```
Class TV {                        //parent class
   boolean power; // 전원(ON/OFF 상태), boolean은 bit표현
   int channel; //채널 선택
   void power() {power=!power;} // power는 toggle
   void channelUp() {++channel;}
   void channelDown() {--channel;}
}
```

↑ 상속

```
Class SmartTV extends TV {
   boolean Internet; // Internet 상태 (on/off)
   void ConnectInternet (String text) {
      if(Internet) { // 연결상태 표시
         System.out.println(text);
      }
   }
}
```

- parent class인 TV Class로부터 속성과 기능을 상속받고 Child class에서는 Internet 변수 (속성)와 ConnectInternt( ) 기능을 추가함.
- 즉 parent class의 속성과 기능을 모두 사용하면서 새로운 Child class에 추가속성과 기능을 부가함.

4. 상속후의 변수(속성)와 기능의 Scope

가. Class 이름과 Class Member(멤버)

Class 이름	Class 멤버
TV	power, channel, power(), ChannelUp(), channelDown()
SmartTV	power, Channel, Power(), channelUp(), ChannelDown(), (Internet, ConnectInternet())

- SmartTv Class에서 Internet과 ConnectInternet() 멤버가 추가됨.

나. UML로 표현(Class Diagram 표기)

TV
+power: boolean +channel: int
+Power(): power +channelUp(): channel +Channel Down(): channel

↑ 상속 - - - - - - - -> 장점
① Class 체계화 가능
② 중복성 최소화
③ 기존 Class로부터 확장 이용이 함

SmartTV
+Internet: boolean
+ConnectInternet(string text)

다. 상속의 범위(Scope)의 표현

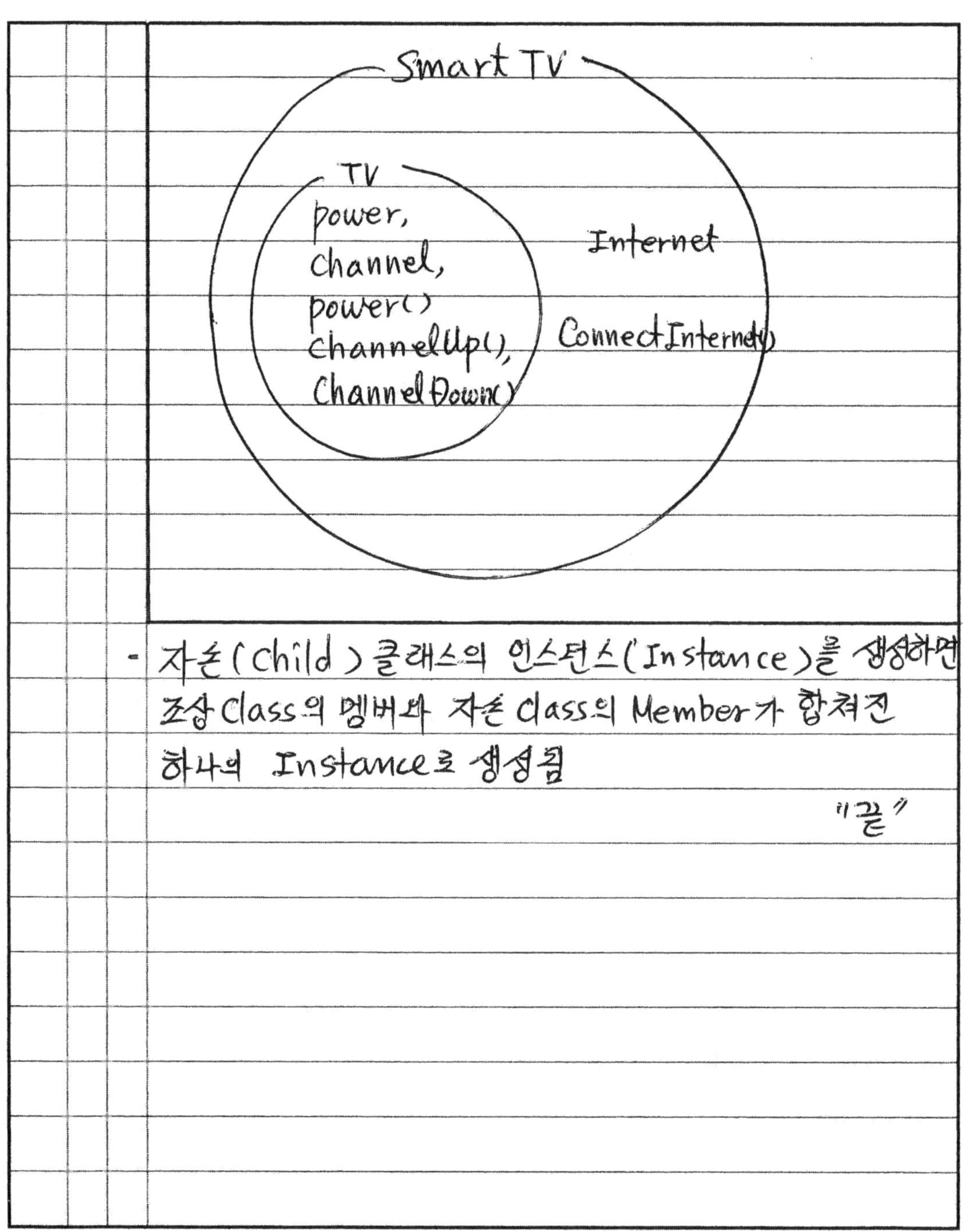

- 자손(Child) 클래스의 인스턴스(Instance)를 생성하면 조상 Class의 멤버와 자손 Class의 Member가 합쳐진 하나의 Instance로 생성됨

"끝"

문 84) 객체 지향 개념에서 추상화 (Abstract)에 대해 정의하고 예를 들어 설명하시오

답)

1. 추상, 추상화 (Abstract)의 정의

가. 추상의 정의 - 현실세계에서 여러가지 사물(Things)이나 개념('Concept)에서 공통되는 특성이나 속성을 추출하여 이를 일반적인 개념으로 파악하는 정신(Action) 작용

나. 추상화 (Abstract)의 정의 - Class간의 공통점을 찾아내어 공통의 조상(parent)을 만드는 작업(구체화 과정)

2. 추상화의 예제 (두개의 Class에서 공통점 찾기)

```
Class Marine { //보병
    int X, Y ; //위치
    void move (int X, int Y) { } //위치이동
    void stop() { } //Stop
    void stimPack() { } // StimPack사용→공격
}
```

```
class BattleCruiser { //전투순양함
    int X, Y ; //위치
    void move(int X, int Y) { } //위치이동
    void stop ( ) { } //Stop
    void YamatoGun( ) { } //Yamato Gun 공격
}
```

- 두개의 class에서 공통점 찾기

항목	Marine	BattleCruiser
공통점	X,Y position	X,Y postion
	move	move
	stop	stop
차이점	Stimpark	YamatoGun

- 공통점은 X,Y position (위치), Move(이동), Stop(정지)
- 공통점을 찾아 parent class로 만듬 ← 추상화.

3. 공통점 파악(분석)후 Abstract Factory로 구현 (Class diagram)

«interface»
unit ← parent class
+x : int
+y : int
+move(x: int, y: int)
+stop()

Marine ← child
속성
+stimPack

BattleCruiser ← child
+YamatoGun.

- 공통 부분은 parent class에서 상속 받음 "끝"

문 85) 객체지향 방법론에서 캡슐화(Encapsulation)와 정보은닉(Information Hiding)

답)

1. 속성(Attribute)과 메소드(Method) 조합, 캡슐화의 개요

가. 유지보수 생산성 향상, 캡슐화의 정의 및 특징

속성(Data)
메소드(함수)
Class
Message
외부정보

〈캡슐화 개념도〉

정의 - 객체의 속성과 행위를 하나의 Class로 묶고 실제 구현 내용 일부를 감추어 은닉하는 객체지향의 특성

특징 - Class를 선언하고 Class 객체에 대해 "Public" 선언시 외부에서 사용가능, "private" 선언시 사용불가. - Message 통해 접근가능

나. Encapsulation의 장점과 Code 예시

장점	- Software의 유지보수 생산성 향상 (Class 단위관리) - 재사용성(Reuse)이 높은 Software 개발 - 정보은닉으로부터 내부자료에 대한 일관성 유지
코드(예시)	public Class Time{ 속성: private int Hour; private int Minute; private int Second; — 외부접근불가 → 캡슐화 (정보은닉) 메소드: public int getHour(){ return Hour;} — 메소드통해 접근 → 외부정보 } ← Time class 임

2. Method 인터페이스로만 객체 접근, 정보은닉의 개요

가. Code 보호(보안) 기술, 정보은닉의 정의와 특징

Time class		
-int hour -int minute -int second	외부 접근불가 →	캡슐화 (정보은닉)
+getHour() : int +SetHour(int) : void ⋮	→ (메소드통해 멤버변수접근)	Method 사용

- **정의**: Code 내부 데이터와 Method를 숨기고 공개 Method 인터페이스를 통해서만 접근이 가능한 Code 보호(보안) 기술
- **특징**
  - 복잡성 제거: 내부 Logic를 감춰서 복잡성 줄임
  - Data 보호: 외부로부터 보호

나. 정보은닉의 Code 예시 및 장점

Code (예시)

```
public class Time {
  private int hour;
  private int minute;
  private int second;

  public int getHour() {
    return hour; }
  public void setHour(int hour) {
  if (hour < 0 || hour > 23)
    return;
    this.hour = hour;
  }
  ....(생략)
}
```

- private 접근제어자를 사용하여 외부에서 멤버변수의 접근을 못하도록 함 (private 변수 선언부)
- 멤버변수 : hour, minute, second임
- method를 통해서만 멤버변수를 접근하도록 함 (setHour 메소드)

		장점	정보손상 미발생	권한 없는 외부 객체의 접근 불허
			독립성 유지	데이터가 바뀌어도 다른 객체에 무영향
			결합도 감소	Code가 Data type 이나 메소드, 구현 등에 의존하지 않아도 됨, 객체간 결합도 약화
			유연성 강화	결합도 감소 → 기능변경/기능교체 Easy

3. 접근 제한자의 범위와 캡슐화 / 정보은닉의 비교

가. 접근제한자의 범위

접근제한자	접근 권한	특징
public	모든 Class, Package	모든 권한부여
private	해당 Class 내	최소권한부여
Protected	동일 package 내	상속시 타패키지 사용
Package	동일 package 내	Default 접근제한자

나. 캡슐화와 정보은닉의 비교

항목	캡슐화	정보은닉
목적	데이터/함수 모듈화	Code 보호
특징	속성/메소드 기능 집합	Interface를 통해서만 접근
기법	Class	public, private 등
장점	재사용성, 유지보수 용이	무결성, 보안성 확보

"끝"

문86) JAVA 언어에 대해 설명하시오.

답)

1. 객체 지향 언어, JAVA의 개요

가. 객체 지향 언어(Object Oriented Language), JAVA 정의

- 특정 chip에 의존적인 C언어의 한계를 극복하고, 분산 환경 및 가전, 전기기기 등의 환경에 필요한 Application 을 개발할 목적으로 만들어진 객체 지향 언어.

나. Java의 주요특징

- 객체 지향언어로 추상화된 Class기반 상속, 캡슐화, 다형성 제공
- JVM (Java virtual Machine)을 통한 platform 독립
- Interpreter 방식 적용.

2. Java의 주요 구현분야 및 기계어 기반 언어(C)와의 비교

가. Java의 주요 구현분야

구현분야	설명
App. 개발	swing, AWT 등을 이용한 단독 실행 GUI 프로그램
Web. 개발	Servlet, JSP, JavaScript 등을 이용한 동적인 홈페이지 개발
컴포넌트 개발	웹서비스, EJB 등 기업형 비즈니스 Component 개발
Middleware & 개발도구	WAS, Tomcat 등 서버, Eclipse, JBuilder 등 Application 개발 환경 지원

나. Java와 기계어 기반 객체 지향언어와의 비교

구분	Java	기계어 기반 객체 지향언어
개발언어	Java, Basic	C, C++

가베지: garbage

		특징	간단한 Compile	목적코드생성후 기계어로컴파일
		장점	실행환경독립적, JVM(가비지 Collection, 이식성, 견고성, 안정성)	CPU에 따른 제약(변수형등) 빠른실행, CPU최적화, 메모리제어
		단점	역컴파일, 속도저하(인터프리터 방식)	개발의 어려움, platform종속적

3. Mobile 및 Embedded 분야의 Java 활용방안.

가. Embedded 및 Mobile 환경의 저전력, Interface 제약, 통신속도 극복위한 Game, SFA, 원격검침등의 분야에 J2ME환경과 WIPI 기반의 개발에 활용

나. 웹 서비스, EJB, Component 개발시의 platform 독립성및 표준준수&분산환경 System 개발에 적극 활용.

"끝"

* SFA: Sales Force Automation : 영업자동화. CRM(고객 관계 관리)의 한 요소.

* WIPI: 한국형 무선인터넷 platform의 표준규격
  - Wireless Internet platform for Interoperability
  - 무선 인터넷을 위한 한국형 platform 표준, Java/c/c++ 포함.

* 다른용어는 다음 Topic에 존재 → Next

문 87) Java의 주요구현 분야와 개발 환경에 대해 설명하시오.

답)

1. Java의 주요 구현분야

구분	분야	내용
App. 개발	Swing	UI/UX program 환경. -JButton, JPanel, JLavel 등
	AWT	-Abstract Window Toolkit GUI programming을 하기 위한도구
Web. 개발	Servlet	-Server-side Applet Web서버에서 수행되는 Java class
	Applet	Web Browser(클라이언트)에서 수행되는 Java 실행 파일
	JSP	Java Server Pages - Servlet 프로그램의 기능을 HTML 파일내에 Script형식으로 구현하는것
	JavaScript	HTML문서내에 그대로 추가하여 작성하는언어
Componet 개발	Web서비스	서로 다른 Computing 환경에서 사용되는 모든 App.들간 소통&실행가능동적시스템구현 - SOAP : 단순 객체 접근 protocol - WSDL : Web service 기술 언어 - UDDI : 전역 비즈니스 레지스트리
	EJB	-Enterprise Java Beans

	EJB	Sun사에서 개발한 서버측 Component모델
Middleware (미들웨어)	WAS	-Web Application Server -웹 APP.을 실행할수 있는 서버 환경 구축
	Tomcat	Java Servlet과 JSP 이용 개방형 Web 서버 SW (Apache Tomcat)
개발 도구	Eclipse	개방형 JAVA 통합 개발 환경
	JBuilder	JAVA 개발환경: Borland사에서 나온 Java Builder

2 Java의 개발환경

J2SE	-Java 2 Standard Edition 기본 Java 2 개발/실행 환경
J2EE	-Enterprise Edition, 기업환경에서 개발/실행
J2ME	-Java 2 Micro Edition, 컴퓨터와 가전이나 휴대폰등 임베디드장치에 Java 탑재 개발/실행 환경

"끝"

문 88) Java 언어의 특징과 Java program 실행 순서를 설명하시오

답)

1. Java 언어의 특징

- 객체 지향 언어 (point 연산, 다중 상속 개념 삭제)
- 자동 Garbage Collection 기능, Applet program
- N/W을 통한 Download 기능, 객체 분산성 향상, 보안성 제공
- JVM (Java Virtual Machine) 구현으로 H/W, O/S 등의 platform 독립성 제공, Multi-Thread 지원.

2. Java program의 실행 순서

Java program file (.java 파일들)
↓
자바 Compiler
↓ ↓
Java Byte Code (.class) | Java Byte 코드 (package) (.class들)
↓
자바 가상 머신에 의해 실행 (JVM에서 실행)

- Compile 과정에 인터프리터 방식의 실행 환경도 지원

"끝"

문 89) JVM(JAVA Virtual Machine)에 대해 ^구조^ 설명하시오.

답)

1. Write Once, Run Anywhrere(WORA) JVM의 개요.

(JVM(Java Virtual Machine)의 정의)

- Java Source 소스를 Compile 하면 바이트 코드(Byte Code)로 되어 있는 Class 파일이 생성되고 이 class 파일은 JVM이 설치되어 있는 특정 platform에 종속적이지 않고 실행 가능한 언어 환경을 제공.

2. JVM의 내부 구조

- Class loader가 Method, Heap, stack을 분리해서 사용

3. JVM 내부 영역별 설명

영역	설명
Method 영역	-Method와 class 변수를 저장하는 공간

Method 영역	-모든 program 에 의해 공유
Heap 영역	-동적으로 할당하여 사용할수 있는 Memory
	-주로 실행시간에 생성되는 객체를 저장.
Stack 영역	-Method 호출시 Method의 매개변수, 지역변수,
	임시변수등을 저장하기 위한 Stack구조의 메모리
	-실행중인 program에 따라 Stack 프레임 할당
PC 레지스터	JVM이 현재수행할 명령어의 주소를 저장
Native	-Java가 아닌 다른언어에서 제공되는 Method.
Method	-Native Method를 호출할때 Native 메소드의
stack	매개 변수, 지역 변수등을 저장

"끝"

문 90) API(Application Program Interface)와 JAPI (JAVA API)에 대해 설명하시오

답)

1. OS와 Application의 Interface 제공, API의 개요

가. API(Application Program Interface)의 정의

- 응용 program이 운영체제(OS)의 기능을 이용할수 있도록 해주는 programming Interface.

나. API의 등장배경

(Easy App. 개발) - H/W와 OS를 직접 제어해야하는 어려움 극복

(App. 개발 효율 저하 & 중복 Code) - 파일관리, 화면표시등 OS기능을 Application에 동일하게 적용시 효율 저하. 효과

(이식성 확보 필요성) - 이 기종 OS사이에 공통 API 적용, 이식성

2. API의 구조 및 유형

가. API의 구조(Scope)

Device Driver　　OS와 Application 사이에서 I/F.

H/W - OS(I/F) - OS - API - App. - GUI - 사용자

→ 상위 Level

OS(I/F)	OS와 HW의 중간 매체 (장치 Driver(sw))
API	Application과 운영체제의 중간 매체
GUI	UI/UX, App.과 사용자 사이의 I/F 역할

나. API의 유형

유형	내용

제어 범주별	I/O, Display, Image, N/W, SMS
제어 장치별	Java API (Java 가상머신-JVM), OpenGL (그래픽) OpenAL(Audio), Window API. Direct X
공개 여부별	Open API, Dedicated API
언어 수준별	ABI(Application BInary I/F)-Linux Standard Base, API-POSIX.

3. JAPI의 정의, 특징

가. J(Java) API의 정의 - SUN사 API에 다양한 기능들을 추가하여 확장한 Class 속성과 Method의 집합

나. JAPI의 3가지 종류.

분류	설 명
Official Core API	JDK, JRE, Java ME(마이크로 Edition) JavaSE(standard), Java EE(Enterprise)
optional Official API	JSR (Java Specification Request) 에 따라서 정의된 API, swing 등
Unofficial API	JSR에는 포함되지 않았으나, 3'rd party에 의해 개발된 API들

다. JAPI의 특징

특 징	설 명
객체 지향	-Object oriented, object class에서 모든 class 파생, 단일 class 상속을 지원
분산 환경 지원	TCP/IP, HTTP, FTP 라이브러리가 기본 내장.

인터프리터	- 한문장씩 해석해서 실행 (Interpreter)
언어	- Compile 언어인 동시에 인터프리터 언어.
	- 자바 Runtime이 class 파일을 인터프리트하면서 실행
Machine	중간언어('IL= Class file)로 Compile되어
중립적	자바 가상머신 (JVM)에 의해 실행됨(이식성높음)
기타	Multi-threading 지원, 빠른 실행속도.

4. JAPI 주요 platform 비교 및 동향.

가. JAPI 주요 platform 비교

구분	J2ME	J2SE	J2EE
배경	무선인터넷 발전	다양한 PC S/W 개발	Internet, 분산환경
용도	Embedded 용	개인 PC용	기업용
목적	제한된 사용활용	Stand Alone 운용	대규모. Biz용
장점	제한된 Device 지원, H/W독립성	OS독립성, Cross platform	트랜잭션 처리, 분산, Web 환경
단점	개발, 시험 문제	분산환경 한계	복잡, 무거움
주요 구성	Profile 기반 CDL, CLDC	Java Class, Java Bean, AWT등	EJB, JSP등

나. JAPI의 동향

- Mobile, Embedded system 환경에서는 J2ME가 적용중이며, e-Biz 분야에서는 .NET 보다 J2EE가 대세이며 강세 지속 예상됨.

- .NET(M/S사)과 J2EE는 경쟁 구도하에 공존 전망.
- J2EE platform 기술은 Reuse(재사용성)을 고려하여 CBD 방법론 확산에 기여될 것으로 판단됨

"끝"

(실 생활의 예를 드시오)

문 91) 객체 지향언어의 설계원칙에 대해 설명하시오

답)

1. 재사용성, 유지보수향상, 객체 지향언어의 개요

가. Object 간의 Message 전송, Object oriented 언어의 정의

- 실 세계의 개체(Entity)를 속성(attribute, 변수/상태, 필드)과 Method(기능, 행위)가 결합된 형태의 객체로 표현하는 언어

나. 객체 지향의 특징과 설계원칙

특징	객체 지향	설계원칙
캡슐화 추상화 다형성 정보은닉 상속성	→ 객체 지향 설계 ←	SRP(단일 책임) OCP(개방/폐쇄) LSP(치환, 교체) ISP(인터페이스분리) DIP(의존관계역전)

2. 설계원칙의 설명

가. ISP(Interface Segregation원칙) - 인터페이스 분리

원리	객체 기능, I/F를 구체적으로 분리 (송/수신 channel 분리 등)		
USB 2.0 (half duplex): C(client) ↔ [송신/수신] ↔ S(server)		⟹ 개선 USB3.0 (full duplex): C → 송신 → S, S → 수신 → C	
문제	I/F의 병목 현상	해결	I/F분리, 병목현상제거

4. SRP(Single Responsibility 원칙) - 단일 책임 원칙

원칙	객체는 둘 이상의 책임을 갖지 않는 형태이어야 함

차	기능	SRP따름	SRP위반	개선
Start()	출발	O		차: Start(), Stop() / 운전자: 운전
Stop()	멈춤	O		
Drive()	운전		O	←→ 단일 책임
- 차를 운전하는 것은 운전자의 책임 - 한 객체 내 SRP 위반 사례임.				- 차의 고유 기능 - 운전자의 고유 기능

다. OCP(open closed 원칙) - 개방 폐쇄 원칙

원칙	확장에는 open, 수정에는 close 상태

현 기능 (추가 개선 →)	개선(원칙 적용)
- piston 엔진 차 차 ◇— piston 엔진 (집합연관) - 기능변경: 터보 엔진으로 교체 방법은?	차 ◇— Abstract Engine (추상 엔진, ← 추상 class) piston 엔진 (구체 class) —상속→ Abstract Engine Turbo 엔진 —상속→ Abstract Engine - 구체 Class가 아닌 추상 class에 의존

라. LSP(Liskov Substitution 원칙) - 치환, 교체 원칙

원칙	자식타입들은 부모 타입들이 사용되는 곳에 대체 가능

Client (+write(Storage)) → Storage (+Save()) 부모

FileStorage (+Save()) —상속→ Storage

DB storage (+Save) —상속→ Storage 자식

-7-

- Client에서 부모타입을 통해 FileStorage나 DB Storage에 접근가능
- Top down 진행

아. DIP(Dependency Inversion 원칙) - 의존관계 역전

원칙1	참조의 대상은 파생클래스가 아닌 추상 class여야함
원칙2	객체의 참조는 부모클래스의 인터페이스에 의존
DIP 위반 사례	Controller —Depends for Alarm→ Clock(시계) 1) Controller는 알람 기능이 필요 2) 구체적 Controller 객체가 구체적 clock 객체에 의존 3) clock 객체의 변경은 Controller 객체에 영향 줌 4) Controller 객체가 시계외에 다른 기기가 제공하는 알람기능을 사용하기 어려움 (OCP위반) 5) 시계가 많은 책임을 가지고 있음(SRP위반)
개선	Controller → IAlarm(인터페이스, 추상클래스) ← 상속 Clock ..... Timer - Controller, clock 객체가 추상클래스(IAlarm)에 의존 - Clock class의 변경이 Controller class에 영향을 미치지 않음

"끝"

문 92) 객체 지향언어의 특징과 설계원칙을 기술하고, 구조적 기법과 차별화되는 개념을 설명하시오. 또한 private, public 접근 제어자(Access Modifier)를 사용하여 외부로부터 데이터를 보호하기 위한 정보은닉 방법을 실제 객체 지향언어(JAVA)로 간단히 구현하시오

답)

1. 객체 지향언어(Object-Oriented Language) 출현배경

구조적 프로그래밍언어		변화 요인		OOL(객체지향언어)
-절차적 언어 -모듈화 언어 -procedure호출	→	-요구사항 변경 -프로그램 수정	→	-객체 단위 -실세계와 연계 -객체에 메시지전달

- 기존 C, PASCAL, FORTRAN 등의 절차적, 구조적 프로그래밍 언어의 한계를 극복하기 위해 OOL 출현.

2. 객체 지향언어의 특징과 설계원칙

가. OOL의 특징과 설계원칙간의 Relation(관계)

OOL 특징		객체지향		설계원칙	
캡슐화	⇒	객체지향 설계 (C#, objective, JAVA언어)	⟸	OCP	개방폐쇄원칙
추상화				ISP	I/F분리원칙
정보은닉				DIP	의존 역전원칙
다형성				LSP	리스코프 치환
상속성				SRP	단일 책임 원칙

나. 객체 지향언어의 특징

특징	내용설명	개념도
캡슐화 (Encapsulation)	행위(기능, Method, 함수)와 정보(속성, 멤버변수, 특성, 필드상태)를 하나의 객체 단위로 집합화	Class / 정보: 속성, 변수, 특성 / 행위: 메서드, 기능, 함수
추상화 (Abstraction)	-Interface, Abstract class를 이용하여 기능 및 Data의 분리 -기능/제어/자료 추상화로 구분	Interface ← Concrete class
정보은닉 (정보 Hiding)	-내부적으로 Data 보호시 접근 제어자를 사용하여 정보접근제어 -외부로부터 Data 보호	public a; private b; protected c;
다형성 (polymorphism)	-다양한(poly) + 변신(morphism) -Overloading과 Overriding을 이용, 하위 class의 다양한 동작 수행	오버라이딩: 부모class ↑상속관계 자식class 오버로딩: int A (a), int A (a, b)
상속성 (Inheritance)	상위 Class의 속성(정보)과 메서드(행위)를 하위 class에서 재정의 없이 상속 받아 사용, -S/W의 재사용(Reuse) 용이	Class A ← Class B ← Class C

- 객체 내에 행위와 정보를 일체화시켜 Class 단위로 제어

자. 객체 지향언어의 설계 원칙

- OCP, ISP, DIP, LSP, SRP 5대 원칙이 있음.

설계원칙	상세 설명	개념도
개방폐쇄 (OCP)	변경되지 않는 Common (공통) 부분과 변경이 예상 되는(close) 부분을 분리 (open)	class 공통 부분 close ↔ 분리 ↔ class 변경 가능 open
I/F분리 (ISP)	-Interface Segregation 단일 Interface로 구성하여 Interface 복잡도로 최소화 함	가차표, 항공권 ← 주문 〈주문의 분리〉
리스코프 치환 (LSP)	- Liskov Substitution -상속 구현된 (자식) class는 부모 class에 대응하여 대체 되도록 설계	java.util.List 부모 class ← java.util.Array 자식 class
단일책임 (SRP)	- Single Responsibility - 하나의 class는 하나의 기능 책임만 수행하도록 설계	운전 class, 정지 class — 자동차 - 하나의 기능만 수행
의존역전 (DIP)	- Dependency Inversion 예) Client-Server 등 작구현시 Client에서 공통 사용기능 구현후 Server에서 상속받아 추가 기능 구현 (Bottom-up 방식)	Client 핵심기능구현 → Server 핵심기능상속

3. 객체지향언어 기법과 구조적언어 기법의 차별화내용

항목	구조적 설계기법	객체지향 설계기법
Diagram	함수 함수 … 공유 Data	객체 Data 메소드 — Message 전달 → 객체 Data 메소드
	-절차지향	-객체지향
사용언어	C나 Pascal 등	C#, objective-C, JAVA 등
문제 해결 방법	분할과 정복(Divide and Conquer)의 개념으로 문제를 분해하고 이를 단계별로 해결 (Module화 하여 해결)	S/W 시스템을 구성하는 요소를 객체 단위로 나누어 객체간의 메시지 전달을 통해서 문제 해결
언어 표현 방법	program의 실행 흐름(flow)을 절차지향적으로 표현	실세계문제 Code로 묘사, 설계와 이를 실제 프로그램화
Parameter전달	procedure 호출	객체에 메시지 전달
캡슐화	Data와 프로시저 분리가능	데이터와 프로시저 캡슐화
모듈화	함수단위	객체단위
실세계 표현	논리적인 모형과 제어의 흐름(flow) 이용	객체를 사용
Data Access	각각의 Module이 개별적으로 접근(Access)	Data와 Module이 하나로 묶여져서 메시지전달
접근 방법	Top Down	Bottom up
설계 방향	process중심 위주	데이터중심(Data+연산)

확장성	확장어려움	확장성 용이
재사용성	중복 많음	재사용 높음
DBMS	전통적 DB	전통적DB+객체 지향DB

4. 접근 제어자 (Access Modifier) 이용한 정보은닉 방법

가. 접근 제어자를 사용하는 이유와 접근제어자의 범위

이유	설명
복잡성 제거	외부에는 불필요한 내부적으로만 사용되는 부분을 감추어서 복잡성을 줄임.
Data보호	외부로 부터 Data를 보호하기 위함.

<접근 제어자의 범위>

제어자	같은 Class	같은 Package	자손 Class	전체
private	가능	불 가능	불가능	불가능
Default	가능	가능	불 가능	불 가능
protected	가능	가능	가능	불 가능
public	가능	가능	가능	가능.

나. 접근제어자(public, private) 사용 정보은닉 설계 (JAVA)

1) Class의 구성 (접근제어자 사용)

TotalSum	- Class 명칭부
- 매출 a : long - 매출 b : long	Data속성 정의 private로 선언.
+ 총매출() : long	- Method 선언, public 제어자

2) JAVA Code를 이용한 접근제어 사례

```
Class Totalsum
    private long 매출a; //외부접근불가
    private long 매출b; //외부접근불가

    public long 총매출() {
        return 매출a + 매출b;
    }
    public long get매출a() { //Method를 통해 class 내부변수 접근가능
        return 매출a;
    }
```

"끝"

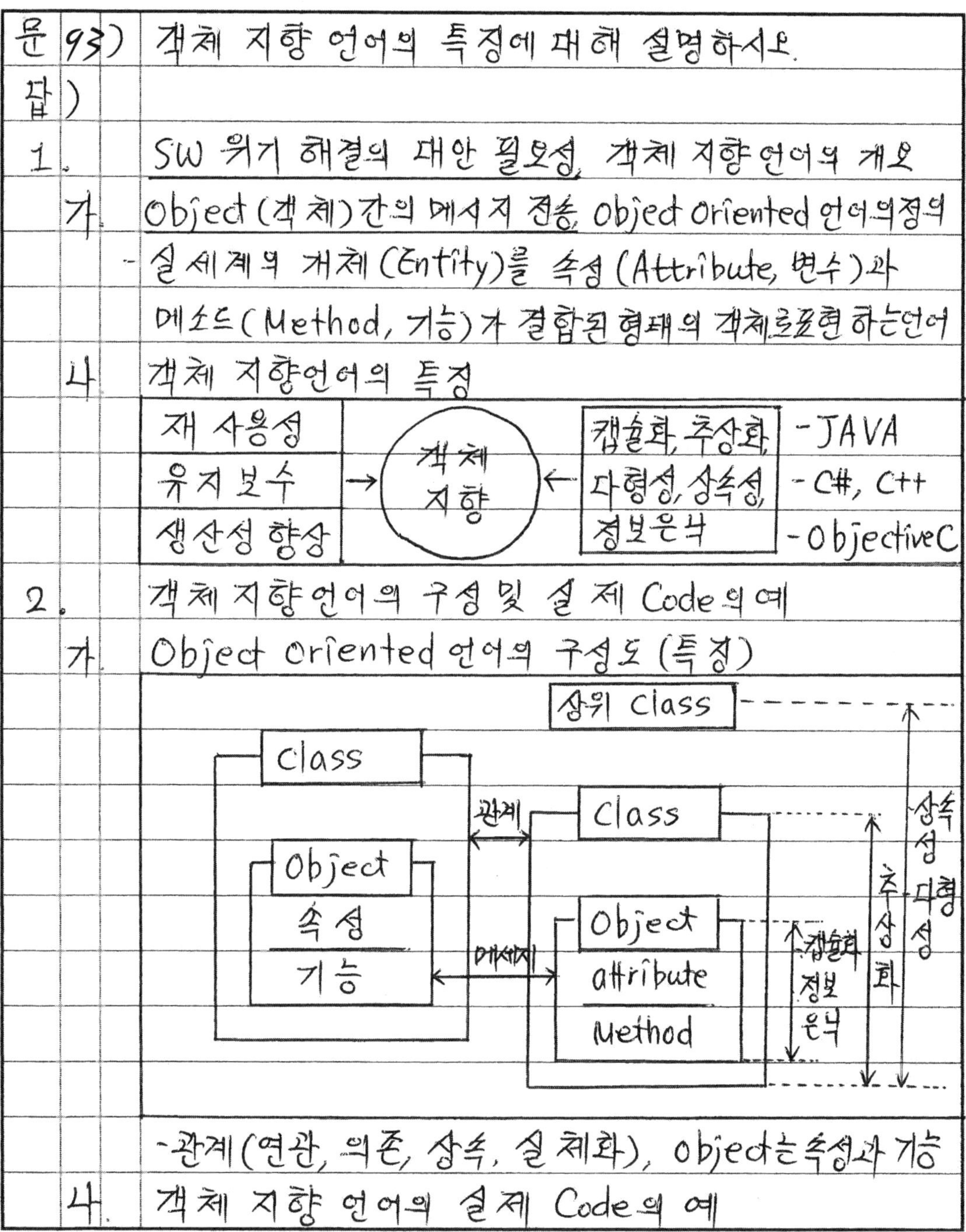

문 93) 객체 지향 언어의 특징에 대해 설명하시오.

답)

1. SW 위기 해결의 대안 필요성, 객체 지향 언어의 개요

가. Object(객체)간의 메시지 전송, Object Oriented 언어의 정의

- 실세계의 개체(Entity)를 속성(Attribute, 변수)과 메소드(Method, 기능)가 결합된 형태의 객체로 표현하는 언어

나. 객체 지향 언어의 특징

2. 객체 지향 언어의 구성 및 실제 Code의 예

가. Object Oriented 언어의 구성도 (특징)

-관계(연관, 의존, 상속, 실체화), object는 속성과 기능

나. 객체 지향 언어의 실제 Code의 예

Class Point {	→	Class
private int xpos;	→	변수, 속성, 상태, 필드
public void move(int x);	→	Method, 기능 행위
}		

↑다양하게 명명됨

3 객체 지향 언어의 특징 설명

특징	설명	사용 예
캡슐화, 정보은닉	속성을 은닉하고 메시지로 상호작용	public, private
상속성	조상의 기능과 역할 상속	extends (JAVA)
다형성	하나의 IF로 다 기능 구현	overloading, overriding
추상화	복잡성을 간단화, 이해명확	abstract, Interface
연관성	Class간의 연관관계 정의	연관, 의존, 상속, 일반/실체화

"끝"

문 94) 객체지향언어에서 오버라이딩(overriding)과 오버로딩(overloading)에 대해 예를 설명하시오.

답)

1. 객체지향언어, Overriding, overloading의 개요

가. 객체 지향 오버라이딩, 오버로딩(다형성)의 정의

객체 지향	Entity를 속성과 기능으로 결합된 객체로 표현
오버라이딩 (상속후 재정의)	상속관계에 있는 두 class 중, 하위 Class에서 상위 class의 Method를 재 정의 하는 것
오버로딩 (적재, 재정의)	한 class 내에서 비슷한 일을 하는 Method를 같은 이름의 Method로 여러개 정의 하는 것

나. 다형성(오버라이딩, 오버로딩) 사용시의 장점

확장성	- 기존(상위) class를 수정하지 않고 새로운 기능을 쉽게 추가
유연성	- 실제 실행될 동작이 실행시 결정, Dynamic Binding

2. overriding / overloading의 예제와 특징

가. 오버라이딩과 오버로딩의 예제 (Java Code 사용)

구분	오버라이딩	오버로딩
Class Diagram	- class 오버라이딩 부모 Class +print():void ↑ 상속관계 자식 class +print():void	- class 오버로딩 Cal class +Calc(int):int +Calc(int,int):int

도식화 필요.

Code	Public class 부모class {
	void primt(){ primt("부모");
	}
	}
	public class 부모class extends 자식-
	-class{ //상속
	void primtf(){
	primt("자식");
	}
	}
		public class Calc{
		int Calc(inta){
		return a;
		}
		
		int Calc(inta,intb){
		return a+b;
		}
		}

-Primt는 System.out.println의 의미 (Java)

4\. 오버라이딩과 오버로딩의 비교

구분	Overriding	Overloading
메소드이름	같아야 함	같아야 함
파라미터 갯수	같아야 함	달라야 함
자료형	같아야 함	같은경우 자료형이 달라야 함
Return 타입	같아야 함	상관 없음
기타	상위 Class에 Method 존재	상위 Class에 같은이름의 Method가 없어야 함.

int → float
↓
변경.

"끝"

문 95) 아래 파일 I/O 계층 구조에서 각 계층에서 추상화 하는 부분에 대해 설명하시오. (App.에서 HDD내의 Data를 재생하거나 기록한다고 가정한다)

Application
Standard Lib. I/O API
I/O API
OS Kernel (Filesystem)
Device Driver
HDD Firmware
HDD (Head, Track, Sector)

답)

1. Easy Understand, 추상화의 개요

가. Software 공학에서의 추상화 (Abstraction)의 정의

- 복잡한 System이나 Interface, 문제등에서 중요하고 관련된 부분만 분리해 내어 간결하고 이해하기 쉽게 만드는 작업. (Assembly 언어 → C언어 표현)

나. Software System에서의 추상화의 종류

기능 추상화	Module이 수행하는 기능측면을 간략화
자료 추상화	실세계의 Entity 표현, 조작(동작)만 수행, Class
제어 추상화	Program의 Action에 대해 간략화 한것

- 현업에서 S/W 기능에 대해 제안서에 내용 기록(기입)시 상세 내용보다 간략화된 추상 자료가 더 유효함.

2. 주어진 문제에서의 각 Layer별 추상화 내용

상위 ↑ ↓ 하위	Layer	추상화 내용	효과
	Application (응용프로그램)	UI, UX, 3D Motion(제스처) 제어만 하면 됨, Mouse	사용자 편의성
	Standard Lib, I/O API	기록/재생(Read)시 Block size는 I/O API에서 수행	Block size 고려 불필요
	I/O API	Kernel이 제어하는 File System과 무관(FAT, NTFS, UDF)	File System 간의 호환
	OS Kernel (File System)	Device Driver에게 명령만 발행하면 됨(HDD 제어 Driver)	Driver와 통신
	Device Driver	-물리적 제어 불필요 -장착된 HDD에 재생/기록 명령	물리적→논리적으로 추상화
	HDD Firmware	물리적 제어 동작 실시 (Head, Track, Sector)	HDD 내부 자체 동작 실행

"끝"

문 96) Static Linking과 Dynamic Linking에 대해 설명하시오.

답)

1. Static Linking과 Dynamic Linking의 정의

가. Static Linking의 정의 - program Compile시에 필요한 라이브러리나 모듈을 포함하여 실행 프로그램을 생성. 즉 실행 프로그램 내에 link된 object code가 포함됨

나. Dynamic Linking의 정의 - program 실행시 필요한 라이브러리나 모듈을 link, 실행 프로그램은 Link를 위해 필요한 정보만 포함.

2. program이 메모리에 Loading되는 과정과 설명

가. program이 메모리에 Loading되는 과정 (Loader)

① program → ② Linking → ③ Relocation → ④ Loading

- program: • 기억장소 선정 • 실행할 프로그램
- Linking: • object Code 결합
- Relocation: • page나 Segment 단위로 적재
- Loading: • 기계 명령과 Data 적재

나. Loading 되는 과정의 설명

① program들을 적재할 기억장소를 선정 (Loader에 의해)

② 대상 object Code와 다른 object code (연결되어 사용 필요시)와 결합하여 논리적인 주소공간상에서의 상대번지를 결정

③ object Code를 메모리 관리 정책 단위인 page나 Segment 단위로 적재위치 결정, 상대번지 → 절대번지로

④ 지정된 메모리상의 절대번지로 기계명령과 Data 적재

3. Static Linking과 Dynamic Linking의 비교

분류	Static Linking	Dynamic Linking
특징	-Compile시 호출될 함수 결정 -Static 변수와 비슷 -가상함수 없이 항상 적재	-실행시 호출될 함수의 결정 -Auto 변수와 비슷. -가상 함수가 필요.
장점	-program 처리시간 빠름 -프로그램 제어가 비교적 간단 -규모가 작은 program 작성시 유리	-program크기가 작음 -Computer 자원 사용 적음 -다른 program이 라이브러리나 Module을 공유 가능
단점	-program크기가 상대적으로 큼. -Computer 자원 사용이 과다. -다른 프로그램이 라이브러리나 Module을 공유할 수 없음	-Program 처리시간 느림 -Program 제어 복잡 -Linking Loader 등의 System program이 필요.

"끝"

문 97) AOP(Aspect Oriented programming) 기법에 대해 설명하시오.

답)

1 OOP(Object Oriented programming) 보완, AOP 개요

가. AOP(Aspect Oriented programming)의 정의

- 요구사항에 대해 핵심관심사항과 횡단 관심사항으로 분할, 개발, 통합 함으로써 모듈화를 극대화하는 프로그래밍 기법.

나. 분할하여 복잡성 제거, AOP의 등장배경

AOP

요구사항의 Module화	OOP Code에 충실	기능의 분산	- Reuse - Easy 개선 - 사용자 편의
- 부가요구신속대처 - 품질문제 Agility 개선	- OOP 기능유지 - 최대한 모듈화	- 보안기능 - Debugging	- 문제 Tracking - Monitoring

다. AOP의 특징

특징	설명
단순화/집중화	- 개발 procedure/process의 단순화 - 개발자에게는 비즈니스 기능(차별화)에 집중
비캡슐화	핵심 비즈니스 영역(core Asset)보다는 주변 업무 Logic 중심으로 공통 Module화
Aspect 이용	독립된 Aspect 단위 변경을 통해 전체 System 변경용이
OOP 기반	OOP 사상을 기본으로 한 Cross Cut Aspect.

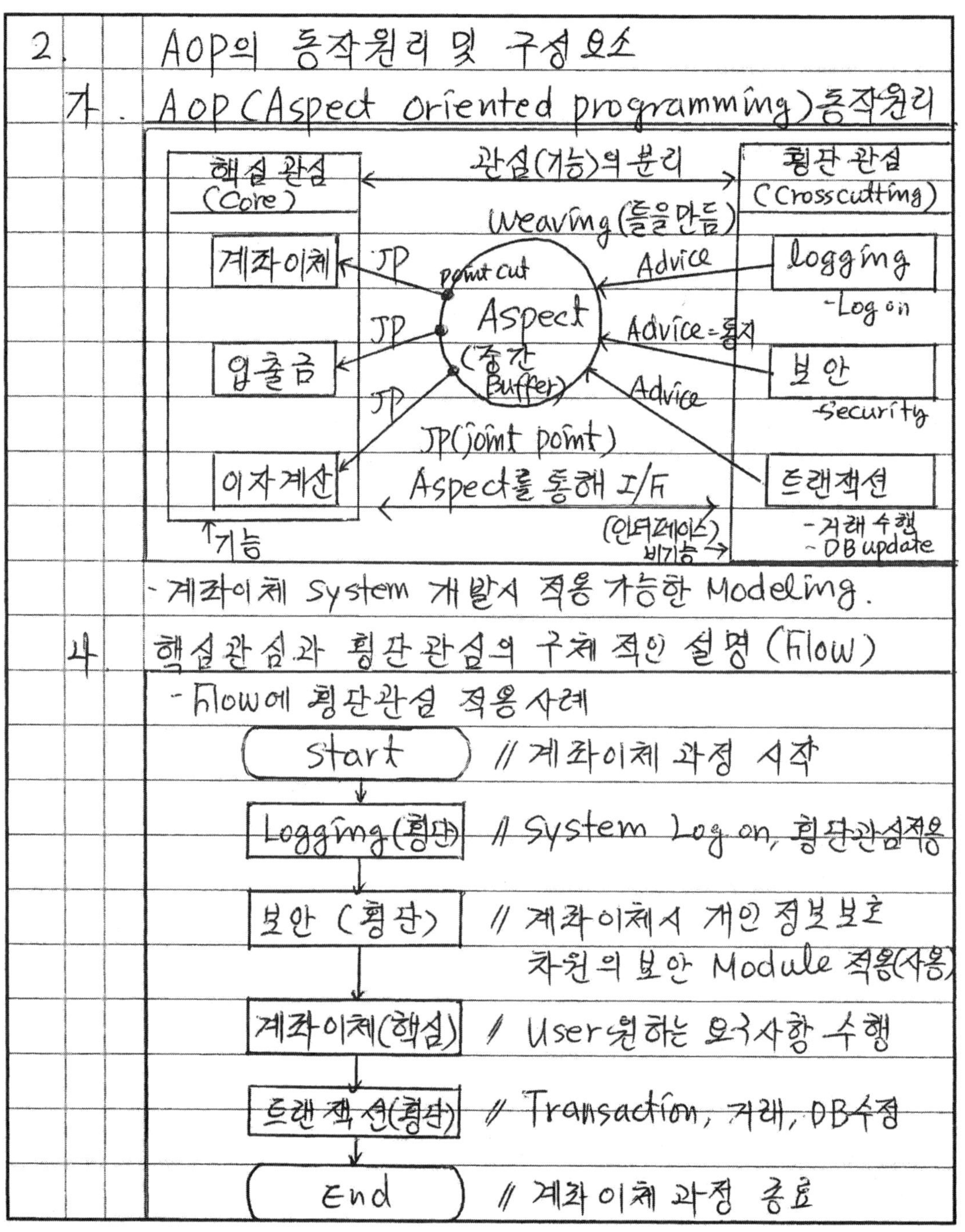

2. AOP의 동작원리 및 구성요소

가. AOP(Aspect Oriented programming) 동작원리

- 계좌이체 System 개발시 적용 가능한 Modeling.

나. 핵심관심과 횡단관심의 구체적인 설명 (Flow)

- Flow에 횡단관심 적용 사례

Start // 계좌이체 과정 시작
Logging(횡단) // System Log on, 횡단관심적용
보안 (횡단) // 계좌이체시 개인 정보보호 차원의 보안 Module 적용(사용)
계좌이체(핵심) / User원하는 요구사항 수행
트랜잭션(횡단) // Transaction, 거래, DB수정
End // 계좌이체 과정 종료

다. Aop의 구성요소

구성요소	설 명
핵심관심	시스템이 추구하는 핵심 기능과 가치
횡단관심	System에 요구되는 공통 사항이나 기능
Joint Point	핵심관심의 기능과 연결, ex) Method 호출 & Return
point-cut	어느 핵심 기능을 사용할지 결정하는 선택 기능
Advice	Aspect의 삽입되어 사용할수있는 Module(기능)
Aspect	pointcut(어떤기능)과 Advice(무엇)를 합친 Code
Weaving	Pointcut에 결정된 기능에 지정된 Advice 삽입

- 핵심 관심 모듈과 횡단관심 모듈을 분리, 서로간 Weaving구현

3. Aop 절차도와 절차별 Action Item (Activity)

가. Aop Design(설계) 절차도(procedure diagram)

핵심시스템 설계 → 관점 식별과 설계 → 결합(Merge) → Bug수정/분석 → UI/UX,이름

S/W 요구사항 → 핵심시스템 설계, 관점 식별과 설계

관점 식별과 설계, 결합(Merge), Bug수정/분석, UI/UX,이름 → Design Model

UI/UX,이름 → -Identity -S/W 명명

- 핵심, 공통사항 설계 결합후 Defect 처리.

4. Aop 설계 절차별 Action Item.

단 계	활동 (Activity)

핵심시스템설계	System의 핵심 기능 지원 위한 아키텍처설계
관점 식별과	-요구사항내의 여러 관점을 분해및 식별
Design	-분해된 기능을 분석하고 설계(Coding)
Merge	-핵심과 횡단 기능의 Merge(결합)
	-Compile, Build, 형상관리 System(Git)적용
Bug 분석	-기능검증을 통해 요구사항과 일치성 검증.
과 개선활동	-상이점과 Issue 발견시 해결후 재검증
S/W 명칭부여	-기능과 system에 적합한 Identity 부여

4. AOP와 OOP간의 비교및 AOP의 해결(개선)과제

가. AOP와 OOP간의 비교.

구분	OOP	AOP
개념도	핵심 관심, 횡단 관심, 계좌이체, 입출금, 로깅, 거래	핵심 관심 모듈, 횡단 관심 모듈, 위빙, 계좌 이체, 이자 계산, Log on, 거래
	-핵심 관심 Module이 자신이 필요한 횡단관심 Module을 찾아서 사용.	-Weaving: 핵심과 횡단 기능 Interface

목표	객체 재사용(Reuse)	관심사의 분리(모듈화 극대)
구현	Class, object, Method	-Aspect
관심사	업무로직(Biz, Logic)	· Common Logic (공통로직)
장점	객체 재사용 (Object Reuse)	-Module의 책임소재(R&R) 명확 -Loosely Coupled로 모듈화 극대
단점	객체별 독립성 유지 어려움.	구현과 이해 시간이 필요

4. AOP의 해결과제 (현업 경험 사례)

- 표준사양 결정 필요: 업체별 AOP Tool 상이, 내용과 Format 표준화 필요, 업체 포럼 구성 후 개발 선도 필요.
- 학습의 난이: program의 flow 이해 위해 추상화 필요.
- OOP와의 중첩(Nesting) 현상: OOP의 캡슐화, 정보은닉 기능에 직접적인 영향(내부 변수 Access) 줄 수 있어 OOP 장점을 손상시키고, 시스템 복잡 경향 있음.

"끝"

- R&R: Role & Responsibilities
- Nesting 현상: Interrupt에서 발생

문 98) 페어 프로그래밍(Pair Programming) 기법과 핑퐁(ping Pong) Programming 기법에 대해 설명하시오

답)

1. 하나의 Computer 사용, 두사람이상의 pair programming 개요

가. 전통적인 방법, pair Programming 정의

- 두사람(이상도 될수있음)이 하나의 Computer를 사용해서 Pair Work로 프로그래밍하는 방법

나. 페어 프로그래밍의 개념및 구성요소

하나의 화면 Driver (조수) (사수) Navigator (사수) (조수)	Driver(조수) - 실제 Coding 표준에 따라 Code를 작성하는 프로그래머 Navigator(사수) - Driver에게 전략(정책)과의 일치여부등을 상기시켜주는 역할을 하는 programmer (사수역할)

- 한명은 Coding, 다른한명은 질문/논의, 역할 바꿔가며 수행 → 이해향상

2. TDD (Test Driven 개발), ping Pong Programming 개요

가. 핑퐁 프로그래밍 정의 - Team 내에서 지식공유의 용도로 사용하기 위해 pair programming과 TDD 방법을 결합한 programming

나. 개념도와 절차

pair 프로그래밍 / TDD ping Pong 프로그래밍	1) ping: A가 실패 Test Code생성후 K/B → B에게 2) B가 test 통과하도록 Code 작성 3) pong: B가 실패 Test Code 생성후 키보드 → A에게 4) A가 test 통과하도록 Code 작성

- A와 B간의 환류(Feedback) 주기가 짧아 두 programmer 가 지속 집중가능 장점있음

3. 효과적인 pair programming 위한 전략

pair 구성	수행 방법	환경
전문가 + 전문가 - 모든 Case 적용 전문가 + 초보 - 사수 + 조수 스타일	원격 pair programming	공동 IDE 구성 화상회의, 협업 커뮤니케이션 일관된 역할

- pair, 의사소통, 개발 Style 등 적합하게 구성시 효과극대화

"끝"

PART 7

아키텍처(Architecture) 스타일

IEEE 1471 아키텍처의 내용과 설명, S/W 아키텍처 스타일(Style)인 MVC, Repository, Layered, Pipe and Filter 스타일의 구성과 장단점, PHP에 대한 부분으로 이해 위주로 학습할 수 있도록 기술하였습니다. [관련 토픽 – 10개]

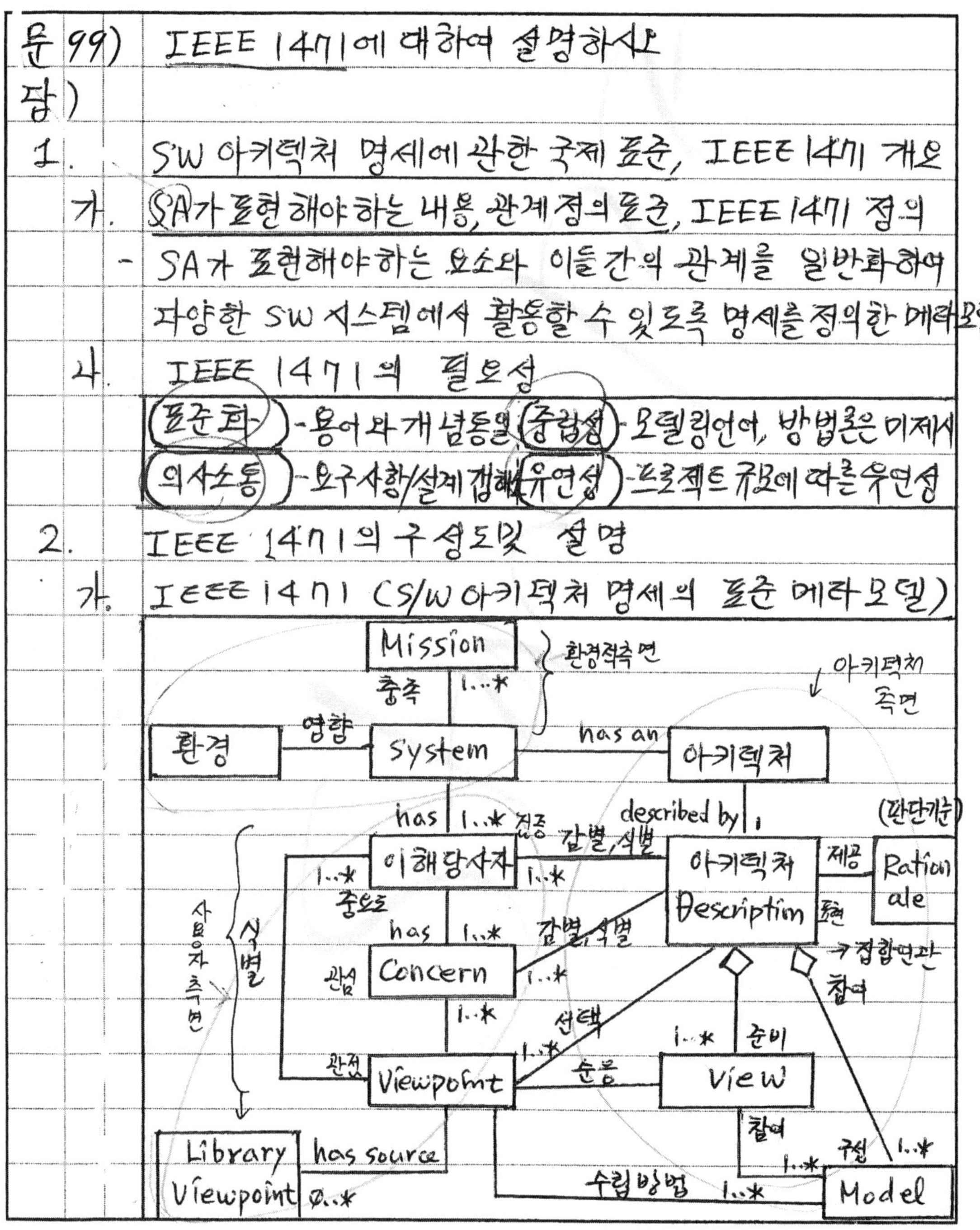

문99) IEEE 1471에 대하여 설명하시오

답)

1. SW 아키텍처 명세에 관한 국제 표준, IEEE 1471 개요

가. SA가 표현해야 하는 내용, 관계 정의 표준, IEEE 1471 정의

- SA가 표현해야 하는 요소와 이들 간의 관계를 일반화하여 다양한 SW 시스템에서 활용할 수 있도록 명세를 정의한 메타모델

나. IEEE 1471의 필요성

표준화	- 용어와 개념들의	중립성	- 모델링언어, 방법론은 미제시
의사소통	- 요구사항/설계 결함	유연성	- 프로젝트 규모에 따른 유연성

2. IEEE 1471의 구성 및 설명

가. IEEE 1471 (S/W 아키텍처 명세의 표준 메타모델)

4. IEEE 1471의 구성요소의 설명

Stakeholder	사람/조직	System	목적 달성을 위한 컴포넌트 집합
Concern	관계자의 관심사	View point	모델 작성 방법 정의
환경	내부/외부 제약/HW	Rationale	아키텍처 판단 기준
Mission	특정 목표	View	관점에 따른 View 도해

3. IEEE 1471 아키텍처 구축 절차 (SAD 절차)

절차		
	기술서 작성	아키텍처 관련 정보 기술서 개요, Reference 작성
	관심사 식별	이해관계자, 역할(Role), 품질속성 연관 관심사 식별
	뷰포인트 선정	후보관점 선정/정제, 관점 우선순위화/최종선정
	View 명세	관점에 따라 View 도해 (4+1 View)
	View 세부항목	View 간 불일치성 파악 및 조정(일관성/정합성 유지)
	상세설계서	아키텍처의 논리적 근거 작성 및 상세화

"끝"

* SAD 절차 = S/W Architecture Description

1. 아키텍처 기술서 정보 작성
2. 이해관계자와 관심을 식별
3. 관점을 선택
4. 관점에 대한 설명 작성
5. View 작성
6. 전체 View를 작성

문100) MVC(Model View Controller) 아키텍처 스타일

답)

1. Reuse 향상, S/W 아키텍처 스타일, MVC의 개요

가. Model, View, Controller(MVC) 아키텍처 Style 정의

- Reuse, 확장성을 위해 System 구조를 Model, view, Controller로 Logic을 분리하여 설계하는 아키텍처 스타일

나. Reuse 관점에서의 MVC style의 특징

Coupling 최소	사용자 View와 Data처리(Model)간 직접 간섭 방지	
의사소통, 확장성	Controller의 요청/처리 중재	유지보수용이, 유연성

Coupling = 결합도

2. MVC 아키텍처 스타일의 구성 & 설명

가. MVC 아키텍처 Style의 구성 (3-Tier 개념)(분할과 정복)

- View(사용자 I/F), Controller(흐름제어), Model(비즈니스로직)

나. MVC 아키텍처 Style의 장/단점 및 사례

장점	병행개발가능, Model과 View 의존성제거(융통/유연성)
단점	여러 View의 상호 작용시 병목 현상 발생
사례	MS(사) MFC FW, Struts FW, Web App. 아키텍처

- MFC : M/S Foundation class
- Struts FW : 어떤것을 구성하는 뼈대, S/W적으로 미리 뼈대를 이루는 class와 Interface, 정보파일(XML)

다. MVC 아키텍처 style의 Sequence Diagram

Sequence Diagram	설명
View / Controller / Model ① event ② 상태 변경 ③ View 변경 ④ 상태 변경 알림 ⑤ 상태 정보요청	① Event 요청(to 컨트롤러) ② 컨트롤러는 Model에게 상태 변경요청 ③ View에게 변경 요청 ④ Model → View 변경알림 ⑤ View → Model 상태 정보요청 (Dispatch event)

3 MVC 아키텍처 적용시 유의사항

- 작업분리에 따른 개발자간의 의사소통, Interface 명세화
- 비즈니스 Logic위주보다 Component 단위 구조설계를 통한 Web Application의 복잡화를 방지 해야 함.

"끝"

문101) 저장소(Repository) 아키텍처 스타일에 대해 설명하시오

답)

1. Repository (Shared Data) 아키텍처 스타일의 개요

가. 저장소(Repository) 아키텍처 스타일의 정의

- 중앙에 하나의 Database를 두고 모든 Component(client)가 해당 DB에 접근(Pool Model)하는 스타일

나. Repository 아키텍처 스타일의 목표

Data 공유	Data가 중앙에 위치하여 Subsystem 병렬처리
유연성, 통합	중앙 저장소에서 자료처리, (통합전산시스템)

2. Repository 아키텍처 스타일의 구성 및 장단점, 사례

가. 저장소 아키텍처 스타일의 구성도

의미 분석기
코드 최적화
Component
구문 분석기
Repository
저장소
(공유 Data)
-파싱트리
-심볼테이블
Code 생성기
토큰 분리기
접근자
Client
Server
Runtime 디버거
원시코드 디버거

- Repository(Data공유), 접근자에 의해 Read/write/제어

나. Repository 아키텍처 스타일의 장단점 및 사례

장점	대용량 Data의 효과적공유, 유연한 접근자추가
단점	보안, 가용성, 시스템응답성저하, 수동적 접근(Client주도)
사례	DBMS, Client-Server구조, Singleton 디자인패턴

"끝"

문102) 계층(Layered) 아키텍처 스타일에 대해 설명하시오

답)

1. Layer 간의 추상화, 계층 (Layered) 아키텍처 스타일 개요

가. OSI 7 Layer 형태의 S/W 아키텍처 스타일의 정의

- Stack (Layered) 형태로 서비스를 계층적으로 분리, 상/하위 계층 간 I/F를 통해 통신하는 Loosely Coupled 스타일

나. Loosely Coupled, Layered 아키텍처 스타일의 목적

구분	설명
Client-Server 구조의 서비스	상위층 client, 하위층은 서버
추상화	상/하위 Layer 간의 기능/역할 추상화
유지보수 용이	해당 Layer의 Issue만 개선 후 적용 가능

2. Layered 아키텍처 스타일의 구성 및 설명

상위
- 응용프로그램 ······ 플레이어
- I/O API LIB.
- I/O API
- OS kernal
- Device Driver
- HDD Firmware
- 물리적 구동 ······ 영화(MP4)

하위

추상화된 Stack 사용

기능/자료/제어 추상화

구체화된 모듈

복잡한 System에서 Interface 문제에서 중요부분만 분리해 낼 수 있는 구조임

응용 program에서 HDD 내의 물리적 구동까지의 구성도

HDD: Hard Disk Drive

3. Layered 아키텍처 스타일의 장단점 / 적용사례

장점	-구성 Layer Module의 재 사용성 증가.
	-유지보수 용이, 높은 확장성/이식성/유연성
단점	-구현 유연성 저하, 개발과정의 경직성
	-서비스 호출시 모든 Layer 사용, System 효율저하
사례	OSI 7 Layer, TCP/IP, Device Driver, USB 3.1/3.0

"끝"

문103) 파이프 필터(pipe Filter) 아키텍처 스타일(Style)에 대해 설명하시오.

답)

1. 필터는 입력을 읽고 결과를 pipe에 출력, 파이프 필터의 개요

가. Subsystem의 동작처리, 파이프 필터(pipe filter)의 정의

- System 입력 Data를 출력으로 변환하는 기능 Module을 분해, 일련의 Data 흐름을 pipe에 따라 이동하면서 Filter에 의해 처리하는 pattern.

나. pipe Filter의 동작 도식

Sub system —pipe→ Sub system

입력 Data 처리 ----→ Filter　　→ Subsystem 간의 관계

2. 파이프 필터(pipe Filter) 구조의 예와 설명

- Unix Shell 동작의 예

→ ps ① → grep ② → sort ③ → more ④

pipe　Filter

동작	설명
→	pipe, Connector 형식, Data stream을 Filter의 In/out(입력, 출력)과 연결
□	Filter, Connector의 Data stream을 해독하여 변형후 표준에 맞게 출력(output)
①	process 상태, process 현황 check Command

	②	ps출력이 grep 의 입력, 특정 사용자의 process가 아닌것을 제거
	③	grep의 출력은 Sort(정렬)에 의해 정렬
	④	정렬된 한 화면씩 process 상태를 표시
3.	파이프 필터(pipe Filter)의 장/단점, 사례	
	장점	문제 분산 가능, 요구사항의 Module별 구현, processing 단계 재조정
	단점	Filter간 정보공유 어려움, Data 교환시 Overhead, 공통(standard) Data 변환 필요
	사례	Unix shell 사례, c>ps -ef | grep bash process 상태 ↑ pipe ↑ filter
	-ef : 다양한 정보 표시, UID, PID, TIME "끝"	

문104) PHP(Personal Home Page, Hypertext pre-processor)의 개요와, 특징, 동작원리, 유사 program과 비교(ASP, JSP) 하시오.

답)

1. PHP(Personal Home Page, Hypetext pre-processor)의 개요.

가. 서버(Server)에서 동작되는 PHP의 정의

- 하이퍼 text 전처리기로서 범용성을 지닌 서버에서 동작되는 스크립트 언어
- 동적(Dynamic)인 웹 페이지 설계, PHP로 작성된 Code를 HTML 소스문서에 이식후 PHP 처리 기능이 있는 웹 서버에서 해당 Code를 인식하여 작성자가 원하는 웹 page를 생성할수 있는 일종의 programming 언어

나. PHP의 등장 배경

- 정보의 수혜자만이 아닌 제공자 입장으로서 지식을 공유하고 활용 하고자 하는 욕구에서 발생

2. Web page 구성 방법과 Client/server 프로그래밍의 비교

가. 정적&동적 Web page 구성 방법

정적 (Static) Webpage	Client web 브라우저 → HTTP 프로토콜 이용, 문서요청 → web Server; web Server → HTML 문서 전송 → Client web 브라우저

설명	초기 Web 서비스 형태로 Internet 사용자는 정보의 수혜자 역할만 수행

-공급자(정보)역할 수행은 불가능.

Client Web 브라우저 —Site 접속→ 웹 Server
웹 Server —HTML 문서 전송→ Client Web 브라우저
웹 Server —CGI→ 정보처리 (Data, 계산...)

CGI: Common Gateway Interface.

설명	인터넷 사용자는 정보의 수혜자 역할만이 아닌 정보를 공유, 지식을 공유하는 정보의 제공자의 시대가 도래(Web page Update 가능)

-CGI: 인터넷 사용자가 공급자 역할을 하기위해 Client에서 웹서버로 정보처리 명령을 보내 사용자의 입력에 대해 처리

나 Client측 programming과 Server측 프로그래밍의 비교

분류	설명	사용언어
Server측 프로그래밍	-Code가 서버에서 실행 -Script 해석기로 프로그램을 실행 -HTML언어로 변환되어 client 사용자에게 전달, DB연동가능 -Client에는 Server측 Script가 전송되지 않아 보안유지가능	C perl CGI PHP ASP JSP

ASP: Active Server Page
JSP: Java Server Page

	-서버에 접속한 환경에서 프로그래밍이 가능	
Client 프로그래밍	-Code가 사용자의 Web 브라우저에서 실행 -Server의 Script 해석 작업과 부하가 줄어듦 -모든 Source를 사용자가 확인할 수 있어 보안유지 불가능 -Web 브라우저만 있으면 어디서든 개발가능	JavaScript VB Script Flash ActiveX

3. PHP의 동작원리 및 특징

가. PHP의 동작원리 및 설명

Client Computer(서비스요청) — Server Computer(서비스제공)

- Web Browser (Internet explorer, 사파리, Chrome Browser) → ① → Web Server Program (Apache/IIS)
- Web Server Program → ⑤ → Web Browser
- Web Server Program → ② → 프로그램 언어(PHP)
- DataBase(MySQL) → ③ → 프로그램 언어(PHP)
- 프로그램 언어(PHP) → ④ → Web Server Program
- Web Browser: HTML Tag / 자바스크립트 해석엔진 → 해당정보표시

단계	동작 설명
①	Client가 Web Browser를 이용해 정보를 요청하면, 서버 Computer의 아파치 프로그램은 접속 요청을 허락

②	Apache/IIS Server는 PHP에 DB(DataBase)에 저장된 Data를 가져오라고 명령
③	PHP는 데이터베이스(DB)에 저장된 Data를 가져옴
④	HTML 형태로 Apache Web server에게 돌려줌.
⑤	Apache/IIS Server는 완성된 HTML 문서를 client Computer에 있는 Web Browser에 전달 완료.

4. PHP의 특징

항목	내용
객체 지향	PHP5에서 객체지향 기능 Full 지원
Easy 언어 사용	C, Perl, Java와 유사한 문법 체계 (pointer, 구조체, 공용체 제거)
OS, Server 지원	리눅스, 유닉스, 윈도우, iOS(OSX) 등의 OS에서 동작 가능, Apache와 IIS 등 거의 모든 Web 서버 지원
Operation	-외부 CGI 프로세서로 동작하는 방법 지원 -하나의 서버 모듈로 탑재되어 PHP Script program 처리 동작 지원.
개발 방법 통합	-절차지향 & 객체 지향 방식 동시에 지원 -절차지향 방식: 함수 단위의 모듈화 개발 가능 -객체 지향 방식: PHP4 이상에서 지원
개발 방식 유연성	큰 응용 program일 경우는 MVC 스타일 사용

IIS: (M/S Internet Information Server)

DataBase 통합	- 현 업체에서 사용중인 거의 모든 DB 지원. - Enterprise 대용량 DB 지원: Oracle, IBM DB2, MS-SQL, MongoDB - 중소 규모의 DB지원: PostgreSQL, MYSQL, MSSQL.
XML 호환성	DOM과 SAX 표준을 따르는 각각의 파서(parser)를 제공
자유로운 개발환경	ASP는 Window OS 환경에서만 동작이 가능하나 PHP는 거의 모든 OS 환경에서 개발 가능
OpenSource	사용자가 임의로 소스를 수정하여 사용 가능
다양한 LIB, 지원	PDF, XML, Session, 정규표현식, SNMP, IMAP, COM등에 대한 라이브러리 지원

4. JSP, PHP, ASP의 비교 및 PHP의 개선점 요약

가. JSP, PHP, ASP의 비교

항목	PHP	JSP	ASP
정의	서버에서 해석되는 Script 언어	자바 서블릿과 동일, 웹 전용스크립트언어	MS사에서 개발한 서버스크립트언어
구동 가능 웹서버	- 웹서버: Apache, - DB: MySQL (최적화 환경)	- 모든 환경 동작 - 최적화된 환경 없음	Web서버: IIS - DB: MS-SQL (최적화 환경) platform

독립성	모든환경에서실행가능	모든환경에서실행가능	Window 환경만 가능

4. PHP의 주요 개선점 요약 (PHP 5.3 까지)

항목	내용	개선점
객체지향 개발방법	구조적 개발 방법에서 객체지향적 개발 방법으로 전환	개발비용의 절감& Code Reuse향상
Multi-Thread 사용	기존 CGI 방식에서는 Process 사용→Context switching 자주 발생, 속도저하	Multi-Thread 사용으로 성능 개선
Memory	Static 관리 개념에서 Dynamic 하게관리, Garbage Collection기능추가	메모리 사용 절약
사용언어	기본 C, Perl 언어에서 OOP (C#, Java등) 언어 사용	객체 지향 언어 사용 가능
파싱표준	XML Tool Kit으로 재 작성하여 표준을 통합 지원 강화	파서(parser)의 호환성 개선
경량DB	파일 기반의 경량급 DB지원	실행 간소화 개선

"끝"

문105) p2p (Peer-to-Peer) 아키텍처 스타일의 개념, Client/Server와의 차이점, 특징 및 요구사항에 대해 설명하시오

답)

1. 개인대 개인간의 통신, p2p (peer-to-peer)의 개요

가. 공급자와 수요자 동시성 p2p의 정의

- 기존의 Client-Server, 공급자와 소비자 개념에서 벗어나 PC나 단말끼리 직접 연결, 검색함으로써 모든 참여자가 공급자인 동시에 수요자가 되는 아키텍처 스타일

나. Client-Server 환경에서 p2p 환경(기술)로 전환되는 배경

Bandwidth
메모리속도 DDR4
Main Frame과 Terminal간 통신
Client와 Server간 통신
Middleware (C/S간 중재)
peer to peer 통신
발전
CPU/IO속도/유무선통신 성능 UP
pc&단말기 성능

2. p2p 아키텍처 스타일의 개념 및 C/S와의 차이점

가. peer to peer 아키텍처 스타일의 개념 (예)

Smart phone Ⓐ
WiFi Direct
Bluetooth pairing
Smart phone WiFi, Bluetooth Ⓑ

- 기기간 Direct 연결 및 pairing 수행 후 Data 직접전송

4. Client/Server와 Peer to Peer의 차이

항목	Client-Server	Peer to peer
연결 방식	Server가 Client의 요청에 적합한 기능을 제공하는 방식	하나의 peer가 Server와 Client의 역할 모두 수행
병목 현상	Server가 감당하게 되는 작업의 양이 client에 비해 상대적으로 많아 Server의 과부하 초래.	각각의 peer가 Server 역할을 하기 때문에 부하가 적게 걸리는 장점 있음.
장애 관리	Server에 문제 발생시 서비스 전체가 마비	peer가 문제가 생겨도 전체서비스에 영향 미치지 않음

3. P2P의 특징과 기술 요구사항

가. P2P의 특징

특징	내용
확장성	-기존 LAN 환경의 PC간 정보 공유 인터넷으로 확장. -WiFi Direct, NFC, Bluetooth 등 Direct로 연결
검색성	-Internet 상의 검색(Search) 엔진(Engine)을 거치지 않고 PC간 직접 자료전송
거래성	-Portal을 거치지 않고 개인과 개인간의 통신, Machine과 Machine 간의 직접 Data 전송, 상거래

나. P2P의 기술 요구 사항

구분	내용
보안	PC/단말기/Network 보안 고려 설계 강화

신뢰도	부분적인 Fail이 발생하더라도 전체 System에 영향을 덜 미치는 Network & 설계구현
가용성	원하는 정보를 Agility 하게 탐색 가능
대역폭	Network의 Resource의 효율적 관리
확장성	타 System과의 통합 & N/W의 기능추가가 용이
수용성	사용자가 많아져도 Super-peer에 부하 초래 방지

과

"끝"

문106) P2P(Peer to peer) System의 운영 형태에 따라 pure P2P, Super P2P, Hybrid P2P로 분류할 수 있다. 각각에 대해 설명하고 장단점을 기술하시오.

답)

1. 개인대 개인, 단말대 단말 통신, P2P의 정의

- Internet이나 무선환경을 통해 개인간의 파일공유나 Video, Audio, File Data를 전송, 공유하는 행위
- 기존의 Client-Server, 공급자와 소비자 개념에서 벗어나 PC나 단말끼리 직접 연결, 검색함으로써 모든 참여자가 공급자인 동시에 수요자가 되는 N/W 구성 형태

2. pure P2P와 Super P2P의 토폴로지, 장/단점.

가. pure P2P의 설명

토폴로지(구성)	설명
peer node	① P2P의 정의에 가장 충실한 형태 ② Network를 이루는 Node가 동등하게 Client/Server 역할 겸직, 검색& Data 전송에 있어서 같은 R&R 가짐 ③ Network이 shut down되는 일이 사실상 불가능

장점	shut down 없음, N/W 구성 비용이 "0"에 가까움
단점	한 peer가 다른 peer 검색이 수많은 Peer 검색 필요함으로 Routing 능력 떨어짐.

	단점	- N/W 전체 관리하거나 통제 어려움. - 특정 기업이나 기관에서 활용하기에 부적합
4.	Super p2p의 설명	
	토폴로지(구성형태)	내용
	S super-peer	① Hybrid p2p와 pure p2p의 장점을 모두 취함. ② peer 가운데 성능이나 N/W QoS, 환경이 제일 좋은 조건인 peer가 Super peer(중앙서버) ③ 중앙서버가 Down되어도 N/W은 Active상태이며 다른 peer 찾기 쉬움
	장점	Hybrid p2p의 Fast Routing과 pure p2p의 강한 연결성을 가진 Network의 장점을 모두 취함
	단점	- 개념은 간단하나 실제구현의 어려움.(중앙서버 선택과 선택후 각 peer와의 제어) - 구현 방식에 따른 성능 차이 발생
3.	Hybrid p2p의 설명	
	구성 형태	설명
	중앙서버 Broker (중개소)	① 기존의 client/server 모델을 완전히 벗어나지 못한 형태의 p2p ② 중앙서버가 각 peer의 위치와 peer가 가진 메타 Data(정보) 관리

중앙 서버가 Meta 정보의 검색 결과를 Peer에게 주면 각 Peer들 간에 Data 전송과 통신이 이루어짐.	
장점	Routing 과 검색이 매우 빠르며 P2P N/W 내에 있는 Peer와 Data에 대한 검색이 보장됨.
단점	- Peer가 늘어날수록 중앙 서버에 부담. - 중앙 서버가 Down될시 전체 N/W가 Down됨. - 법적 쟁점(Node 정보관리) 있어 서비스유지 어려움.

"끝"

문107) 아래와 같은 간단한 응용에 대한 S/W 아키텍처를 작성하고자 한다. 다음 질문에 답하시오. 영문문자열을 입력하여 각 문자열 대소문자를 체크하여 대소문자를 바꾸어 출력하는 프로그램이다.

입력 : ToDayIsHoLiDay 출력 : tOdAYiShOLIdAY

(1) C&C 뷰(Component & Connector : 프로세스 뷰)를 작성할 때 가장 적당한 아키텍처 스타일(Style)을 제시하고 필요한 컴포넌트 커넥터를 제시하시오.

(2) 위에서 제시한 아키텍처 스타일에 따라 아키텍처를 작성하시오.

(3) 위 응용에 대한 모듈 뷰(논리 뷰) 작성을 위한 Componet를 제시하고 아키텍처를 작성하시오.

답)

1. S/W 개발 경험 활용, S/W 아키텍처의 개요

가. 재사용, 유지보수 용이, S/W 아키텍처의 정의

- 아키텍처의 구성요소들 간의 기능과 역할, 제약사항, Interface, 동작 등을 특화시켜 놓은 아키텍처 라이브러리

나. 아키텍처(Architecture) Style의 유형

유형	Sub Type	설명
데이터 중심 (Data-Centered)	Black Board	데이터 정확성, 품질특성 구현(교육솔루션)
	Repository	DataBase System, 접근, 갱신
데이터 흐름 (Data Flow)	파이프-필터형	Data Stream 변환기
	MVC 스타일	Model, View, Controller 구성

Call and Return	Batch(순차)	순차적 Data 흐름처리
	Client-Server	Client-Server 간의 통신
	Layered	S/W계층으로 분리, 이웃간 통신수행
	원격 제어	N/W 연결 Subroutine 동작
	Master-slave	Bluetooth 동작, 주/종관계
	주프로그램-서브루틴	Module화, 단일책임원칙
가상머신 (Virtual 머신)	번역기형	Interpreter형(해석기형)
	Rule-Base시스템	DB접근제어, Rule 적용접근

2. 주어진 문제 분석과 C&C View 기반 아키텍처 스타일 제시

가. 주어진 문제의 분석

ToDay....Day	→	대소문자 변환과정	→	tODAY....dAY
입력자료		변환		출력자료

- 문자열을 받아서 대소문자 변환후 출력하는 Application
- 필요구성요소 : 입력 Module, 변환 Module, 출력 Module

나. Architecture style 선정

구분	설명 (선정 사유)
선정아키텍처스타일	pipe & Filter 아키텍처 Style
선정 근거	- 문제 분석 결과 모듈간 단순 Data 흐름모델 적용 - 다양한 Style 중 pipe & Filter형이 컴포넌트간의 Data 흐름과 Data 처리가 용이한 Style

다. Component와 Connectors 제시

구분	구성	설명
Components	분리	대소문자 분리
	대문자화	소문자를 대문자로 변환
	소문자화	대문자를 소문자로 변환
	결합	문자를 Combine 하는 Component
Connectors	분리-대문자화	소문자 → 대문자화후 전달
	분리-소문자화	대문자 → 소문자화후 전달
	대문자화-결합	변환된 문자를 결합후 Component로 전달
	소문자화-결합	변환된 문자를 결합후 전달

- Component는 Data 흐름상 Data에 영향을 주는 기능을 기준으로 추출
- Connector는 컴포넌트와 컴포넌트 사이의 관계를 기준으로 추출

3. Pipe& Filter 아키텍처 스타일에 따른 아키텍처 작성

입력 → 분리 → 대문자화 / 소문자화 → 결합 → 출력

□ File Component ⟶ pipe Component ● 붙임

- Filter: 입력, 분리, 대/소문자화, 결합, 출력 Component를 필터로 표현 - pipe: Connector가 pipe에 해당함
- Filter(Component)와 pipe(Connector)를 도식화 → 아키텍처 작성

4 모듈 View(논리뷰) 작성을 위한 Component 제시 & 아키텍처 작성

가 모듈뷰 작성을 위한 Component 제시

컴포넌트	설 명	C&C 뷰와 관계
주모듈	전체 시스템의 구동/흐름을 제어	관련 없음
분리	문자를 대/소문자로 분리	분리 Filter
대/소문자화	대/소문자를 변환하는 Component	대/소문자화 필터
결합	문자열 결합 Component	결합 Filter
Stdio	입출력 Library 모듈	입력, 출력
구성	실제 동작시 필요한 설정 관리 담당	관련 없음

- 분리, 대/소문자화, 결합 Component는 C&C뷰와 1:1 Mapping
- C&C View 표현된 입출력은 모듈 View에서 Stdio Lib.로 대체

나 모듈뷰 기반 아키텍처 작성

- ① 주모듈은 작업 시작 다른 모듈 호출 주된 작업은 ③,④,⑤
- 모든 모듈은 표준 입출력 Stdio를 사용해 통신
- 주모듈은 입력된 값을 다른 모듈로 보내는 방법 정할 때 ⑥(구성) 활용

"끝"

문 108) S/W 아키텍처 평가방법 중 ATAM (Architecture Trade-off Analysis Method)

답)

1. S/W 아키텍처 목표 달성, S/W 아키텍처 평가, ATAM 개요

가. 시나리오 기반, ATAM의 정의

- S/W 아키텍처 품질목표간의 Trade-off 및 민감도 분석을 통한 시나리오 기반의 아키텍처 평가 기법

나. ATAM의 절차

소개 → 조사/분석 → 검증 → 결과 보고

- 소개: Biz Driver 소개
- 조사/분석: 아키텍처 접근법, 품질속성 분석
- 검증: 시나리오 기반 우선순위 결정/검증
- 결과 보고: 평가 결과 보고

- 시스템(성능, 보안, 가용성, 유지보수, Reuse 등), Biz(시장적시성, 비용, 기능, 서비스), 아키텍처(정확성, 구축성)간 연관성 → 평가

2. S/W 아키텍처 평가 기법 ATAM 평가 절차

소개	ATAM 소개	평가 리더가 이해당사자들에게 ATAM 설명
	Biz. Driver 소개	Biz 관점에서 System 전반 설명
	아키텍처 소개	아키텍트가 평가팀에게 아키텍처 View 설명
조사/분석	아키텍처 접근법 식별	BMT, Prototype 등 접근법 식별
	유틸리티 트리 작성	품질속성간 중요/영향도 파악 Tree
	아키텍처 접근법 분석	품질속성 요구사항 적합여부 검사
테스트/	시나리오 & 우선순위 결정	유틸리티 Tree의 시나리오 검증수행 중요도 고려 우선순위 결정

보고	접근법분석반복	1~6 절차 반복수행, 시나리오 지속 도출
	결과보고	최종보고서, 시나리오, 유틸리티 Tree 보고

3. ATAM & 다른 평가 기법간 관계

SAAM —계승/발전→ ATAM —응집도평가→ ADR, ARID

ATAM → EATAM

ATAM —품질속성연관성, 경제성보강→ CBAM

SAAM
- 변경용이성
- 기능분석

ADR
- 디자인 개발
- 상세설계확인

EATAM
- product Line
- 2 step Stage

CBAM
- 경제성 평가

ARID
- 품질속성집중
- 혼합방식

시나리오 & 분석 기법 ← → 설계/혼합 기반

- ATAM 평가시, Simulation 기법(proto-type, BMT) 병행하여 S/W 구조의 평가 & 개선 가능

"끝"

OSS(Open Source Software)와 License의 종류

OSS 사용 시의 장단점, 적용 시의 Process와 특징, Hidden Patent, 지적 재산권, GPL 2.0/3.0, LGPL 2.0, Apache 2.0, BSD, Free S/W와 Open S/W 등에 대한 내용으로 Open API 사용 시의 주의할 내용에 대해 기술되어 있습니다.

[관련 토픽 – 10개]

문109) OSS (Open Source Software)의 장/단점에 대해 기술하시오

답)

1. OSS (Open Source Software)의 정의

- Source Code를 Internet에서 무상으로 downlad 가능하고 주어진 법적 준수사항 범위내에서 자유롭게 사용, 복제, 배포, 수정할 수 있으며 Compile과 Build시 error가 없는 Software

2. OSS의 조건 -특허부문에 대해서는 사전 검토필요

자유배포, 소스코드제공, 저작자보호, 무차별, 무차별, 수정가능, 라이센스사용, 특허

- 상업적 판매 가능(조건있음)
- 원저작자 Code보호
- 특정인
- 특정 분야
- 파생 저작물가능
- 라이센스 허락후 사용가능
- 사전특허 권자 허락필요

3. open Source Software의 장/단점

가. OSS의 장점 - 적용시 장점 (현업적용 경험 설명)

장점	내용	고려사항
저비용 (초기투자비 φ)	-Web상 무료 down & Source Code 수정/재배포 → 상품화 가능	Source code 신뢰성측면 고려
Agility 개발	-최신 기술 정보 & 문제 해결 민첩 -독점 program 비해 개발속도신속	Code 이해도 향상 필요
신뢰도& 안정성	-공동 개발자가 많을경우 정보공유 -Debugging 이력 참조 가능	자체적 검증 환경 확보
Networking	-Apache web server 활용도증가 -커뮤니티를 통한 공통관심사공유	Network망 형성 활용

4. OSS의 단점 - 현 업 경험사례 기술

단 점	내용	고려 사항
지적 재산권	OSS내에 patent(특허) 포함시 Royalty-free(비용) 지급 필요.	OSS내 특허 존재여부 확인필
UI/UX 부족	특정 product 개발에 UX 부족	자체 개발적용
Killer App. 부족	Killer APP.은 상품화되고오픈 미약	내부개발통한 내재화
문서(설명서) 부족(빈약)	-Issue 해결위한 flow 없음 -상품화 수준이 아닌 문서 수준	-flow 정립 필요 (Issue 개선위해)
Issue 해결	-중대 Issue 발생시 시간 지연	-Issue 사전 검토.

"끝"

문110) OSS(open Source Software) 개발 process와 특징에 대해 설명하시오.

답)

1. Open Source Software 개발 process의 정의

- 기존의 In-House 방식이 아닌 개발자들 Community에 의해 자발적으로 Feature(특징), profile(세부특징), Design(설계)등의 의사 결정이 이루어지는 개발 프로세스.
- patch 통해 지속적 개발&update, 다른사람이 이루어 낸 성과 기반에서 함께 어우러져 발전하는 open 협업 개념.

2. open Source Software 개발 process

Idea 반영
project& 특징 Idea
아키텍처& 설계토론
Feature 요구 (개발자나 사용자)
patch (개발자&사용자)
구현, Coding
협업
←구현, 검증, Release가 자주 발생됨.
Real time 으로 patch 가능
지속Testing Verification
Cycle
배치 (Release)
-자동 Test -Validation
유지보수

- Patch를 통해 지속적으로 꾸준히 개발되고 Update됨.

3. Open Source Software Model의 특징

특징	내용
문서가 의사소통 도구	- Mailing list, wiki, IRC등 open통신사용 - 구조적인 체계가 없는 의사소통 - 의견이 문서화 되어 문서화 process가 강화됨.
사용자 참여 Testing가능	- 사용자가 개발 process에 참여해서 검증, 문서 협업등 다양한 활동 가능. → 개발 초기에 사용자로부터의 다양한 피드백(feedback)이 가능
100% peer Review 가능	- peer Review가 전부 수행되면서 100% Code review가 이루어 짐. - 개발팀이 아닌 외부개발자/사용자에 의해 review가 이루어 지므로, High Quality의 Code review를 기대 할수 있음.
Release Early, Release often.	- 전통적인 S/W 개발 모형에서는 Release 주기가 정해진 process내에서 수행됨. - 적은수의 feature(특징)로 정기적이면서 자주 배포(Release)함. - 개발자나 참여자를 위해 "Testing version"으로 Release 가능 (조기 검증 실시) - 적은 수의 feature로 자주 Release 하는것이

	활선 쉽고 안정적임 → Testing 이나 Debugging에 유리
지속 검증 (Continuous Testing) (I: 지속통합	-Milestone에 관계없이 자주 Testing이 수행됨 -일반 사용자들도 Testing에 참여, Feedback 제공 -Issue와 Bug를 조기에 발견하고 개선 -System 환경 구축등 지속적이고 fast 검증필요 -Regression testing등 핵심적인 Testing
책임감	-누가 개발했는지에 대한 명시 및 책임이 강함 -익명의 개발자는 허용안됨 (실명사용) -원작자 및 개별 Code의 Owership에 대한 규칙필요
분산 개발	-전세계 개발자들이 지역과 시간 제약없이 각자의 경험에 의한 개발 작업, 다양한 Community 활용 -분산되어 개발되므로 명확한(clear) 개발규칙 필요

"끝"

OSS(open Source software)에서

문 111) Hidden patent에 대해 설명하시오.(예를들어 설명하시오)

답)

1. OSS에서 Hidden patent의 정의와 예

가. open source software에서의 Hidden patent의 정의

- open Source 개발자가 program에 포함된 제3자 특허(Hidden patent)를 해결하지 않은채 open source로 배포한 경우 특허권자로부터 소송을 당할수 있는 숨어 있는 특허

나. Hidden patent의 예

- SUN & ORACLE에서 Java 원천 특허보유시 S/W Release한 Google과 이 S/W를 사용한 product Maker에게 소송제기 가능, product Maker는 S/W 배포사에 배상요구불가.

2. Hidden patent의 예

FFMPEG: video Codec 지원 LIB & OSS.

- 개발과정에서 특허 권자와 협의 없이 특허가 반영된 Source Code 사용시 LGPL로 배포하더래도 침해소송위협 있음.

3. Royalty-Free 방안

- 상업적으로 사용하기 위해서는 사용자가 직접 관련 특허를 확인하여 특허권자에게 특허료 지불하는 방법.
- 사전 License 체결을 통한 Royalty-Free 방법 적용

"끝"

문 112) IP(Intellectual property) Rights에 대해 설명하시오

답)

1. 지적소유권, 지적 재산권. IP의 개요

가. IP(Intellectual property) Rights의 정의

- Computer Software, 특허, 실용신안, 디자인, 상표, 저작권, 회로배치설계권등 산업 전반에 걸친 저작자의 권리보호활동

나. IP의 종류 - IT 산업 기준

특허	실용	의장	상표
4G, 5G 안테나기술 천지인 한글입력기술 IoT Sensor	자판구조 Display회전 Battery결착 폴더구조	phone형상 Button 배치 자판형상 외부표시부	휴대폰 명칭 회사명 Log, 도장

2. Intellectual property의 종류

권리명	내용	권리존속기간
특허권 (Patent)	자연법칙을 이용한 기술적 사상의 창작으로서 고도의 발명	출원후 20년
실용신안권	형상과 구조의 결합에 관한 실용적인고안	10년
디자인보호권 (Design patent)	물품의 형상, 모양, 색체및 결합에 관한 고안	등록후 15년
상표권 (Trademark)	자기의 상품과 타인의 상품을 구별하기 위한 기호, 문자, 도형의 결합표식	등록후 10년 (영구갱신가능)
저작권 (Copyright)	예술이나 과학등 각 학문분야에 속한 인간의 정신적 창작물	저작자생존기간 과사후50년

컴퓨터 프로그램 (Computer Software)	특정한 결과를 얻기 위하여 Computer 등 정보처리 능력을 가진 장치에서 직접 또는 간접으로 사용되는 일련의 지시, 명령으로 표현된 산출물.	공표후 50년
회로 배치 설계권	반도체 Chip의 기판위에 회로소자 및 배선의 배치 설계한 현상이나 그 자체	등록후 10년
영업 비밀 (Trade Secret)	개인 또는 기업이 영업활동에서 경쟁상 우위를 확보하기 위해서 많은 비용과 인력 및 시간을 투입하여 개발 축적한 비밀 정보(Secret Infomation)	-

"끝"

문 113) Open API(Application programming Interface)에 대해 설명하시오

답)

1. 표준 API 규격, portal 제공기능 서비스 생성 open API 개요

가. 참여, 공유, 개방. open API의 정의

- 사용자들이 Portal에서 제공하는 API를 활용 및 응용하여 새로운 서비스를 직접 개발하고 이용가능한 API.

나. Open API(Application programming Interface) 특징

분류	설명
저작권 회피	API간의 저작권 문제 회피, License fee free
Web2.0/3.0 대응	참여, 공유, 개방 원칙 대응 및 Semantic Web 대응
서비스 제공	단순 서비스 사용자 → Contents 제공자 변신
Contents 재창출	제공되는 서비스를 이용하여 새로운 Contents 창조

2. open API의 개념도 및 기술요소

가. open API의 개념도(개방, 공유, 참여)

- Mash up : Service 간 상호연동, 신서비스 구성(창조)
- 개방, 공유, 참여의 가치하에 open API 제공 기업, 사업자, 사용자간의 생태계 형성.

4. open API의 기술요소

구분		설 명
open대상(Data, 자료)		제공하는 서비스의 정보(날씨, 지도정보, 교통, 개인 사진, 동영상, text 등)
open 방법	REST	-Representation state Transfer -현재의 Web과 같이 대규모분산Network 구축시 지켜야 할 원리, 원칙 -작고 언제 어디서나 통용되는 Interface (GET, POST, PUT, DELETE 등)
	XML-RPC	-XML-Remote Procedure Call -분산 Computer 환경에서 이기종 컴퓨터 자원을 사용하는 기술 -원격에 있는 사이트에 정보요청 입수(XML)
	SOAP	-Simple object Access protocol -Enterprise solution의 Web서비스구축에 사용 -XML-RPC가 발전된 protocol, 좀더복잡한 Data 구조를 표현하고 이에 대한 처리
	XML, DOM Javascript	Client측에서 open API를 사용하고자 할때 필요한 요소기술 항목 나열

Mash up	여러 Site에서 제공하는 open API로 전혀 다른 새로운 서비스를 생성(창조)

3. Open API와 일반 포털 사이트의 비교 및 활용

가. open API 서비스와 일반 portal 서비스와의 비교

구분	open API에 의한 서비스	일반 포털 서비스
컨텐츠 생성자	포털+포털 사용자	포털 위주
공유, 참조	용이	미흡
제공 서비스	플랫폼 위주	포털 위주
관점	Web 2.0 대응	기존 Web 대응 수준

4. open API의 활용

활용	설명
Web Service	판매사가 제휴사의 비중이 높아진 경우 Web service 자체를 공유(아마존닷컴)
Contents download	개인의 사진, 동영상, 댓글 down 서비스 (Google, Facebook, Instagram 등)
지도 정보 제공	자사의 지도 Data DB를 공개 하기 위한 Application (Google Maps)
Web 검색	대표적인 API로 표준 XML 기반의 SOAP 기술을 사용하는 것이 추세(포털업체공개가속화)
Desktop API	응용을 위한 기본 파일과 E-mail 형식 외에 다른 파일 형식도 검색 할 수 있는 plug-in을 제작

기타	Naver 등에서 날씨, 전문자료, 쇼핑, 사전등과 관련된 DB에 접근할 수 있는 API 제공.

4. Open API를 활용한 Web 2.0 서비스 성공을 위한 과제

과 제	설 명
open API 공개 강화	접근(Access) 제약을 탈피하고 다양하고 쉽고 편리한 Interface 제공 필수
Mash-up 서비스 활성화	- Data Model 표준화, 저작권 문제 해결 - Open API를 통한 신 사업 발굴
Web 2.0 성공 모델 확보	- Web 3.0과 연동, open API 기업과 Mashup site 간의 성공모델의 창출 필요.

"끝"

- DOM: Document object Model : 문서 객체 모델

문114) Apache License 2.0에 대해 설명하시오

답)

1. Android 대표 License 채택 Apache 라이선스 2.0 개요.

(Apache License 2.0의 정의)

- 2004년 Apache SW Foundation에서 배포, GPL, LGPL 에 비해 program의 자유로운 사용, 복제, 배포, 수정을 허용. (Source code 제공 의무 없음)

2. Apache License 2.0의 주요 의무 사항

- 원저작자의 Copyright 문구유지
  - Code 내 문구 임의 변경/삭제 불가
  - Code 수정시에는 Copyright 추가 및 수정 사항 명시
- 원저작자의 No Warranty 유지
- 특허 Royalty Free (무상제공)
  - Source Code 기부시 특허 무상 제공
  - 특허 보복조항
- License 전문배포
  - 제품의 메뉴얼/CD에 해당 내용 삽입
  - Display 장치가 있는 제품일 경우 특정 메뉴 등을 통해 해당 내용 공지 가능.

3. Sourcode 기부 (Contribution)시의 효과

구글 안드로이드 → S/W 특허 무상사용 가능(해당특허) → 개발자

개발자 → ① 코드내포함된 특허권포기 → 구글 안드로이드

개발자 → 재배포 Redistribution → 사용자

특허권주장가능

"끝"

OSS (open Source Software) License에서

문115) LGPL 2.1에 대해 설명하시오.

답)

1\. OSS 사용장려, LGPL 2.1의 개요

가. LGPL(Lesser General Public License)의 정의

- GPL을 적용하게 되면 문제가 되는 Library들에 대해 적용할 수 있도록 만든 License, 즉 GPL의 엄격한 라이선스사용을 완화한 License

나. LGPL의 SCOPE 도식

User의 OSS 사용 자유 / LGPL, BSD / GPL / 지적 재산권보호

- Library에 주로 적용, 상용 SW와의 링크 허용 (FSF에서 사용 장려, OSS 사실상의 표준으로유도)

2\. LGPL 2.1의 의무사항

GPL or LGPL로만 배포
- LGPL→GPL로 Release(허용)
- GPL→LGPL로 Release(불가)

원저작자의 Copyright문구 유지 / 원저작자의 No Warranty 유지 / Royalty-Free Licence 전문배포
- 소스 Code내 문구 변경/삭제불가
- 수정시 Copyright 추가& 수정 사항명시

Source Code제공
- 제품 배포시 소스코드 제공 방법 명시
- LGPL 파생저작물 범위까지 소스 Code공개

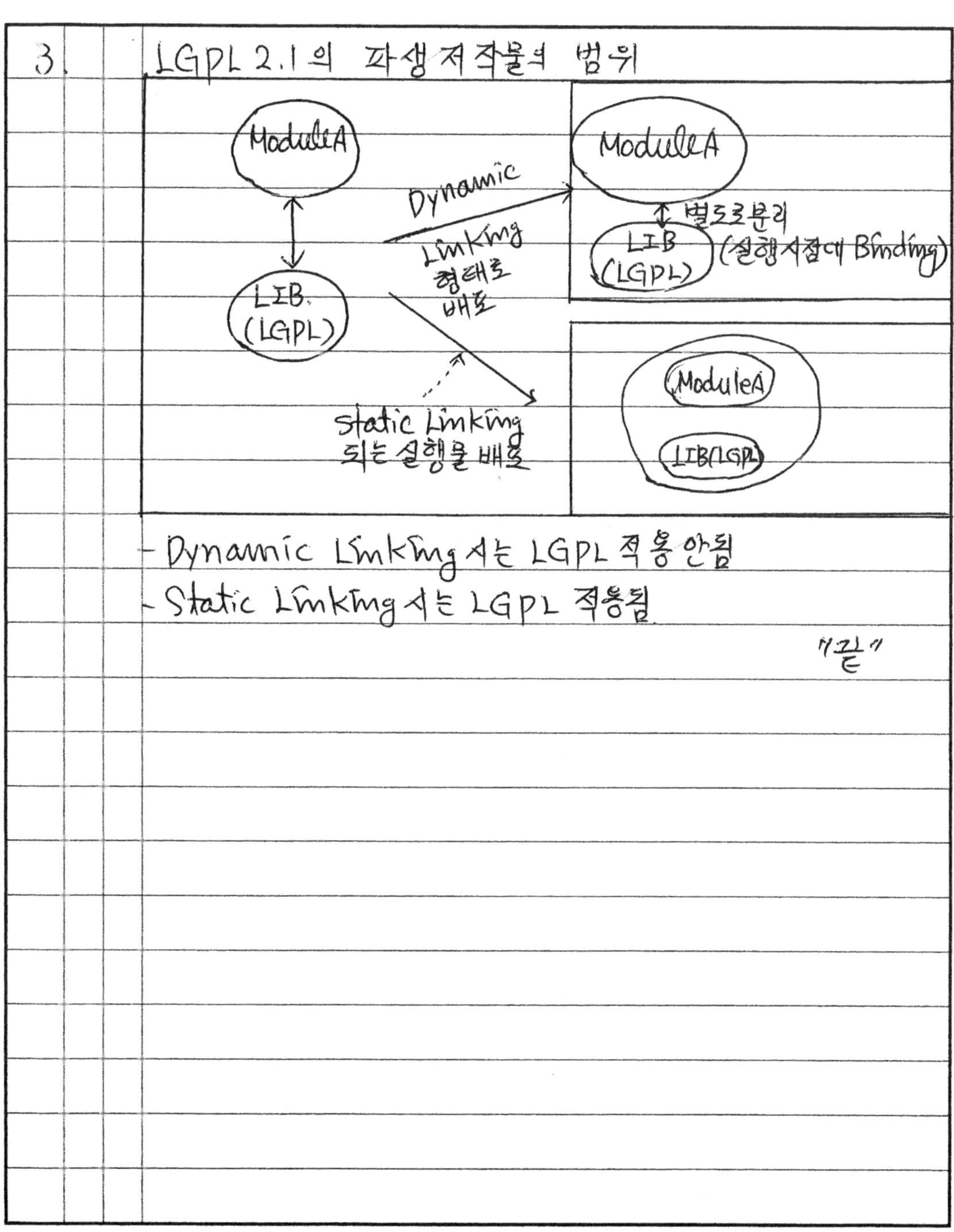
3. LGPL 2.1의 파생저작물의 범위
ModuleA
LIB (LGPL)
Dynamic Linking 형태로 배포
ModuleA
별도로 분리
LIB (LGPL)
(실행시점에 Binding)
Static Linking 되는 실행물 배포
ModuleA
LIB(LGPL)
- Dynamic Linking 시는 LGPL 적용 안됨
- Static Linking 시는 LGPL 적용됨
"끝"

문116) BSD(Berkley Software Distribution) License에 대해 설명하시오.

답)

1. S/W & Internet 발전에 기여, BSD 라이센스의 개요.

가. BSD(Berkley S/W Distribution(배포)) License의 정의

- U.C. 버클리 대학에서 배포, Unix OS를 위해 고안된 라이센스.

나. BSD License의 특징

- program의 자유로운 사용, 복제, 배포, 수정을 허용

- BSD code —수정→ 배포 가능 (특허관련 사항 없음) ← 상용 SW로 배포 ← Unix 발전 기여; ← source code 공개 불필요

2. BSD License의 의무사항과 타른 License 적용관계

가. BSD 라이센스의 의무사항

- 원 저작자의 Copyright 문구 유지 — Source Code 내 문구 임의 변경 불가; Source Code 내 문구 삭제 불가
- 원 저작자의 No warranty 유지
- License 전문 배포 — ① product의 매뉴얼 / CD (package 배포)에 해당 내용 삽입; ② Display 장치가 있는 product(제품)일 경우는 특정 Menu를 통해 해당 내용(BSD 라이센스) 공지 가능

나. BSD License와 타른 License 혼용사용 방법(양립성)

- BSD 라이센스 문구만 유지한다면 타른 License 적용 가능

Original BSD vs. ← 사용예제

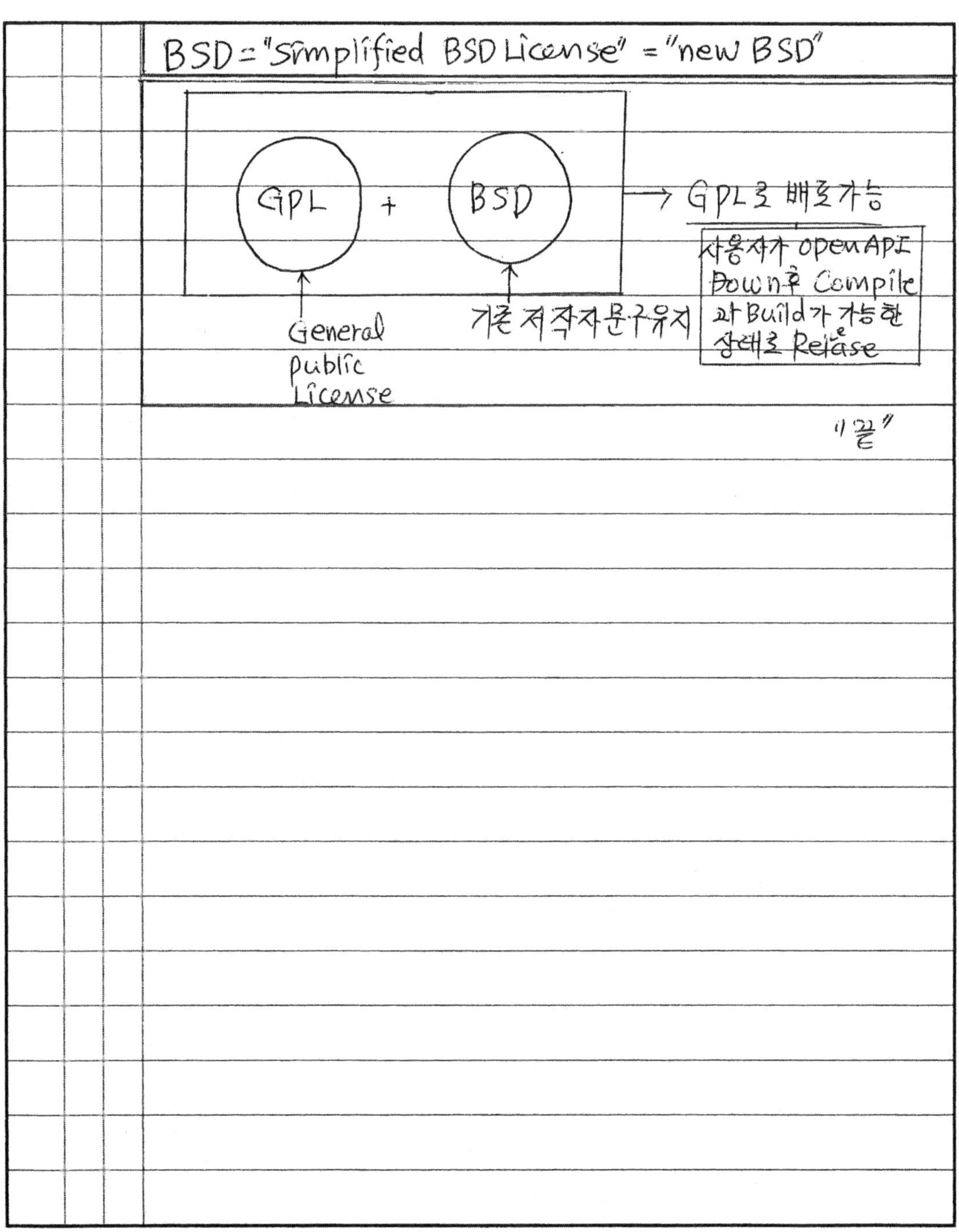
BSD="Simplified BSD License"="new BSD"
GPL
+
BSD
→ GPL로 배포가능
사용자가 openAPI Down후 Compile과 Build가 가능한 상태로 Release
General public License
기존 저작자문구유지
"끝"

문117) Free Software와 open source에 대해 설명하고 open source software의 지적 재산권과 License에 대해 설명하시오.

답)

1. Free Software와 open source의 정의와 등장배경

가. Free Software의 정의 - 리차드 스톨만(Free software 창시자)과 FSF에 의해 만든 개념, SW 이용자에게 해당 SW를 실행, 복제, 배포할 수 있는 자유, Source Code 학습, 수정 개선시킬 수 있는 자유를 부여하는 Software.

나. Free software의 등장 배경

1983년 IBM PC open HW 아키텍처 발표 → PC 대량보급 → SW가 거대부가가치 산업발전으로 ← 지적 재산권 & License로 사용, 복제, 배포, 수정 제한을 목적임

↕ 반대

자유 S/W 운동 전개 → SW 자유 사용, 공유, 수정을 위해 Free software 탄생

다. open source의 정의 - SW는 일반적으로 자유롭게 사용, 복제, 배포, 수정 할 수 있으며 Source Code가 공개되어 있는 Software

open source [Free software] ← open source는 Free SW를 포함하는 넓은 의미로 사용

라. open source의 예

- Apache web server, Linux kernel, GNU Software, FireFox Web Browser, MySQL DB, python/PHP/perl 언어, Eclipse tool, Bind (Domain Name System)

FSF (Free Software Foundation)

2. OSS(Open Source Software)의 지적재산권과 라이센스

가. OSS의 지적 재산권

종류	설명
저작권	programmer가 특정 S/W를 개발하게되면 Computer program 저작권이 자동적으로 발생. 원 저작자나 저작권자의 허가없이는 해당 저작물을 복사, 개작, 재배포불가
특허권	Hardware에 구현되거나 SW에 의해 동작이 구현되는 발명, 자동부여되지 않고 출원→심사후 권리취득, 기 특허권을 가진 방식에서 구현 언어나 소스코드가 다르더라도 해당 특허권자의 명시적인 허가를 득해야 함.
영업비밀	공연히 알려져 있지 아니하고 독립된 경제적 가치를 지닌 것으로 노력에 의해 생성된 SW의 생산, 판매, 개발 활동에 유용한 기술상/영업상의 정보
상표	S/W product나 서비스와 연계, Marketing에 활용되는 이름, 내 제품과 타 제품 구별 위함.

나. OSS의 License

- GPL 2.0, LGPL3.0/2.0, MPL, Apache, BSD, MIT License.
GPL 3.0,

Open Source ─ 저작권에 의한 법적 준수사항존재

- 자유사용
- 자유복제, 재배포(조건)
- 수정 (조건하에 재배포 가능)
- 자유롭게 획득 가능.

→ 사용자에게 일정한 의무부과 (준수사항)

- Open Source License 준수사항 미이행시 소송 제기 당할수있음.
- open source 적용시 반드시 License 요구사항 확인 필요.

3. Open Source License의 구체적인 내용

공통 준수사항	내용
저작권 관련 문구유지	-원 저작자의 Copyright 문구유지 -Source Code 상단에 표기되어있음(보통)
제품명 중복방지	-기 사용 중인 puduct와 구별목적 -동일한 Name이나 product명, 서비스명불가.
라이센스 양립성	-한 Code내(SW) 두개의 서로 다른 License 존재시 서로 호환되는지 여부 확인필요
사용여부 명시	-open Source 사용을 명시해야 함(표기) -사용자 메뉴얼 또는 Display 장치내(SW)
Source code 공개	-수정하거나 추가한 부분이 있을때 Source Code 공개 필요, License마다 차이 있음.
특허 (patent)	-open Source내 특허 사용은 특허권자 허락필요 -OSS 사용하기위해 사전 특허조사필요.

4. 주요 License의 의무 사항 요약

License 명	product Release시 의무사항			대표
	소스공개	라이센스 전문명시	SW명명시	s/w
GPL2.0 / 3.0	O	O	O	Linux

LGPL 2.0 / 2.1 / 3.0	O	O	O	glibc
Eclipse public License(EPL)	O	O	O	Eclipse
Mozilla public License(MPL)	O	O	O	Firefox
Apache License 2.0	X	O	X	Android
BSD License 2.0	X	O	X	FreeBSD
MIT License	X	X	X	putty

- GPL 2.0 / 3.0이 제일 엄격(Strict)함. "끝"

License
- 양립성: 두 특허가 서로 동시에 사용되어도 문제가 없는지 판단!

문 118) 기업에서 오픈소스 소프트웨어(OSS, Open Source Software)를 활용하여 비즈니스를 수행하고자 한다. 다음에 대해 설명하시오.

가. Open Source 정의와 GPL 2.0의 내용을 서술하시오

나. GPL 2.0의 의무사항과 GPL 3.0에서 추가된 내용을 설명하시오

답)

1. Open Source Software의 정의

분류	설명
자유 배포	자유롭게 배포가능(상업목적 배포 가능)
소스코드 제공	Source code가 제공, 재배포도 허용
수정 가능	소스코드를 수정하여 파생저작물 생성 가능
원저작자코드보장	변경된 S/W에 다른이름 & 버전 부여, 원 S/W 보장
무차별	특정인이나 특정그룹에 대해서 차별이 없어야 함
라이센스 사용	소스코드를 받은사용자가 동일한 라이센스 사용가능
기술 중립	라이센스는 기술에 대해서 중립적이어야 함
다른 S/W 무제한	라이센스가 파생저작물이 아닌 다른 S/W를 제한하면 안됨
무특정 제품	라이센스는 특정 제품에 국한되어서는 안됨
특정분야 무차별	라이센스는 특정 제품에 국한되거나 특정분야 무차별

2. GPL 2.0 (General Public License 2.0)의 내용

조항	내용	설명
1조	라이센스전문배포	-GPL문서(영문)도 항상 제품과 배포

		-GPL 적용된 S/W도 유료로 판매 가능
2조	배포규정	-Code 개작시 개작한 사실과 날짜를 파일에 기입
	(GPL의	-저작물 전체에 대한 사용권리를 허가서의
	전염성)	규정에 따라 사용자에게 무상으로 허용
2조	파생	-S/W에 GPL 소스코드가 포함되어 있으면
	저작물	GPL 파생 저작물임.(GPL S/W 사용시)
	범위	-메모리공간의 Address를 공유하지 않는
		경우(Socket통신, pipe등)는 GPL에 무영향
3조	소스코드	-Binary 배포시 Source Code도 함께 배포
	배포 방법	(주로 B2B 제품), -바이너리 배포시 약정서
		(3년유효)만 배포(주로 Embedded 제품)
		-이전 배포자의 Written Offer(양도 정보) 사용
3조	소스코드	-소스파일 외에도 소스 파일 기반으로
	정리	컴파일/빌드/설치를 보장 해야 함.
4조	라이센스	A→B 관계일 경우 A의 라이센스가 종료
	종료	되어도 B의 라이센스는 여전히 유효
5조	법적 강제성명시	법률적인 제재가 가능함.
6조	추가 제약	-원 저작자의 프로그램을 재 배포할 경우
	사항 방지	추가적인 조항을 삽입할수 없음
		-단 최초개발자는 GPL+추가조항 삽입
		가능(새로운 라이센스임)
7조	특허	-배포시 포함되어 있는 모든 특허에 대해

조항	항목	내용
7조	특허	사용을 허가해야 함. -외부의 특허가 포함되어 있는 경우는 외부의 특허권 침해로 인정됨. -GPL외 대부분의 오픈 소스 라이센스에서도 Royalty-Free 의무가 명시되어 있음
8조	법률적 제약 공지	저작권자는 사용자를 위하여 특허/저작권 이슈가 있어 사용이 불가능한 지역을 별도명시가능
9조	GPL의 Version	-GPL2.0only: 라이센스가 임의로 GPL3.0 적용불가 -GPL 2.0 or any later version: License가 임의로 GPL 3.0 적용 가능
10조	라이센스양립성	다른 License와 함께 배포불가
11조	No Warranty	-오픈 소스 개발자는 어떠한 책임도 지지 않음. -오픈소스 배포자는 어떤 조건에서도 어떠한 책임도 지지 않는다.
부록1	GPL 적용 방법	-파일주석에 GPL명기(자유 S/W 임을 공지) -Console용 프로그램(대화형)에 GPL임을명시
부록2	GPL 적용 방법	-오픈소스로 배포하기 위한 자신이 소속된 단체로부터의 저작권 포기 각서 작성 -독점S/W와 결합 미허용 (독점S/W→GPL변경)

3. GPL 2.0의 의무사항

- 반드시 GPL(General public License)로 만 배포

GPL로만 배포	일반적으로 소스코드 내 명시,
원저작자의 Copyright 문구 유지	임의 변경/삭제 불가
원저작자의 No Warranty 유지	-반드시 제품과 함께 배포되어야 함
특허 무상 제공(Royalty-Free)	1) 제품의 매뉴얼/CD에 해당 내용 삽입
라이센스 전문 배포	2) Display 장치가 있는 제품의 경우
소스코드 제공	특정 메뉴 등을 통해 해당 내용 공지 가능

-Source code 제공 방법
1) 해당 제품 배포시 소스코드도 함께 배포(CD등)
2) 소스코드를 제공하겠다는 약정서(Written Offer) 배포
-요청시 Email & Web site를 통하여 소스 제공

4. GPL 3.0의 추가 내용

조항	내용	설명
3조	Anti-DRM	GPL S/W는 WIPO 저작권 조약 11조 등에서 명시된 저작저작물에 대한 기술적 보호 조치의 목적(DRM)으로 사용될 수 없음(법적 권리 없음)
6조	Anti-Tivoization (Tivo사) -DRM 제품 개발시 GPL3.0 사용 제약	Source Code 배포시 해당 소스 설치 정보를 함께 제공.(Digital Contents의 사용을 제한하는 DRM은 GPL 이념과 호환되지 않음 반영)
10조	특허권 보복 조항	배포자는 특허 클레임 제기 불가, 사용자 클레임 제기시 회수
11조	특허 라이센스 명시	-GPL S/W에 적용된 특허는 Royalty-Free로 해야 함 -GPL v2.0 묵시적 인정 → 구체적으로 명시화

"끝"

WIPO(World Intellectual Property Organization)
저작권 관련 국제 협약

Project 관리

PMBOK의 5단계 Project 관리 Process, Project와 Program, Portfolio의 정의, PM과 PMO의 역할, PMBOK에서 제시하는 10개 관리 활동 영역, Project 진행과정에서 이해관계자 관리 방안, 요구공학 Process, S/W 요구 사항 분석이 어려운 이유, 일정 단축을 위한 Fast Tracking과 Crashing 기법, WBS, CPM에 대한 부분으로 Project 수행과정에서 발생되는 일련의 과정을 학습할 수 있습니다. [관련 토픽 – 30개]

문119) PMBOK의 5 단계 project 관리 process에 대해 설명하시오

답)

1. project 성공을 위한 Integrated 관리, project관리개요

가. 프로젝트관리(project Management)의 정의

- project를 성공적으로 관리하는데 필수적인 일정, 조직, 인력의 지휘/통제를 제공하는 절차와 실행 기술/지식 체계

나. project의 특징

유일성	일시성	목적성	점진적 상세화
이전에 똑같이 행해진 적이 없는 유일함	시작과 끝이 명확함	목적을 달성하고자 하는 행위	초기의 개괄적인 범위의 정의에서 점차 구체화됨

2. PMBOK(Project관리 Body of Knowledge) 5단계 process

가. 5단계 process

4. 5단계 process 진행 단계의 설명

process	내용	적용 영역
착수	project & 수행단계의 요건 정의	Integration(통합)
계획	목표정의/수정/보완, 활동& 지침 등 project 관련 사항 계획	모든 영역
실행	소요되는 인력과 자원을 갖추고 project관리 계획을 수행	Quality, Resource Communication
통제& 감시	진행사항의 정기적 측정, 감시, 차이식별&통제, 시정조치	모든 영역
종료	-행정종료: project 종료를위한업무 -계약종료: 공급자와 계약을 종결	-Integration (통합) Procurement (조달)

"끝"

문120) PMBOK에서 제시하는 10개 관리 활동 영역에 대해 설명하시오

답)

1. project 관리 process, 도구, 기법, PMBOK의 개요

가. PMBOK(project관리 Body of knowledge)의 정의

- project의 요구사항을 충족시키기 위한 지식, 기술, 도구, 기법의 응용을 다루는 국제적으로 인정 받은 표준

나. PMBOK에서 제시하는 10개 관리 영역

- project 관리 process는 착수→계획→실행→통제→종료순

2. PMBOK에서 제시하는 10개 관리영역의 세부내용

구분	관리활동영역	내용	기법(산출물)
핵심 영역	범위관리	범위기획, 정의, 작업 분류 체계(WBS)작성	WBS
	일정관리	일정 정의, 연결, 자원 및 기간 추정, 일정 개발 & 일정 관리	PERT CPM Milestone

	비용관리	자원계획, 품질보장, 품질통제	EVM
	품질관리	계획, 품질보장&품질통제	형상관리
	인력관리 (인적자원)	인적 자원 계획, 인력 충원, 인력 개발& 프로젝트 팀 관리	조직도
지원 영역	의사소통 관리	의사소통계획, 정보 제공, 성과 보고, 이해관계자관리	보고, 회의
	위험관리	Risk 대비계획, Risk분석(양적, 질적), 대응, Monitoring & 통제	위험관리기법 정성/정량적
	조달관리	획득& 계약계획, 판매자 대응, 계약관리& 계약 종료	계약서 평가기법/제안서
	통합관리	project charter, project 변화지시, 관리, 감시, 통제	변경 통제 Charter.

- PMBOK 4판 용어: 인력관리 → 인적자원관리, 비용관리 → 원가관리, 일정관리 → 시간관리., PMBOK 지속 Release 됨

"끝"

문121) Project와 program, Portfolio에 대해 정의하고 상호 관계에 대해 설명하시오.

답)

1. Project, program, portfolio의 정의

- (project의 정의) - 고유한 제품(product), 서비스 또는 결과물을 창출하기 위해 수행하는 한시적인 활동
- (Program의 정의) - 개별적으로 관리하면 얻을 수 없는 혜택과 통제를 얻기 위해 조정/통합적으로 관리되는 관련 project의 집합 (항상 다수의 project를 포함)
- (portfolio의 정의) - 전략적 사업목표를 달성하기 위해 작업을 효율적으로 관리해야 하는 project 또는 program.

2. project, program, portfolio의 관계 및 관리

가. 상호간(project, 프로그램, portfolio)의 관계

- project, program, portfolio의 계층구조

4. Protfolio, program, project의 관리 영역

관리영역	내용
project	-요구사항식별, 요구/관심/기대사항의 처리&해결. -범위, 품질, 일정, 예산, 자원, RISK포함 project진행
program	project의 조직적/전략적 방향 조율
portfolio	조직 전체 차원에서 project와 program 최적통합관리

3. PMO(project 관리 Office)와 PM의 차이점

구분	PMO	PM
관리대상	program, portfolio	project
목표	전체 조직의 목표달성	개별 project의 성공
자원관리	프로젝트간 자원 운영의최적화	주어진 자원을 최대한 활용
관리관점	전사 차원의 관점에서 위험 관리	프로젝트관리-범위, 일정, 원가, 품질등

"끝"

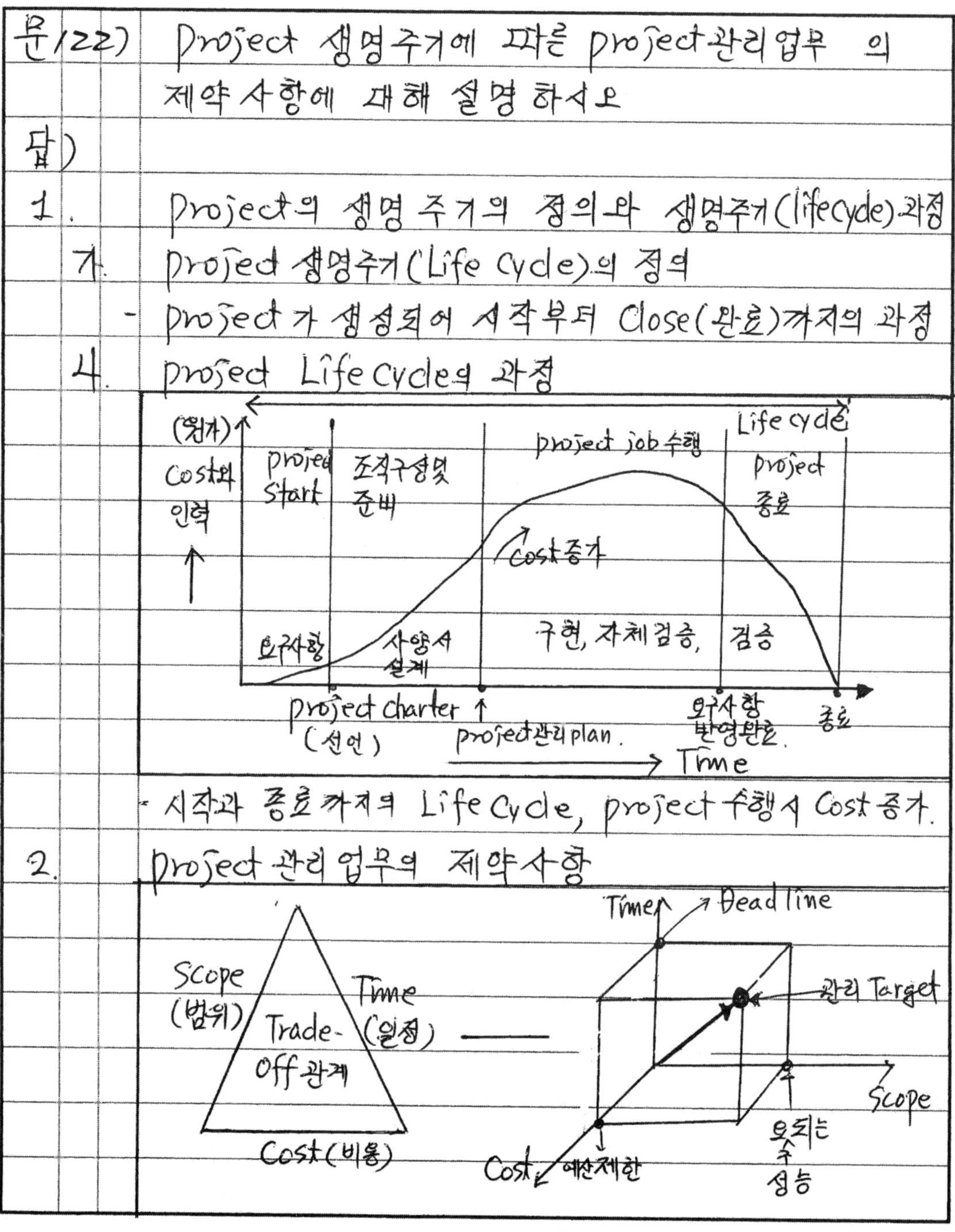

문122) Project 생명주기에 따른 project 관리업무의 제약사항에 대해 설명하시오

답)

1. Project의 생명 주기의 정의와 생명주기(lifecycle) 과정

가. Project 생명주기(Life Cycle)의 정의

- Project가 생성되어 시작부터 Close(완료)까지의 과정

나. Project Life Cycle의 과정

- 시작과 종료까지의 Life Cycle, project 수행시 Cost 증가.

2. Project 관리 업무의 제약사항

- Project 관리의 제약사항으로 일정, 범위, 원가 관리 중요
- 상호 Trade-off 관계로 관리 Target 점 관리가 중요함

3. Project 관리 수행시 시간 경과에 따른 영향도

- Project 시간 경과에 따른 변수들의 영향

"끝"

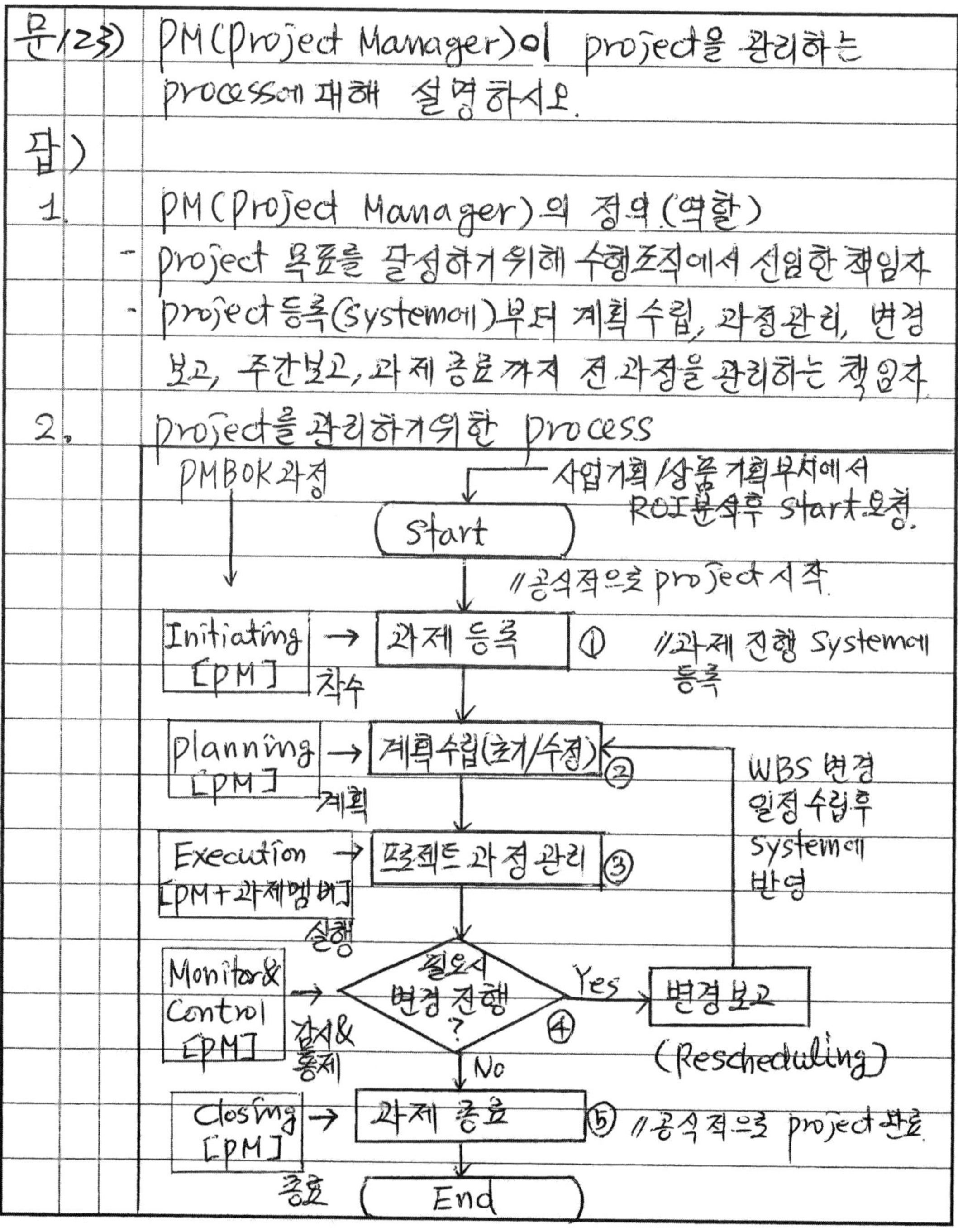

문123) PM(Project Manager)이 project을 관리하는 process에 대해 설명하시오.

답)

1. PM(Project Manager)의 정의(역할)

- project 목표를 달성하기 위해 수행조직에서 선임한 책임자
- project 등록(System에)부터 계획 수립, 과정관리, 변경보고, 주간보고, 과제 종료까지 전 과정을 관리하는 책임자

2. project을 관리하기 위한 process

3. 단계별 산출물

	단계	진행 내용
①	과제 등록	기본정보등록, Milestone일정목표, 과제생성(Rev)
②	계획 수립	WBS완성(일정/담당자), 계획승인 (Rev 생성)
③	프로젝트관리	WBS update, 주간보고 산출물관리, WBS승인
④	변경진행(필요시)	기능추가나 변경점 발생시 변경보고 및 일정재수립
⑤	과제종료	project 완료보고, postmortem 실시

- PMBOK의 process 5단계 수행. "끝"

문124) project의 특징과 PM과 PMO 역할을 비교하시오

답)

1\. 납기준수 위해 일정기간내 일을 완수, project의 개요

가. 목적의 달성, project의 정의

- 일정한 기간내에 중요하게 정의된 일을 완수하는 것
- 유일한 제품, 서비스 또는 결과를 창출하기 위해 투입되는 일시적인 노력 (PMBOK)

나. project의 특징

project 특징

- 일시성(Temporary)
  - 시작과 끝이 명확 (Start-end)
  - 달성/불가능/중단
- 유일성(Unique)
  - 달성하고자 하는 결과가 이전에 수행된 적이 없음.
- 점진적 상세화
  - project를 진행하면서 점점 상세화되어 짐.
- 목적성
  - 목적달성 행위
- 연관성
  - 상호관계를 가진 Activity들이 존재함

2\. project관리와 operation(운영)관리의 비교 및 PM과 PMO 비교

가. project관리와 운영관리의 비교

구분	project 관리		운영 관리
	project		운영 (operation)
목표와 기간	목표의 달성 (예: S/W 완성)	운영에 이관 → project 종료	목표의 유지 (예: S/W 활용, 유지보수)
	한시적 개발기간 (유일성)		지속적 운영 (반복적 운영)

PMBOK: Project Management Body Of Knowledge

나. PM과 PMO의 역할비교

구분	PM(project Manager)	PMO(project Management Office)
구성	목표달성위해 수행 조직에서 선임하는 책임자	project를 전사차원에서 통합관리하는 전담조직
범위(기간)	-해당 project에 목표집중 -Start와 end가 일시적	달성 가능성이 있는 주요 프로그램 범위의 변경사항관리
목표	프로젝트 목표를 달성할 수 있도록 배정된 project 자원통제	전체 project에 걸쳐 공유되는 조직 자원의 활용도 최적화
관리	개별 project의 제약 사항관리	전사적 차원의 프로젝트간 방법론, 표준, Risk 관리

"끝"

문125) PMO(Project Management Office)의 기능에 대해 5개 이상 설명하시오

답)

1. Project Management Office(PMO)의 정의

- project 관리능력을 향상시키고 발전시키기 위한 실질적인 업무 세부 사항을 제시하고 원가, 일정, 품질, 관점에서 전사적 모든 program과 portfolio를 효과적으로 관리하기 위한 조직.

2. PMO 기능과 PM 관리 영역과 PMO의 기능

가. PMO기능과 PM관리 Scope

포트폴리오 → program → project

} PMO 관리영역 (전체조직의 목표 달성)

- PM관리 영역 (개별 project 수행)

나. Project Management Office - 전자정부사업관리(PMO)위탁제도수행

수행관계	기획단계 →	집행단계 →	사후관리단계
기능	통합/성과관리	• 통합/이해관계자 ① • 범위/자원/일정 ② ③ • 위험/품질/성과 • 조달/의사소통, ④ • 변화, 보안관리	• 통합관리 ⑤ • 변화 관리 • 성과관리 • 안정화 지원

①	project Manager와 관계 지속
②	일의 양과 자원 고려
③	일정 관리를 통한 목표 달성
④	이해관계자와 의사소통
⑤	결과 통합후 차기에 반영

← 중요도에 따른 5가지 나열

3. 전자정부법 개정후 시행('13年 7月 6日) → PMO 시행)에 따른 발주기관과 PMO의 역할

구분	내용
발주기관	-본사업 및 PMO사업에 대한 관리 감독 & 의사결정
	-본사업자와 PMO사업자 간의 역할 조정
	-현업 부서 등의 의견수렴 & 이해관계 조정
	-PMO수행에 필요한 행정사항 지원
PMO	-본 사업의 관리 감독, 전체 조직의 목표 달성
	-쟁점, 위험 등의 식별 분석 점검 및 대안 제시
	-주기적 보고 및 의사결정 지원
	-조치사항 지시 및 이행 상황 점검 & 확인.

"끝"

문126) PMO(Project Management Office)의 Framework에 대해 설명하시오.

답)

1. PMO의 정의와 목적

가. PMO(Project Management Office)의 정의

- IT project의 자원, 일정, 진도, 이슈관리 등을 효율적으로 수행하기 위해 만들어진 project 관리 전담 조직

나. project Management Office의 목적

체계적 관리	Project의 대형화, 장기화 및 복잡도 증가로 관리 필요성 증가(IT 복잡화 해소)
위험 최소화	전사 차원 project 자원의 효율적 배분& Management를 통해 Risk 최소화
품질향상	교육, 사내 강의, 경험자 경험, 표준화& 통제를 통해 품질 향상 도모(품질이슈 Zero화)
중재기능	다양한 이해관계 간의 원활한 의사소통& 이슈(Issue) 중재 기능 수행.

2. PMO의 구성 및 역할& Framework

가. PMO 인력의 구성

구분	구성원	역할
관리적 측면	전문 PM	Project 진행 감독
	재무관리자	재무 현황 관리& 감사&통제

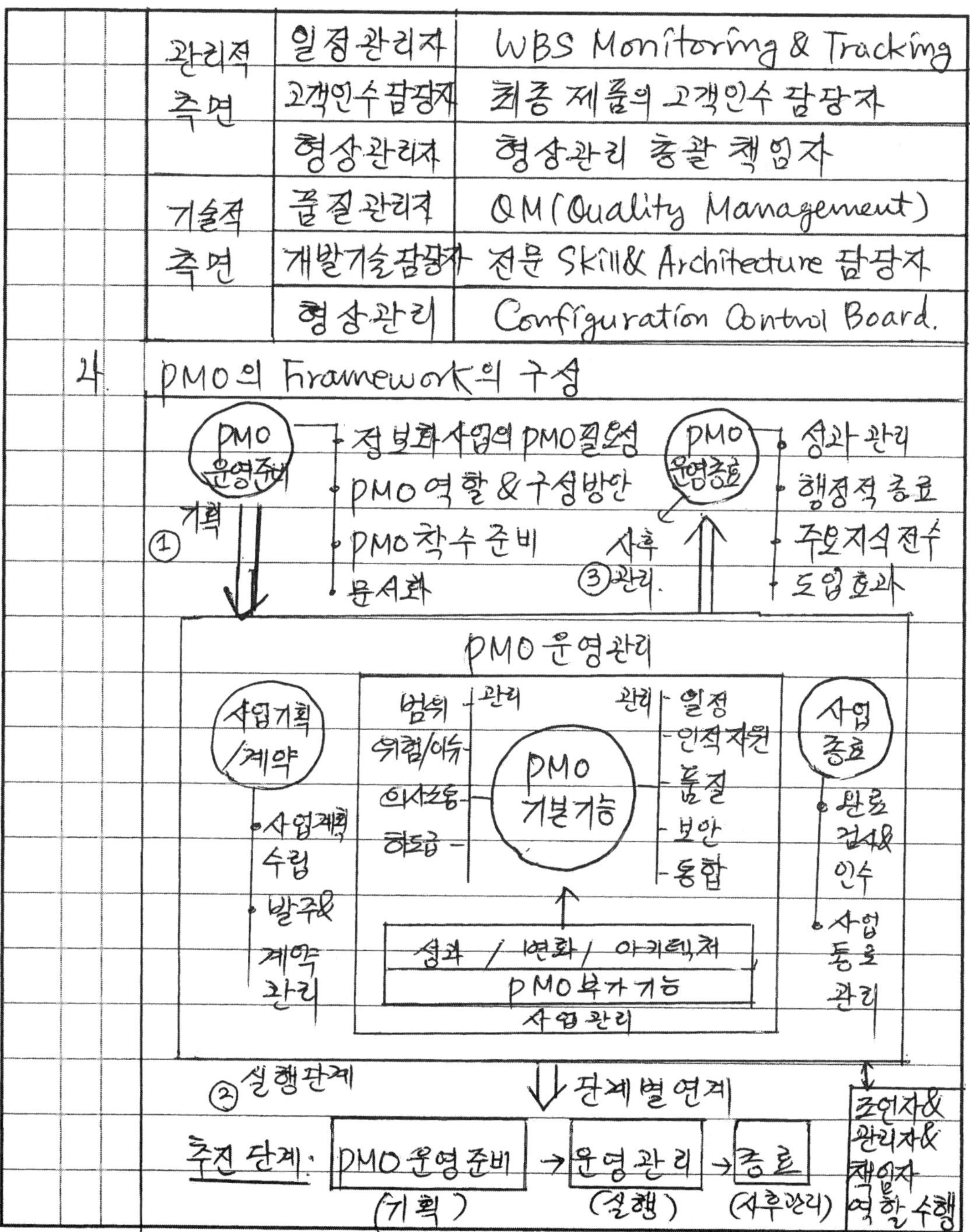

관리적 측면	일정관리자	WBS Monitoring & Tracking
	고객인수담당자	최종 제품의 고객인수 담당자
	형상관리자	형상관리 총괄 책임자
기술적 측면	품질관리자	QM(Quality Management)
	개발기술담당자	전문 Skill & Architecture 담당자
	형상관리	Configuration Control Board.

4. PMO의 Framework의 구성

- PMO는 조언자, 관리자, 책임자 역할 수행

다. 각 단계별 PMO의 역할

기획 & 착수 → 실행(집행) → 종료

기획 & 착수	실행(집행)	종료
- 제안서(RFP) 작성지원 (기술검토, 용량산정) - 사업자 선정 지원 (기술협상, 적정성 판단)	• 계획 대비 이행실적 점검, 위험요소파악 & 대응책 수립 • 기술적 쟁점 검토	• 산출물의 품질 검토. • 발주자의 인수시험 & 검사 지원

3. PMO의 기본 기능

수행	기능(관리)	설명
기획 단계	통합	사업 계획 수립, 대가산정, 제안요청서 지원
	성과	성과 지표 & 목표치 수립 지원
실행 (집행) 단계	통합	사업 착수 관련 계획의 검토등 통합 관리
	이해관계자	식별, 영향도 분석, 의견 반영, 조치사항 지시
	범위	사업 범위 검토 & 조정, 변경 통제
	자원	인력투입 적정성, 계획의 준수 여부
	일정	일정 계획 검토 조정, 지연시 조치 사항 지시
	위험	식별 & 분석, 위험 대응상황 점검 & 조치
	품질	품질/시험 활동 점검 및 조정/조치
	성과	단계별 성과 지표 평가, 계획 수립
	조달	하도급 및 조달 계획 이행 상황 점검.
	의사소통	추진 상황 & 쟁점 사항 정기/비정기 보고

	변화	변화 관리계획 검토및 보고
	보안	보안 & 개인 정보 보호관리 계획 검토&조정
사후 관리 단계	통합	정보 System 안정화 지원, 하자보수이행
	변화	정보 System 변화 관리 지원&교육.
	성과	성과 지표 달성 여부 확인.

4 PMO와 감리의 비교

구분	PMO	감리
목적	PJT 지원/일정/Monitoring	-PJT 품질보증 평가
역할	경영/관리적 성격 강함	-기술적측면의 품질검토가 강함.
효과	위험 조기 식별/ 비용 절감	-위험 요소 대응방안 -산출물 품질 향상 제시
관점	발주자 입장의 사업관리	독립적 관점(제3자 관점)
법적 근거	2013年부터 공공기관 정보화 사업시 PMO도입의무화	단순장비 제외, 5억원 이상인 경우 감리의무화

- PJT= Project

"끝"

문127) PMO의 주요 Model과 R&R(Role & Responsibility)에 따른 유형들을 비교 설명하시오.

답)

1. PMO(Project Management office)의 개요.

가. PMO(Project Management office)의 정의.

- 전사적 project와 program, portfolio를 효과적으로 관리하기 위한 통합 기능 조직

나. PMO가 필요한 project 규모

구분	내용	비고
프로젝트 성격	대형 project(100억이상)	20억이하 PMO미적용
사업기간	1년 6개월 이상	-1년 6개월이상
PMO 필요 여부	반드시 필요	-100억이하는 자체판단
사업예	차세대 IFRS system 구축	-
PMO 역할	의사소통, PMO기능수행	일정, 범위 관리등

2. PMO의 주요 Model과 R&R유형 비교

가. PMO의 주요 Model

<PMO Type>
내부/외부/혼합

PMO의 조직위치

PMO R&R

-기상대모델
-지도모델(Coach)
-관제탑모델

PMO 주요 Model

직위구분

<PMO의 Position>
- part time PMO
- full time PMO
- PMO Director
- (vice) president

PMO기술유형

<PMO Skill>구분
컨설팅, 평가, 개선, 방법
의사소통, PM, QM, 개발등

구분	Weather Station	Coach	Control Tower
명칭	기상대	코치	관제탑
권한	약함	중간	강함
구성	소수 전문 인력	Project관리, 전문인력	조직 차원
역할	조언자	조언자, 관리자	관리자, 책임자
특징	Support	Support+Control	Control
주요 활동	-project진행상황 - 정보 제공 - 기술 Support.	-Project간의사소통 -성과기록. -전문인력 공급	-Project 계획, 진행, 투입 자원 조정, 의사 결정

3. PMO 정책의 향후 발전 예상.

- Project관리에서 Architecture 까지 확대 예상
- 수요는 지속적으로 증대 예상, 전문가 양성 통한 역량강화필요

"끝"

문128) PMO(project Management office)의 기능중 범위관리, 일정관리, 인적자원관리, 위험관리, 의사소통 관리 기능에 대하여 각 기능의 정의, 주요단계, 관리상의 주의사항에 대해 설명하시오.

답)

1. project의 효율적관리 방안, PMO의 개요.

가. PMO(project Management office)의 정의.

- IT project의 통합, 범위, 일정, 원가, 품질, 인적자원, 의사소통, 위험, 조달, 이해관계자, 보안관리등을 효율적으로 수행하기 위해 만들어진 project 관리 전담 조직

나. PMO의 등장 배경 ⟶ 복잡성 제거 → 역량확보 → 경쟁력강화

PMO 등장

발주기관 ⟶ 중소기업

- 정보화 사업전담 & 전문관리인력 부족
- 전문성 부족

- 체계적인 사업 관리 방법론 및 경험 부족

Risk 존재 ⟶ 해소 → 경쟁력확보

- 장기 project Risk 존재
- 대규모인력 & 예산
- 이해관계자 다양
- 업무 process 변화 미적응
- 역량 부족에 따른 위험
- 공공 정보화사업 품질우려

- 체계적관리 통한 Risk감소
- PMO 조직을 통한 운영 및 관리 체계확보
- 위험 요소 분석후 사전 제거
- project 관리능력확보

2. PMO 기능중 범위관리와 일정관리의 정의, 관계, 주의사항

가. 범위관리의 정의, 관계, 주의사항

구분	내용
정의	요구사항에 대한 범위, WBS를 통한 일정 수립
주요단계 및 설명	plan → 요구사항 → 범위 → WBS → 확인&통제 plan: 계획수립, 절차, 방법, 계획서 요구사항: 수집, 달성방안, 문서화, process 범위: Activity, 산출물, 일정, 예외사항 WBS: 일정 Review, Ciritical path관리, 문서화 확인&통제: 검증방안, 변경요소, 영향도, 통제방안
주의사항	범위 기준의 명확화, 변경사항에 대한 추적어려움
해결방안	범위 Baseline 작성, 요구사항 추적표 작성

나. 일정관리의 정의, 관계, 주의사항

구분	내용
정의	일정을 계획, 개발, 관리, 실행, 통제하기 위해 문서화
주요단계 및 설명	plan → 정의 → 우선순위 → 자원 → 개발&통제 plan: 정책, 절차, 문서화, 공유 정의: WBS, Activity 도출, 문서화 우선순위: 의존성 식별, 관계파악, 우선순위화 자원: 자원 선정, 작업기간, 자원 양 선정 개발&통제: 순서, 기간, 요구자원 분석, 일정결정
주의사항	일정관리의 통제어려움, 정량적 분석 어려움
해결방안	일정관리 진척도관리 및 공유, EVM통한 일정통제

3. 인적(자원)관리와 위험관리의 정의, 단계, 주의사항

가. 인적관리의 정의, 단계, 주의사항

정의	조직구성, 팀원관리, 동기부여, 갈등원인해결 process.
주요단계 & 설명	plan → 자원확보 → 개발 → 관리 plan: • R&R수립 • 보고체계 • 인전자원 List 자원확보: • 가용여부 • 투입&충분 • Buffer수립 개발: • 상호작용 • 의사소통 • 역량강화 관리: • Share • Feedback • 성과분석
주의사항	Man Month 초과시 Buffer 수립의 어려움(방안확보)
해결방안	사전 Man Month 확보 & 다른 PM과 Buffer 수립

나. 위험관리의 정의, 단계, 주의사항.

정의	Critical path나 예외상황에 미리 대처방안설정
주요단계 & 설명	plan → 식별 → 분석 → 대응계획 → 감시&통제 plan: • 위험요소 분석. • 위험관리 /대처안 식별: • 요인파악 • 문서화 • Checklist • 목록산출 분석: • 정성적 • 정량(수치)적 • 민감도 • 영향도 대응계획: • 긍정-최대 • 부정-최소 • 위험,회피 전가,완화, 수용 감시&통제: • 감시 • 식별 • 감소 방안 • 통제
주의사항	보이지 않는곳에 위험이존재(미관리영역)
해결방안	Daily Meeting 통한 조직원 Activity share

4. 의사소통관리 기능의 정의, 주요단계, 주의 사항

정의	이해당사자의 의사소통위한 process 관리
주요단계 & 설명	plan → 관리 → 통제 plan: • 이해당사자 환경 • 접근계획수립 • 상호작용 방안 관리: • 계획서 수립 • 대처 방안 • Meeting, 행사참여 통제: • 요구사항 • 생명주기 • Monitoring
주의사항	공식/비공식(공적/사적) 의사소통구분문제
해결방안	비공식 의사소통 자제, 이해관계자 관리는 중요 지속 진행

"끝"

문129) 정보시스템 감리, PMO (project Management Office)

답)

1. 정보시스템 감리(Audit)와 PMO의 개요

가. 전자정부법 의무사항, 정보시스템 감리의 정의

- 정보시스템의 효율성 강화, 안전성 확보위한 제3자적 관점에서 정보시스템의 구축&운영에 관한 사항을 종합적으로 점검하고 문제점을 개선하도록 하는 행위, 제도

나. 권고사항, PMO의 정의

- 성공적인 project 수행을 위해 프로젝트의 자원, 인력, 일정 등을 체계적으로 관리하기 위해 조직된 project 전담관리 조직

2. 제도 도입 측면에서 감리와 PMO의 비교

구분	정보시스템 감리	PMO
제도 도입 취지	수행사가 정보화사업을 수행시 발주기관의 요구대로 수행하였는지 점검, 품질을 보장	정보화 사업에 대기업진판 참여 제한으로 발주기관과 중소기업의 사업관리 전문성 부족문제 보완
관점	제3자 관점(독립적)	발주자 관점
투입시점	발주후 프로젝트 단계별 감리	발주전과 프로젝트 중 단계별 지원
법적근거	전자정부법 57조1항, 의무사항	전자정부법 64조2항, 권고사항
기대효과	-사업관리에 대한 점검 지원 -위험요소의 대응방안 제시 -정보시스템&산출물품질향상	-잠재위협 조기 식별 -조직의 목적과 IT연계하여 관리 -효과적 자원배분, 비용절감

3. 수행측면에서 감리와 PMO의 비교

구분	감리	PMO
수행 역할	-계약서와 실제 진행 내용 차이 확인, 원인 파악 → 적절한 조치권고 -단계별 검증& Test -산출물 검증& 추적	발주전: RFP 작성, 초기위험 도출, project 원칙수립 등 발주후: 발주 지원 조직 운영 (PMO), 사업관리 계획 수립 등
수행조직	감리법인	컨설팅업체, 회계 법인, 대형SI
주요 산출물	-감리 계획서 -감리 수행 결과보고서 (사업관리, 응용부분, DB, System, 전문가 영역) -시정조치확인보고서	-요구사항 정의서 -사업자 선정 기준서 -사업자 관리 계획서 -아키텍처 정의서 -영역별 관리 계획서
사업 관리측면	단계별 감리시 사업관리업무수행	사업관리 수행

- 감리는 기술적 측면의 평가 성격, PMO는 project 전과정에 개입하는 관리적 성격이 강함

"끝"

문 130) 종료단계 감리시 감리원은 구현기능을 직접 Test하여 과업이행여부를 판정하도록 정보시스템감리수행가이드에 안내되어 있다.

가. 감리원이 직접 테스트하는 것이 현실적으로 어려운 사례 설명

나. 검토&확인, 제3자 검증 방법을 통한 개선 방안 설명

답)

1. 효율성 향상 안전성 확보, 정보시스템 감리(Audit)의 개요

가. 문제점 개선 목표, 정보시스템 감리의 목적

- 정보시스템의 효율성을 향상시키고 안전성을 확보하기 위하여 제3자 관점에서 정보시스템의 구축&운영 등에 관한 사항을 종합적으로 점검하고 문제점을 개선하도록 하는 행위

나. 종료단계 감리시 과업이행여부 판정절차

① 요구정의단계 - 요구확정

- 과업 대비표 작성

② 설계 단계

- 설계시 요구반영 여부

③ 종료

- test후 과업이행 여부 판정

종료단계

예비조사 → 현장감리(전수점검) ★ → 시정조치 확인

- 전수 test시 인력/시간 등 부족

감리절차(①,②,③) ←→ 과업이행여부 판정절차 (종료단계 감리)

- 종료단계시 검사기준 기준으로 감리원이 직접 Test 수행하여 과업이행 여부 판정. 이때 전수점검에 따른 인력/시간 부족

2. 감리원이 직접 Test하는 것이 현실적으로 어려운 사례 설명

가. 직접 Test가 어려운 사례

구조적 Issue

직접 Test가 어려운 사례

관리적 Issue

① 검사기준서 작성 미흡

- 업무이해도 부족
- Test중 변경발생
- 전수점검 부족

② SW의 복잡도
- 국방 사업 기능
- 은행 계정/정보계
- 연계 업무 미완성

③ 잦은 요구변경
- 신기술 적용 (AI, BigData 등)
- 현업 기능 고도화 (담당자 만족지)

④ 납기/일정 부족
- 예산 부족
- 순차적 배포 미흡
- 업무이해 부족

- 검사기준서 내 검사기준 & 검사 방법 상세화 필요

나. 직접 Test가 어려운 사례 상세 설명

분류	어려운 이유	설명
①	- 검사기준서 미작성	- 종료단계 감리시 필요한 산출물 누락
	- 검사 기준서 불충분	- 검사기준서 내 점검방법 불충분
②	- 업무이해도 부족	- 해당 업무 도메인 미 경험자의 test
	- S/W 복잡도 (Analog)	- 디지털 업무가 아닌 Analog → 판정 불가
③	- 잦은 요구 변경	- 종료단계 감리시에도 요구 변경 존재
	- 테스트 중 기능 변경	- Test 결과 결후 수정하는 사례
④	- 전수점검 부족	- 전수점검 인력 부족
	- 개발 지연	- 지연시 지연항목 점검 누락

3. 검토및 확인, 제3자 검증 점검방법을 통한 개선방안

가. 검토 및 확인을 통한 개선 방안

방법		검토& 확인 상세 방안
검토 - 검사방법이 제안서와 검사기준서와 동일여부 검토	-문서 검토	① 과업 심의 위원회 협의 내용 참조 ② 현존기술로 검증가능성 여부 ③ 검사기준서의 검사기준/방법 검토
확인 과업 항목별 검사방법, 기준 최종확인	-질의, -최종 확인	① 발주기관의 과업 항목 최종인증여부 ② 사업자의 사전 점검결과/방법 확인 ③ 최종 변경점 확인후 검사방법 숙지

- 고객과 검토 및 확인통한 적절성 평가

나. 제3자 검증을 통한 개선 방안

방법	상세 방안
전수점검 (제3자점검)	① 업무 전문가에 의한 예상 시나리오 선행 ② Issue 발생시 Realtime 개선 활동(Log분석 등) ③ Test Automation 항목 선별 Auto점검
선별점검 (제3자점검)	① 핵심 기능 위주의 Selection 점검 ② 대국민 서비스위주의 우선순위화 후 Test ③ 시험 시나리오, 데이터 등 활용 감리 포함 test
관찰 (사업자 점검)	① 사업자 test 결과와 실 점검 결과 비교 ② 연계, 계산(Billing)등 결과값 관찰(정상 여부확인) ③ test 시나리오 부족시 상세화

4. 감리원이 직접 Test를 수행하기 위한 방안

방안	설명
검사기준/방법	검사기준서 내 기준 & 방법 상세화 T화
과업 대비표	변경점은 CCB를 통해 결정, 과업대비표 현행
업무 전문가	해당영역 업무경험 전문가 투입
Log분석가투입	Real time 개선 위한 Log분석가능자 투입
인력보강	사전 Test량 분석후 인력 투입
교육/가이드	검증위한 사전교육 & 가이드 작성→공유

"끝"

문131) project 진행시 발생될수 있는 이해관계자 간의 갈등 해결 방안에 대해 기술하시오.

답) Project 진행시의 현상, 개선필요

1. 갈등의 원인과 유형.

가. (갈등의 원인) - Resource(자원)의 희소성, 작업의 우선순위, 일정, 원가, 기술적의견, 인간관계등, 주된 원인은 일정과 우선순위이며 project 진행에 따라 달라짐.

나. 갈등의 유형. ← project를 성공시키기 위한 공감대가 Base

- 일정에 대한 팀원간의 사전 협의 부족
- 자원(한정된 자원을 서로차지)
- 기술적 구현 방법의 차이에 따른 의견
- project 우선순위에 대한 갈등(자원할당, 위험관리)
- 관리절차 : 문서작업(불필요하다고 판단)
- 원가부족, 경비사용
- 갈등
- 의사소통통한 해결

2. 갈등 해결 방안 ← 현업에서는 충분한 검토자료로 의사소통필요

상대방&상대그룹 의견 수용

상대의견

완화&양보 Smoothing

직면/해결 Confronting/problem solving.

견해통합

타협

← 근본적인 갈등 해결 방안.

회피

강제 Forcing

해결 방안(Best)

나&우리Group의견

- 논리적 검토결과로 상대방과 직면&해결

3 갈등해결 전략의 설명

전략	설 명	고려사항
타협	양보→타협, 선택여지 없을때	더이상 설득힘들거나 시간제약시
견해통합	각견해를 통합→합의 의견도출	충분한 Back Data 준비
직면/해결	근본적인 갈등해결 방안	중요한 통합 의견도출 필요시
강제	자신의 의견관철	긴급하게 결정해야 될때
완화/양보	상대의 의견을 수용하는 방법	자신의 의견에 오류, 조화 필요시
회피	문제 자체를 회피.	issue 사소, 의견관철 가능성 낮을시

"끝"

문 132) IEEE-SRS 830 (S/W 요구사항 정의서)에 설명하시오.

답)

1. 고객요구사항, 개발, 디자인 등의사소통도구, SRS-830개요

가. SRS(S/W Requirement Spec.)-830의 정의

- 고객의 요구사항에 대해 실제 개발자나 디자이너, 품질 검증자, 관리자등 product를 이해하는 표준문서

나. S/W 요구사항 정의서의 잇점

고객과의 의사소통 도구 — 개발 수고절감 (초기 spec. 화가능) — 비용과 일정산정 가능 — 검사의 Baseline 제공 — 품질 향상

2. SRS-830에 적용된 내용및 SRS의 지향요소

가. SRS-830에 적용된 내용

- 요구사항
  - 목적
  - 정의
  - System개요
  - 참조내용
- 전체설명
  - 제품 : System/사용자 인터페이스. - H/W, S/W, N/W I/O, HDD, SSD 통신 메모리 제약.
  - 제품기능
  - 사용자 특성/환경
  - 제약점, 종속성
- 특정요구사항
  - 외부 Interface 요구
  - 기능/성능요구사항
  - 표준 준수사항
  - DB요구사항
  - S/W 특성 : 신뢰성, 가용성, 보안등

나. S/W Requirement SPEC.에서 지향할점

지향요소	설명
기능	S/W 기능의 명확화, 예제 flow 제시

Interface	내/외부 Interface, SW간의 상호 작용
성능	속도, 가용성, 응답시간, Recovery시간
속성	정확성, 유지보수성, 보안성, 이식성, 효율성등
제약점	디자인제약(UI/UX), 표준과 차이요소, DB통합

3. 신뢰성있는 S/W Requirement Spec이 되기위한 방안.

- 정확성, 애매모호하지 않는 적합성, 완전성, 일관성, 안정성 검증가능성, 수정가능성, 추적가능성이 필요.

"끝"

문133) 요구사항을 만족하기 위해서는 요구공학적 개념이 필요하다. 요구공학을 위한 process와 이를 개발하기 위한 절차를 상세히 기술하시오.

답)

1. 요구사항 만족을 위한 공학적 접근, 요구공학의 개요

가. 요구사항에 대한 Issue Zero화, 요구공학의 정의

- 제품 개발 과정에서 발생하는 요구사항들을 SDLC 전 과정에서 검증하기 위한 공학적 기법 (신뢰도 향상)

나. 기업 생존력 강화 차원, 요구공학의 필요성

요구사항 분석의 어려움	이해부족, 의사소통미비, 표준자료부재 / 잦은 요구사항의 변경, 환경/System 변화
요구와 기대사항 간의 상이점 발생	묵시적 요구사항, 정확도 부족, 지식부족 / 변경과 추적에 대한 문제, 해당업무 지식

2. 요구공학의 Process 구성도와 단계별 Activity

가. 요구공학 Process의 Framework.

요구사항 추출 → [요구사항 명세서: 분석 → 정의] → 검증

요구사항관리 → 요구사항 추출, 검증

- 추출, 분석, 정의, 검증 작업을 통해 구현되고 SDLC 과정에 전체적 Cycle 형태로 Management

4. 요구공학 Process의 단계별 활동

단계	활동
추출	Issue(문제)를 이해하고 요구사항 도출(추출)
분석	추출된 요구사항의 명확성, 구현 가능성, 난이도 등 요구사항 자체 분석후 내부 사양화 작업.
정의	요구사항을 이해하면서 문장으로 기술, 설명 (분석, 정의)
검증	문제를 기술하고 서로 다른 부분들과 일치성 확인
관리	-요구사항에 대해 SDLC 전과정에 검증, 확인. -요구사항에 대한 영상, 변경, 추적관리 수행

3. 요구공학 process 별 Action Item 및 상세 설명

절차	핵심요소	설명
추출	추출기법	Interview, 시나리오, 작업분석, prototype Workshop, 설문조사, Brainstorming, Role-playing, Storyboarding.
	추출process	적용 Domain, Biz문제, 참여자요구, 제약사항
	요구사항추출	요구사항수집, 정제, 요구사항분류
	요구사항평가	위험 평가, 우선 순위 평가, 내재적 Issue평가
분석	분석 기법	-구조적 기법 : DFD, Data Dictonary, MP등 -Usecase기반분석 : UML, Modeling등
	분석활동	1) Domain분석 : 문제 영역분석, Interface설정 2) 요구사항분석 : 목표분석, 요구사항 구조화/모델링

Mp=Mini spec.

			분석	분석활동	3) 행위분석: I/F 조건에 대한 행위정의/ 분석, 참여자들의 조건/행위분석.
				분석 기준	- System을 계층적이고 구조적으로 표현 - 외부사용자, 내부 System의 구성요소와의 Interface를 정확히 분석 후 설계 적용 - 설계와 구현 단계에 필요한 정보 제공
			정의/명세	명세기술	① ER Modeling ② 유한머신 (FSM) ③ 구조적 분석과 Design 기술
				명세 원리	① 명확성 ② 완전성 ③ 검증 가능성 ④ 일관성 ⑤ 수정용이성 ⑥ 추적 가능성 ⑦ 개발후 이용성
				핵심 내용	- System이 무엇(what)을 수행 할 것인가 기술 - 목표 달성을 위한 해결 방법 (TBD)
			검증	검증 기법	Validation (확인): SDLC의 각 단계의 산출물이 최초 사용자 요구 & Software 요구에 적합한지를 입증하기 위한 활동 Verification (검증): SDLC의 각 단계의 산출물이 이전 단계에서 설정된 개발규격과 요구들을 충족시키는지의 여부를 판단하기 위한 활동
				검증근거	① 조직경험근거 ② 표준 ③ 요구사항 문서
				주요 검증	① 타당성 검증 ② 명세구조 검증 ③ 공통어휘검증
				승인 기준	① 문서화 ② 명확성 ③ 간결성 ④ 이해성 ⑤ 시험성 ⑥ 사용성 ⑦ 추적성 ⑧ 검증성

TBD: To Be Define

	검증결과	요구사항 문제 보고서
관리	주요 절차	협상 - 가용한 자원과 수용 가능한 위험 수준에서 구현 가능한 기능을 협상 ↓ 기준선 - 공식적으로 검토되고 협의된 문서, 즉 요구사항명세서, 향후개발설정(Baseline) ↓ 변경관리 - 요구사항 기준선(Baseline)을 기반으로 모든 변경을 공식적으로 통제 ↓ 확인 - 구축된 시스템이 이해관계자가 기대한 요구사항에 부합되는지 확인

4. 요구사항을 개발하기위한 절차와 산출물

가. 요구사항 개발 절차(procedure)

절차	요소	설명
도출	수집	System Demo, 설문지, 인터뷰, 회의등
	정의	Biz가 요구하는 기능사항들을 정의
	시스템요구정의	기술적 한계, 시간적 제약사항, 불만요소등
합의	내부검토	Workflow, Inspection, 기술검토, 관리검토
	검토및 합의	이해관계자및 사업담당자와 공동검토후 합의
변경 관리	변경 수행	공식적인 변경관리 절차에 따라 수행
	추적성유지	산출물과 요구사항간의 불일치 항목, 사항들을 식별하여 보완
	구현확인	주요시점에 확인, 필요시 보완/시정활동

라. 요구사항 개발 절차별 산출물

절차	입력	결과 산출물
도출	제안서, 계약서, 인터뷰 질문서	요구사항 정의서, 분석서, 추적표
합의	요구사항 정의서/명세서	회의록(내부검토, 고객 검토),
	요구사항 분석서	요구사항 승인서
변경 관리	-변경 요청서	변경영향 분석서, 갱신된 요구사항 정의서, 분석서, 추적표

다. 효과적인 요구사항 관리와 요구공학 적용 방안

적용	요소	설명
관리 방안	R&R 인지	책임과 역할에 대한 중요성 인지 필요. 고객과 개발조직 간의 역할 및 책임소재 명확화
	검증 checklist	기능적, 비 기능적 요구사항의 특성에 따른 검증 checklist의 개발& 적용
	공학요소 관리	요구사항 관리의 공학적 접근시도
	비용 효과 검증관리	초기 요구사항 반영 여부 확인 통한 비용 효과 절감 필요, -Review 실시
적용 방안	Core Biz.로 활용	Biz. 가치 정의 & 핵심 Biz. 가치에 대한 비중 정의 후 적용
	우선 순위 부여	-요구 사항별 가치 부여 -요구 사항 우선 순위 협의

R&R = 역할& 책임

적용 방안	위험성 평가	요구사항의 위험성 평가. (비용/일정, Biz. 위험성 평가)
	관리 process 정립(수립)	Project 특성에 맞는 요구사항을 BM & Tailoring)을 통한 요구사항 관리 process 개발
	교육	Project 팀원 대상 관리교육 실시 → 체계적인 요구사항 관리

"끝"

BM: BenchMarking

문134) S/W의 요구사항 분석이 어려운 이유에 대해 설명하시오.

답)

1. What(무엇)의 구현, 요구사항의 개요.

가. 구현, 기능, 관리측면 고려, 요구사항의 정의

- 고객, User에 의해 요구되거나, 표준이나 명세 등을 만족하기 위하여 Software와 System이 가져야 하는 기능.

나. 요구사항 분석의 분류

구현 측면	기능 측면	관리측면
• S/W의 특징, 기능 • 필수 요구사항	• 기능적(입/출력사양) • 비기능적 (성능, Aging 검증)	• 지속적 요구사항 • 휘발성 요구사항

2. 요구사항 분석이 어려운 이유

문제점	내용	개선방안
문제에 대한 이해 부족	- 개발자의 Domain 지식 부족 - 요구사항의 불명확 (복잡한 명세서)	- 선행 학습 - 간단, 명료화
참여자 사이에 이해 문제	- 이해 당사자들이 자기 입장만 고려 - 서로 다른 관점에서 표현하고 분석	- Review 회의 - 사전 공유 회의
의사 소통의 결여	- 명확한 업무와 기능분담 어려움 - 일관성 없는 요구와 불완전한 요구	- R&R - SRS-830 적용
요구사항 변경	- 신규 사양 (spec.) 이해부족 - 기능 및 비기능 자주 변경	- Spec. 회의 참여 - 변경서 공식 발행
미경험	- 해당 분야 경험 부재	- 담당자 변경

- Aging : - 신뢰성 확보 차원에서 고/저/상온 온도별 특성검증
- Read/write 동작 지속 수행.

3. 요구분석가의 역할(R&R)

해당 업무에 대한 지식 습득	사용자의 요구사항을 해결하기 위하여 Software와 Computer 기능에 대한 전반적 이해 선행
이해당사자와의 의사소통	다양한 관점의 사용자로부터 제시되는 모순된 요구나 비 Logic(논리)에 대해 중재 역할
Resource 관리능력	과거 경험 사례나 유사경험, 예측문제 등을 고려하여 Resource 배정, 지속적 개선 유도

"끝"

문135) IT프로젝트를 성공적으로 수행하기 위해 요구사항이 체계적으로 관리되고 문서화 하는 것이 중요하다.
요구사항에 대하여 다음을 설명하시오.
1) 소프트웨어(S/W) 요구사항 품질속성
2) 요구사항 도출기법
3) 요구사항 개발 프로세스(Process)

답)

1. 이해당사자의 요구 만족도 충족, S/W 요구사항 품질속성의 개요

가. Software 요구사항 Quality Attribute의 정의

- System이 이해당사자의 요구를 얼마나 잘 만족시키는지를 나타내는 검증가능하고 추적이 가능한 특성

나. S/W 요구사항 품질속성(9가지)

- S/W 요구사항 품질속성은 위의 9가지로 구성

2. Software 요구사항 품질속성

항목	설명
완전성	식별된 요구사항중 누락된 기능 요구사항 존재 여부
정확성	식별된 요구사항중 논리적으로 정확히 기술한 비율
명확성	기술한 용어가 이해 당사자들에게 명확하게 전달여부
일관성	요구사항들 간의 연관&종속관계의 불일치 존재 여부
특이성	중요도, 난이도, 변경 가능성을 표기하였는지 여부
검증가능성	요구사항에 대한 검증기준&방법을 제시하였는지 여부
수정용이성	요구사항 항목의 식별, 수정, 영향도 분석이 용이한지 여부
추적성	관련 산출물에서 요구사항을 추적할 수 있는지 여부
이해가능성	요구사항을 표준 형식에 따라 기술하고 이해 가능여부

3. 요구사항 도출기법의 구성과 설명

가. 요구사항 도출기법의 구성(Graph)

고
고객 이해도
인터뷰
조사
설문
관찰
브레인스토밍
워크샵
문서 분석
UseCase
prototype
저
개발경험
고

나. 요구사항 도출기법의 상세 설명

기법	설명	세부 기법
인터뷰	대면/비대면 대화통한 요구사항 도출	Close/open인터뷰
설문지	다수인원 대상, 통계적 분석기법 통한 도출	사전질문, 질문
브레인스토밍	자유롭게 Idea 발상회, 참여자들의 아이디어 합병 → New Idea 생성	Group Session, 비디오 컨퍼런스
관찰	고객 업무 작업 수행과정 관찰후 도출	관찰/질문, 촬영
워크샵	일정주제 토론후 결론 도출	집합교육등
Usecase	System 기능에 대해 명확/일관성 있게 표현	Usecase 다이어그램
proto-typing	일부 System의 기능에 대한 시연을 통해 고객의 Feedback & 요구사항을 도출	Demo, simulation

- 요구사항 도출시 다양한 고객, 마케팅, 개발자, 산출물등 이해관계자를 대상으로 구체적으로 요구사항 도출 필요

4. 요구사항 개발 프로세스(Process)의 절차와 설명

가. 요구사항 개발 process의 절차

추출 → 분석 → 명세 → 검증

- 요구사항 개발 process는 추출부터 검증까지 수행

나. 요구사항 개발 process의 상세 설명

구성요소	대상	산출물/기법
추출	- 요구사항 도출 대상 선정	- 인터뷰, 브레인스토밍

추출	-제안서, 사업수행 계획서, 인터뷰, 프로토타이핑	-스토리보드, BPR
분석	-도출된 기능을 명확히 파악	-UML, ERD
	-정보공학 분석법, UML	-시나리오
명세	-System의 Service/기능을 기술	-SRS-830
	-요구사항 정의서, 요구사항 명세서	-TTA 명세서
검증	-요구사항 명세의 일치 확인 & 승인	-요구사항 문서
	-타당성 검증, 일치성, 완전성, 현실성 등	-V&V, 리뷰, 인스펙션

- 요구사항 개발 process는 요구사항 개발과 관리로 나누어 수행

"끝"

문136) 동기부여 이론(Motivation Theory)

답)

1. Project 수행시 인적자원관리 동기부여이론의 개요

가. 행동패턴분석, 동기부여이론의 정의

- Project의 성공적 수행을 위해 조직원들이 어떤 욕구나 보상에 의해 어떤 행동을 보이고 그 성과가 어떠한지 분석하는 이론

나. 내용/과정이론, 동기부여이론의 유형

내용 이론	어떤 행동이 일어나기전, 초기단계에서 그 행동을 하게 된 동기를 이끌어 낸 '욕구가 무엇(what)이냐'를 다루는 이론
과정 이론	행동이 일어나는 중간단계에서 '어떻게 그 행동을 할 수 있는 동기를 이끌어 내느냐'를 다루는 이론

2. '욕구가 무엇(what)이냐' - 내용이론

가. 매슬로우(Maslow)의 욕구 5단계이론

단계	욕구	내용
5	자아실현욕구	성장, 잠재력 달성, 자기충족성
4	존경욕구	자기존중, 자율성, 성취감, 지위
3	사회소속, 추구	애정, 소속감, 우정, 받아들여짐
2	안전(Safety)	안전 & 해로움으로부터 보호 욕구
1	의식주욕구	의식주, 생활욕구

나. 알더퍼(Alderfer)의 ERG이론

- 존재(Existence), 관계(Relation), 성장(Growth) 세가지 유형으로 분류, 상위욕구를 채우지 못하면 그 하위욕구가 증가된다는 이론

단계	욕구	ERG
5	자아실현	성장욕구(Growth)
4	자존의 욕구	관계욕구(Relation)
3	사회적 욕구	관계욕구(Relation)
2	안전의 욕구	관계욕구(Relation)
1	생리적욕구	존재(Existence)욕구

다 허즈버그(Herzberg)의 2요인 이론

- 불만을 야기하는 요인과 만족을 유발하는 요인이 다르다는 점 강조, 불만족을 야기하는 원인을 제거한다고 해서 만족 상태로 전환되지 않는다는 이론

[성취, 인정, 책임, 승진,] → 긍정 태도 → 긍정

직무요인 → 직무태도 → 직무효과

상호 배타 → 태도 영향미침

[보수↓, 대인관계, 부정, 소극] → 부정 태도 → 부정

라. 맥클리랜드(McClelland)의 성취동기 이론

- 매슬로우 5가지 욕구중 상위욕구만을 대상으로 성취욕구, 친교욕구, 권력욕구로 범주화, 이 3가지 욕구가 인간행동의 80% 설명 가능

성취 욕구 — 친교 욕구 — 권력 욕구

- 성취 욕구: 높은 기준을 설정하고 이를 달성하고자 하는 욕구
- 친교 욕구: 대인관계에서 밀접하고 친밀한 관계를 맺고자 하는 욕구
- 권력 욕구: 다른 사람에게 영향력을 미치고, 통제하려는 욕구

마. 맥그리거(McGregor)의 X-Y이론

- 인간과 일의 기본관계를 X이론과 Y이론이라는 가설로 나누고 X이론, Y이론 관점에 따라 직원을 상대하는 방식 고려

X이론: 회피, 일을 싫어함 / 무관심 / 통제필요 / 약한마음 / 비자발적

Y이론: 책임수용 / 관심, 일을 좋아함 / 자율, 창조적인간 / 자아실현욕구 / 선한마음

3. 과정(process)이론. ('동기를 이끌어 내느냐'의 관점)

가. 기대이론(Expectancy Theory)

개인적 노력 —기대→ 개인성과 —수단성→ 조직보상 —유의성→ 개인목표 & 욕구

- 기대, 보상의 수단, 목표와 유의성이 존재할때 동기부여 된다는 이론

기대	개인의 노력정도가 성과로 연결될 확률
수단성	성과에 따라 조직으로부터 보상이 주어질 가능성
유의성	조직의 보상이 개인에게 얼마나 매력이 있느냐를 의미

나. 공정성 이론(Equity Theory)

자신　타인	의미
Out/In = out/In	공정함으로인식
out/In < out/In	과소보상, 투입하향/산출상향조정
O/I > O/I	과대보상, 투입상향/산출하향조정

- 조직의 구성원은 자신의 노력과 보상을 유사한 일을 하는 다른 사람의 노력과 보상과 비교하여 공정성이 유지될 수 있을 때 동기부여가 된다는 이론

다. 목표설정(Goal-Setting)이론

- 개인의 목표설정이 집중과 활동을 유발시키고 노력을 유도하며 인내력과 목표달성을 위한 전략의 개발을 고무시킨다는 이론

목표 설정 → 과업 달성 (↑ 상황)
- 구체성, 목표수준, 참여, Feedback(환류), 수용도
상황 - 합리적보상, 몰입, 능력

4. 동기부여이론의 관리 효율화 방안

내용 이론	- 원하는 행동유발 → 수행원들이 무엇을 필요로 하는지 모니터링 - 욕구를 만족시킬 수 있는 의미있는 보상제공 - 행동을 극대화(최대)하기 위한 보상시기 파악 - 욕구결핍은 일정한 패턴으로 반복되지 않는 점 이해
과정 이론	- 동기부여의 전 주기(과정) 이해 필요 - 수행원들의 선호도, 보상, 성과를 어떻게 선택하는지 파악

"끝"

문 137) 디자인 씽킹(Design Thinking)

답)

1. 고객의 Pain Point(고충점, 애로점) 해결, 디자인 씽킹 개요

가. 사용자 중심의 모델(상품, 서비스, 방법론) 제시, 디자인 씽킹 정의
좋은 모델 생성 위한 사람들의 경험 세계에 대한 공감, 자유로운 발상, 새로운 아이디어 등 고객의 문제 해결 중심의 사고

나. Design Thinking의 등장배경(제품 생산 예시)

기존	제품기획 → 제작 → 고객영업 ← 공급자 중심
↓ 발전	제품기획 → 프로토타입 ⇄ Pivot(수정) (Feedback) ← 고객 Needs에 따라 출시시기가 변화
↓ 디자인 씽킹	고객니즈(고객 Needs 포함) → 프로토타입 ⇄ Pivot(수정) (Feedback) ← 고객니즈가 반영되어 제품출시

- 고객의 Needs가 반영되어 제품 출시 (고객 만족도 향상)

2. Design Thinking 5단계 & 설명

가. 디자인 씽킹 5단계

공감(Empathize) ① → 정의(Define) ② → 해결 아이디어(Ideate) ③ → 프로토타입(Prototype) ④ → 검증(Test) ⑤
- ① 공감 ← 고객문제공감
- ② 정의 ← 고객진짜문제정의
- ③ 해결 아이디어 ← 적합한 Idea
- ④ 프로토타입 ← 모델생성
- ⑤ 검증 ← 검증

- 고객문제 해결위한 공감대 형성 → 정의 → Idea → 모델 → 검증 순

나. Design Thinking 5단계의 세부설명

No	단계	설명
①	공감	사용자 인터뷰 등을 통한 고객의 문제공감

정의	상호공감통한 고객의 진짜 문제 정의
아이디어	자유롭게 고객에게 적합한 해결 방안 제시
모델 생성	Idea에 대한 prototyping 생성, 시나리오생성
검증	고객의 Feedback을 바탕으로 프로토타입 개선

3. Design Thinking의 활용사례

고객불편 최소화	고객 공감을 통한 깊이 있는 이해, 콘셉트의 시각화, 전략적 비즈니스 디자인 (예. 발뮤다 가전제품)
디자인 기능	최종 사용자의 입장에서 공감(사용으로부터 시작되는 제품개발) (예, Dyson 제품 등)

"끝"

문138) project 10대 관리영역중 (PMBOK 기준) 위험관리 방안에 대해 기술하시오.

답)

1. project 관리의 잠재적 위험요소 제거, 위험관리의 정의

- project 수행간 발생가능한 우발사항 대비 활동.

가. project 수행시의 진행 process와 위험관리 연동

착수 → 계획 → 실행 → 모니터링 → 종료.

계획:
- 위험관리 계획, 위험 식별.
- 정량적 위험/정성적 위험분석
- 위험 조치 계획 수립

모니터링:
- 위험 모니터링 & (Monitoring)
- 통제 (Control)

나. 위험관리 flow

위험관리 계획수립 → 위험 식별 → 위험 대응계획수립 → 위험 감시&통제

위험 식별 → 정성적 위험분석

위험 식별 → 정량적 위험분석

2. 위험관리의 세부활동

활동	내용	산출물
계획 수립	project에 적용할 위험 관리 활동 계획 정의	위험관리 계획서
위험 식별	위험 및 위험의 특성 문서화 과거 경험 위험분석&적용	식별된 위험목록
정성적위험분석	위험 우선 순위 결정	위험우선 순위목록

정량적 위험분석	project 일정과 원가 목표에 미치는 영향력을 계량적으로 분석	납기, 원가 준수 가능성.
위험 대응 계획 수립	위험은 최소화 하고 기회는 최대화하기 위한 위험 대응 계획 수립.	위험 대응 계획서
위험 감시 & 통제	위험 대응 계획의 이행, 식별된 위험의 진행상황, 신규 위험식별, 위험관리 활동의 효과성을 판단	변경요청

"끝"

문139) project 관리영역중 범위관리를 위한 process에 대해 설명하시오.

답)

1. project의 관리 계획 및 통제, 범위관리의 개요.

가. 범위관리(Scope Management)의 정의

- project가 제공해야 하는 제품이나 서비스의 범위로 project 관리계획 수립및 통제의 범위.

나. Scope Management의 유형

Product Scope	산출물위주, 제품,서비스및 결과물의 특징& 기능
project Scope	일정한 특징과 기능을 제공하는 제품,서비스&결과물을 인도하기 위하여 반드시 수행해야 하는 작업들

-Scope : 제품,서비스의 특징과 기능 또는 수행해야 하는 작업.

다. 범위관리의 중요성

구분	설 명
Baseline	project 계획수립과 통제를 위한 기준
관리 영역의 영향도	Scope(범위) 변경은 여타 관리 영역(일정/자원/원가)에 영향을 미침.
project 예산	project 범위 정의에 project의 자원 & 원가를 추정.

2. project 범위관리의 ITO에 따른 산출물, 기법& process

가. ITO에 따른 산출물과 기법.

ITO: Input, Tools& Techniques, Output

Inputs	Tools&Techniques	Outputs
-프로젝트 헌장 (project charter)	-프로젝트선정기법	-프로젝트 범위 기술서
-프로젝트 관리 계획서	-전문가 판단	-WBS
-프로젝트 범위 기술서	-비용효과 분석	-범위기준선
-승인된 변경요청서 (Approved Change Requests)	-산출물분석	-산출물
	-WBS Template	-결재 진행문서
	-변경	-승인된 문서
	-통제	

-ITO : Input, Tool & Techniques, Output

4 Scope Management process.

착수 (Initiating) → 범위계획 → 범위 정의 → 범위 검증

범위 통제 → 범위계획 (plan); 범위 통제 ↔ 범위 정의 (project scope, 변경요청); 범위 검증: 인수된 산출물

절차	설명	비고
범위계획	project 범위 정의, 검증, 통제 방법 및 작업분류 체계(WBS) 작성 및 정의 방법을 문서화 하는 project 범위관리 계획서 작성	범위관리 계획서 (Scope Management plan)
범위 정의	향후 project 결정의 기반이 되는 상세한 project 범위 기술서 개발	범위 기술서(project Scope statement)

WBS 작성 (Create WBS)	주요 project 인도물과 project 작업을 보다 작고, 관리 가능한 구성요소로 세분	WBS (Work Breakdow Structure)
범위검증	완료된 project 인도물의 인수를 공식화	고객승인, 권고된 시정조치
범위통제	project Scope에 대한 변경 통제 (Scope Control)	변경요청서, 형상관리, 추적관리.

다. 범위관리 process별 ITO(Input, Tool, Output)

process	Input	Tool	Output
착수	사업 전략 과거프로젝트정보	project 선정 방법	project 계약서
범위 계획	project 계약서 제약조건	수익과 비용 분석	범위 기술서 범위 계획서
범위정의	범위기술서, 과거정보	분할기법, WBS템플릿	WBS
범위검증	실적, WBS	감사	고객의 승인
범위 통제	성과보고서, 기준선, 변경요구사항	변경관리 절차. 성과측정	기준선 변경, 시정 조치, 경험적교훈

3. project 범위관리의 기대효과 및 고려사항

가. project 범위관리의 기대효과

- project Stakeholder간 원활한 의사소통.
- 진척관리 & 공정관리를 통한 품질 향상 가능

- 원활한 의사소통을 위한 업무 표준화

나. project 범위관리의 고려사항

- WBS의 각 작업에 자원과 비용을 연계하여 project 관리(Management)의 기본자료로 활용.
- 각 단계별 주요 Milestone에서는 반드시 여유(Buffer Management)률을 반영 (Buffer 시간 필요)
- 범위 변경시 반드시 Stakeholder와 협의를 통해야 하며 다른 계획에 미칠 영향을 고려.

"끝"

문140) project 일정 단축 기법중 Fast Tracking과 Crashing 기법에 대해 설명하시오.

답)

1. Fast Tracking과 Crashing 기법의 정의

(Fast Tracking의 정의) - Activity 또는 각 단계(phase)의 연관관계를 재조정하는 방법 (병행수행)

(Crashing의 정의) - 자원(Resource)을 CP(Critical path)상에 추가 투입하여 일정 단축

2. Crashing과 Fast Tracking의 도식

Crashing	Fast Tracking
→일정 → Activity → 10일, 400만원 ↓200만원추가 → Activity ↔ 7일 600만원 3일단축	→ 일정 → 5일 → 7일 → → 5일 7일 ↔ 5일단축

- Crashing 인력추가투입, Fast Tracking은 병행수행

3. 일정단축 기법중 Crashing과 Fast Tracking의 비교

항목	Crashing	Fast Tracking
특징	-Critical path 상의 작업에 인력 추가투입 -예산이 충분하거나 여분의 자원이 있을때가능	-자원 가용률에 따라 병행 가능하다고 판단 한 작업들 -추가 예산투입 불가능시. -재작업 발생 가능

특징	-원가상승문제	위험 증가
장점	-유휴 Resource의 효율적 활용가능	project 일정의 Reserve를 확보할 수 있음
내용	-Activity에 추가 자원(비용)을 투입하여 일정단축	순차적(Sequence)으로 행하던 활동을 병렬로 진행
제약사항	-투입인력에 여유가 있는 Activity가 존재해야 함	CP(Critical path)상의 Activity에 적용불가
사례	인사시스템 개발시 발령 모듈 완료 개발자를 급여 개발에 투입	System 설계 시작과 함께 H/W, S/W Server 등시에 설치후 병행 개발

"끝"

문 141) project 진행과정에서 이해관계자 관리 방안에 대해 설명하시오. (이해관계자 분석 Model도 설명하시오)

답)

1. 이해관계자(Stakeholders)와 이해관계자 관리의 정의

project
project 스폰서
Project 관리자
프로젝트 관리팀
Project Team
project 이해관계자
<이해관계자 Scope>

(이해관계자의 정의) - project에 적극적으로 참여하거나, project의 결과에 긍정적 또는 부정적 영향을 미치는 개인 또는 조직

(이해관계자 관리의 정의) - 프로젝트에 영향을 주거나 받는(사람/그룹/조직) 이해관계자를 식별하고, 기대사항을 분석, 의사결정과 수행에 효과적으로 참여시키기 위한 적절한 관리전략을 개발하는 process

2. 이해관계자(Stakeholders)의 관리 process와 설명

가. Stakeholder의 관리 process

착수 → 계획 → 실행 → 통제 → 종료

- 착수
  - 이해관계자 식별
  - 이해관계자 등록부 (산출물)
- 계획
  - 관리계획
  - 관리계획서
  - 참여도 측정 메트릭스
- 실행
  - 참여관리
  - 이슈로그
  - 변경요청
- 통제
  - 이해관계자 참여 통제
  - 작업성과 정보, 변경요청

- project에 적극적으로 참여시키고 project 성공에 직접적으로 관여하는 것이 핵심. (관심도유발 Factor개발)
- 이해관계자는 project 진행중 변경될수 있음으로 주기적으로 확인및 관리 필요. (변경점관리 필요)

4. 이해관계자 관리 process의 설명

process	process 설명
식별 (Identify)	의사결정, 활동에 영향을 주거나 받는 모든 사람/단체/조직 식별, 각각의 관심/참여/영향력 정보를 문서화
관리계획	분석된 문서화를 기반으로 SDLC과정동안 이해관계자들을 효과적 참여 방안수립 (관리전략수립)
참여관리	이해관계자들의 요구사항/기대사항을 만족시키고 문제공유, project 활동에 적극적 참여 유도(의사소통)
참여통제	전체 이해관계자들간의 관계를 감시하고, 이해관계자에 대한 전략과 계획을 적절히 변경, 통제실시

3. 이해관계자의 유형과 분석 Model

가. Stakehoder의 유형

유형	설 명
최고경영자	관심을 가지고 후원하는 스폰서 역할
상급자	내부 자원 통제권한, project의 원활한 진행에 도움혹은 부정적인 영향줄수 있음
동료	중요한 정보와 인적, 물적 자원을 제공하고

	조직내에서 일이 추진되도록 도움을 주는 동료.
내부고객	project 결과로 인해 직접 영향을 받거나 관심을 갖고 보고를 받기 원하는 조직 내부의 개인& Group
Staff	한시적으로 투입되는 경우가 많음
외부고객	project를 발주하고 결과물을 인수하고 비용을 지불하는 주체
정부	법적인 규제와 정책통해 기업의 외부 환경을 형성하는데 큰 영향을 미침
협력업체	project의 일부분을 하청받아 작업을 수행하는 외부 Outsourcing 업체, project 성공이 부분적으로 협력업체의 작업(Activity) 성과에 의존됨
공급업체	project에 자재와 장비등을 공급하는 외부의 개인이나 기업, 신뢰할수 있는 공급업자를 구하는것이 중요.

4. 이해관계자의 분석 Model

① 영향도와 관심도에 따른 Model (power, Interest)

영향도 power (Low → High) \ 관심도 Interest (Low → High)	Low	High
High	만족유지	High power, High 관심 밀착관리
Low	단순감시	지속적으로 정보제공

- 영향도와 관심도에 의한 분석 Model.

② 현저성 Model (Salience-돌출)

-(현저성 모델의 정의)- Stakeholder분석후 project 관리자가 project를 잘 진행하기위해 power(권력), 합법성, 긴급성의 3가지 속성으로 분류하여 이해관계자를 분류하고, 그들의 등급을 부여해서 관리하는 Model

power (힘)
Legitimacy (합법)
Urgency(긴급)
1 2 3 4 5 6 7

1	Dormant	활동이 없는
2	Discretionary	자유재량많음
3	Demanding	요구하는
4	Dominant	우세/지배적인
5	Dangerous	위험한
6	Dependent	의존적인
7	Definitive	완전,가장중요한

"끝"

문142) 지연되는 project에 인력을 더 투입시 오히려 일정이 지연된다는 Brooks' Law에 대해 설명하시오.

답)

1. (Man Month 관리의 신중성) Brooks' Law의 개요

가. project에 인력 추가 투입 시의 설명, Brook's Law의 정의

- 지연되는 project에 인력을 추가 투입하면 오히려 개발 일정이 더 지연된다는 project 일정 관련 법칙.

나. Brook's Law의 근거

- 한명 충원 (D)시 내부의사소통, 교육, 미팅, 인터페이스 복잡성으로 인해 비용이 증가되고 project가 지연되는 현상.

2. Brook's Law의 발생원인 (Graph로 표현)

3. Brook's Law를 방지하기 위한 방안 (현업 실무자)

방안	내용
경험자 충원	해당 Domain에 대해 충분히 이해하는 경험자
분할과 정복	Module 형태로 분할하고 추가 인력에 할당
System 활용	Meeting, 의사소통, Interface는 System 활용
표준 사양화	추가 인력이 투입되기 전 사전교육 이수 후 충원.

"끝"

문143) WBS(Work Breakdown Structure)

답)

1. Project 산출물을 분할한 계층도, WBS 개요

가. WBS(Work Breakdown structure)의 정의

- project 목표를 달성하기 위하여 project 전체 범위(Scope)를 산출물 중심으로 세분화 한 활동 가계도

나. 전체 일정관리, WBS의 특징

산출물 중심	- 명확한 실체가 있는 project 산출물(output)
작업 세분화	- project Scope(범위)를 1~2주 단위로 분할
전후관계 정의	- Activity 간 상호의존성 파악

2. 프로젝트에서 WBS의 위치 & 작성절차

가. project에서 WBS의 위치(역할)

요구사항 수집 → (정제) → SOW 작성 → (세분) → WBS 작성

- 고객(발주기관 등)요구사항을 수집하여 project 범위를 산정한 후 관리가능한 작업단위로 세분화&분할

나. WBS 작성절차 & 구성요소

WBS 작성절차	구성 요소
프로젝트 목적 설정	① Work Package
↓	WBS 최하위 단위
인도물(산출물) 정의	② Code of Account

작업항목 추출	WBS 고유번호체계 (부여)
↓	③ WBS Dictionary
Task 세분화/분해	Work package 상세기술

- WBS 분할 깊이는 project 비용(cost) 및 규모고려, 과도한 분할은 관리 어려움 발생

3. WBS 활용 (분할과 정복)

WBS → 의사소통수단 - Project 인력과 고객 대화창구
WBS → 범위관리 - Activity 순서, 기간등 산정
WBS → 원가관리 - 원가측정 & 예산수립

"끝"

문144) 정보화 사업에서 작업분류체계(WBS, Work Breakdown Structure)를 이용하여 범위 및 일정 등을 관리한다. WBS의 작성원칙, 장점, 일정지연시 만회대책 & 사례에 대해 설명하시오.

답)

1. Project 작업관리 핵심, WBS의 작성원칙과 개념

(예시) 산림재해 → 산불, 산사태, 병해충

정의	- Project의 작업들을 인도물 중심의 관리 가능한 단위로 분할한 작업분류체계

작성원칙		
	100% Rule	전체 작업량과 예산의 합이 100% 일치
	작업단위	자원/일정산정 가능, 내/외부 의사소통 가능한 단위로 분할
	계층구조	상위작업과 하위작업 작업 간의 관계 표현
	일관성	WBS상 작업들이 동일 수준의 세부정보를 가진 일관성
	검토&승인	관리자와 팀원들에 의해 검토되어 승인

2. WBS의 장점 (관리, 의사소통 업무 process 개선)

구분	장점	설명
project 관리	진척관리	전체 Project 진행 진척률 관리 용이
	가시화	비용 일정, 품질, 범위, 작업 파악 용이
	중복 방지	Team 구성원 간 중복되는 업무 사전 방지
	일정, 예산관리	각 작업별 예산 설정 & 전체예산, 일정 관리
의사소통	현황공유	구성원간 업무현황 & 스케줄공유
업무 process	생산성	조직의 생산성 향상
	책임, 위험관리	책임 명확화, 위험관리 통한 성공적 과업이행

3 일정 지연시 관리대책 & 사례

단계	지연원인	사례	관리대책
계획	무리한 일정수립	비현실적 일정 수립	단계적 open
	요구사항 미확정	현업분석부족 & 도출미흡	요구사항 상세화
설계	Legacy 분석미흡	기존운영문서부실 & 분석 미흡	3R 기반 역공학
	설계시간 부족	문서 작업시 많은시간 소요	Agile 방법, 자동화
	복잡한 업무	업무 process 중복 & 복잡	DevOps, 중복제거
	Interface 부족	연동, 연계 정의 누락	디자인패턴, 연계정의
개발	전문성 부족	업무분석부족 & 전문가 부족	숙련가 투입
	개발자 이탈	잦은요구변동, 감정갈등→이탈	갈등관리, 추가인력
	개발 범위초과	개발 범위를 벗어난 개발	PMO/QA 참여
Test	수작업 Test	수작업시 Test지연 & 오류	Test Automation
	테스트품질저하	수작업, 오류과다, 기능변경	TDD 도입

- 개발 단계 일정 지연을 위한 방안으로는 Crashing, Fast Tracking 방법을 활용하여 일정 단축 가능

"끝"

문145) WBS(Work Breakdown Structure)의 특징, 유형, Activity의 선/후행 의존관계 설정 방법에 대해 설명하시오

답)

1. 개발 납기 준수 방안(일정관리), WBS의 개요.

가. WBS(Work Breakdown structure)의 정의.

- project Goal(목표)를 달성하고 필요한 인도물을 산출하기 위해 project Team이 수행할 Activity (Action Item)를 인도물 중심으로 분할한 계층 구조 체계.

나. WBS의 특징

항목	설명
산출물 중심	업무 범위(Scope)를 통제/관리하기 위한 명확한 실체를 갖는 산출물 중심
관리 가능 Workpackage	정확한 계획수립, 작업성과를 통제, WBS 최하위단위, project에 따른 적절기간으로 분할
세분화	project 수행 인원이 보통 1주 단위로 처리할 수 있는 Activity로 세분화(분할후 정복)
전후관계 정의	각 WBS별 선후및 의존성 연관관계의 파악이 가능하며 영역 정의 가능

2. WBS(work Breakdown structure)의 유형과분할

가. WBS의 유형

절 차	설 명	WBS 예

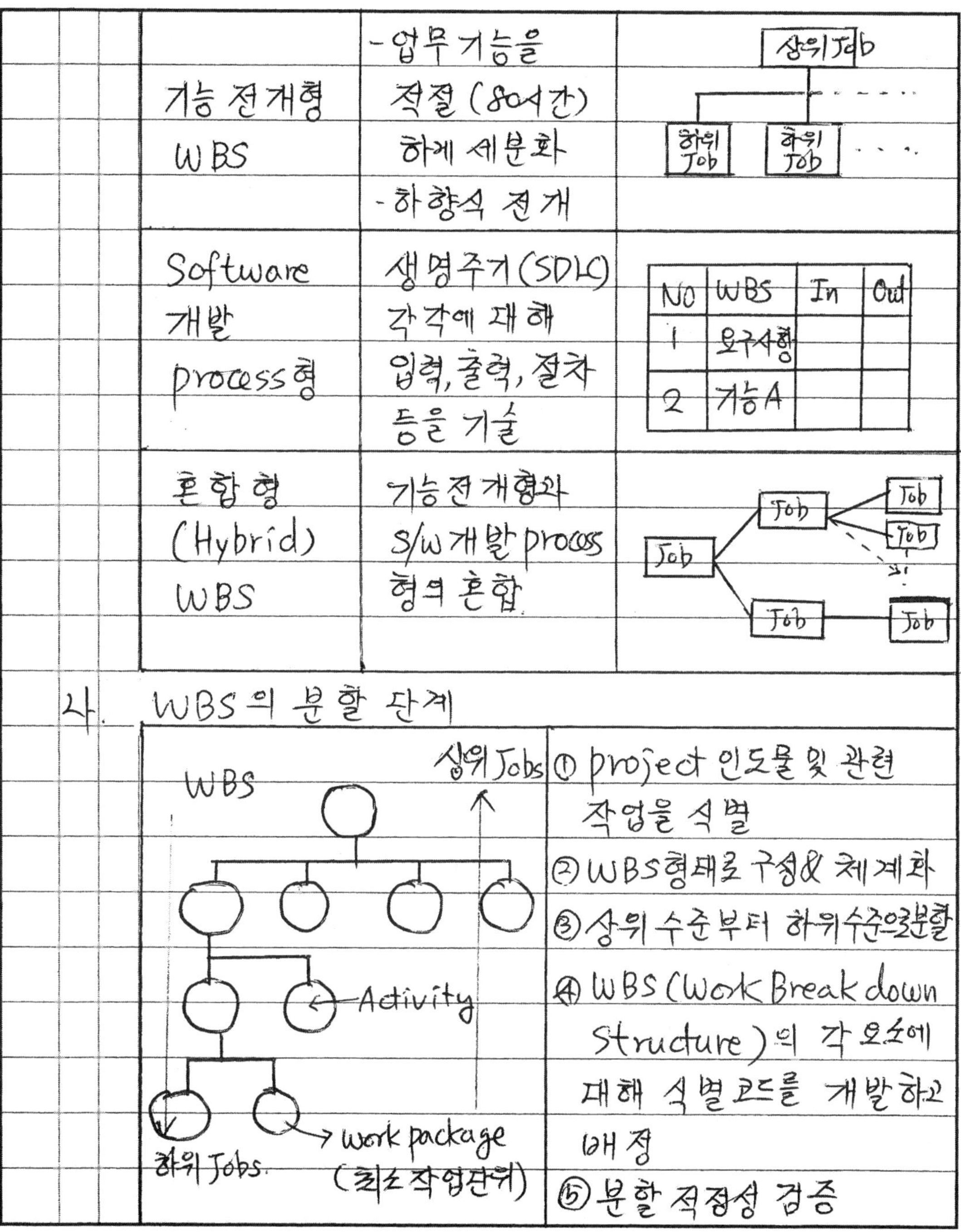

유형	설명	예시
기능 전개형 WBS	- 업무 기능을 적절(80시간)하게 세분화 - 하향식 전개	상위 Job 하위 Job, 하위 Job ...
Software 개발 process형	생명주기(SDLC) 각각에 대해 입력, 출력, 절차 등을 기술	NO / WBS / In / Out 1 / 요구사항 2 / 기능A
혼합형 (Hybrid) WBS	기능전개형과 S/W 개발 process 형의 혼합	Job → Job → Job, Job Job → Job → Job

나. WBS의 분할 단계

① project 인도물 및 관련 작업을 식별

② WBS형태로 구성 & 체계화

③ 상위 수준부터 하위수준으로 분할

④ WBS(Work Break down Structure)의 각 요소에 대해 식별코드를 개발하고 배정

⑤ 분할 적정성 검증

3. WBS의 (activity들의) 선/후행 관계 설정 방법과 입력 예

가. Activity 관계 설정 방법

- F: Finish(완료), S: Start(시작)

방법	내용	관계
FS	선행작업이 완료된 후 시작 (Default)	→ activity A 완료, 시작 B ←Activity
FF	선행작업과 동시에 완료	→ Activity A 완료, B
SS	선행작업과 동시에 시작	→ A, B 시작
SF	선행작업이 시작된 후 완료	→ A, B

- 상기 4가지 방법 선택, 연결 사용 가능, SS, SF 사용시 Critical path가 표시(활성화)하기 어려움.

4. 현업에서 WBS 사용 예

No	작업이름	완료율	기간	시작날짜	완료날짜	선행작업	후속작업
1	A	100%	2일	3/2일	3/3일	고정	2
2	B	50%	3일	3/5일	3/7일	1FS+1	3
3	C	0%	1일	3/8일	3/8일	2FS	-

- 휴일 미고려 카렌더 사용시, 1FS+1 → 3/5일 start

4. WBS(Work Breakdown Structure) 장점.

장점(기능)	내용
Gantt	기본보기, 모든 Activity들을 볼수 있음.
중요시점보기	Milestone 내의 중요시점 설정한 Activity 따로관리
Critical path 보기	Critical path(project의 일정에 직접적으로 영향 미침)의 작업들만 볼수 있음.
초기계획과 비교	초기 등록(Reversion)된 계획 일정과 현재 진행 과정에 실행 일정과 비교하여 일정 Gap관리
자원 배정 현황	자원(Resource)들의 일자별 배정된 업무를 볼수 있고. 진척사항, 진행을 파악가능

- 진행율 파악가능, 보여주기 WBS가 아닌 PM이 의사소통 도구로 활용해야 효과적임.

"끝"

문146) Project 일정관리에서 임계 경로(Critical path)의 의미를 설명하고, 다음의 CPM (Critical path Method) Network에서 임계 경로를 찾으시오.

작업	선행 작업	소요시간
가	없음	8
나	가	10
다	가	5
라	없음	3
마	없음	7
바	나	2
사	다, 라	1
아	마	6
자	바, 사, 아	4

답)

1. 임계 경로(Critical path)의 정의 - 작업의 Activity 경로에 있는 어떤 작업이라도 늦추어지면 (지연되면) 전체 Project 일정 지연이 발생하는 path.
- PM은 다른 작업보다 Critical path를 중점 관리 필요

CPM (Critical path Network)의 정의
- 노드(Node)와 간선 (Edge)로 구성된 N/W.

소작업 (작업이름) 몇일로시&시간 과 [이정표] (중간점검) 로 구성됨

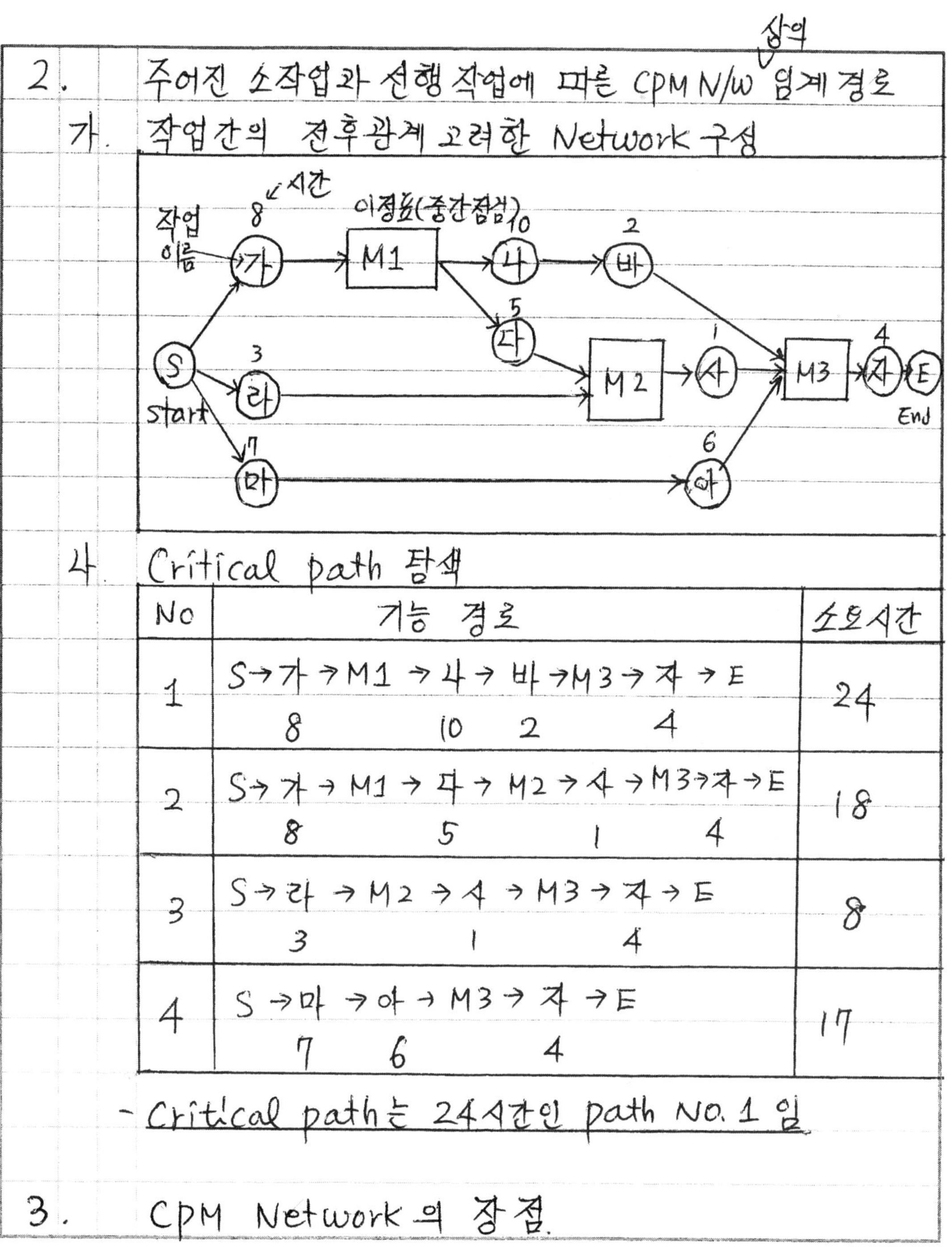

2. 주어진 소작업과 선행 작업에 따른 CPM N/W 상의 임계 경로

가. 작업간의 전후관계 고려한 Network 구성

나. Critical path 탐색

No	기능 경로	소요시간
1	S→가→M1→나→바→M3→자→E 8 10 2 4	24
2	S→가→M1→다→M2→사→M3→자→E 8 5 1 4	18
3	S→라→M2→사→M3→자→E 3 1 4	8
4	S→마→아→M3→자→E 7 6 4	17

- Critical path는 24시간인 path No. 1 임

3. CPM Network의 장점.

항목	내용
plan	project 일정 수립에 도움.
작업 관계	project 작업 사이 관계 파악. Critical path 관리
병행 작업	효율적인 진행을 위해 병행 작업에 자원 할당
Simulation	다른 일정 계획안을 시뮬레이션 가능
Management	전체 일정을 점검하고 관리 가능
자원 투입	Fast Tracking, Crashing
주간보고	주간보고서 의사소통 수단으로 활용

"끝"

문147) Project 일정관리에서 임계 경로(Critical path)의 의미를 설명하고, 다음의 CPM(Critical path Method) Network에서 임계 경로를 찾으시오.

작업	선행 작업	소요시간
가	없음	8
나	가	10
다	가	5
라	없음	3
마	없음	7
바	나	2
사	다, 라	1
아	마	6
자	바, 사, 아	4

답)

1. CPM(Critical path Method)의 개요

가. CPM의 정의

선도(lead), 지연(Lag), 작업간의 전후관계, 기간등을 반영해서 각 활동에 대한 착수 예정일과 종료 예정일을 계산하는 1점 산정 기법

나. CPM에서의 Scheduling 방법

방법	내용
Forward Scheduling	- project 시작일을 기준 작업 기간 - 작업 간의 연관관계를 통해 예상종료일도출

lead: 선행작업 종료 전에 후행작업을 미리시작 (선행완료 2일전)
lag: 〃 완료후 후속작업이 시작되지 않는기간 (선행완료후 2일후)
(후행)

Forward Scheduling	ES	Earliest Start time -어떤 Activity가 가장 빨리 시작 가능한 시간
	EF	Earliest Finish time -어떤 Activity가 가장 빨리 종료 가능한 시간
Backward Scheduling	-project 종료일 기준 작업 기간 -작업간 연관관계를 통해 시작일 도출	
	LS	Latest start time 「시작 가능한 시간 -어떤 Activity가 일정에 영향없이 가장 늦게
	LF	Latest Finish time 「종료 가능한 시간 -어떤 Activity가 일정에 영향없이 가장 늦게

2. Critical path의 개요.

가. (Critical path의 정의) -여유시간(Float)이 "0"인 활동으로 연결된 path, 즉 여유시간이 없음.

-(Float) project 납기에 영향을 주지 않고 해당 활동에 주어진 여유시간. Float = LS-ES = LF-EF

나. Float의 계산 예 (기간이 시간인 경우)

0 3(EF-ES) 3

ES	기간	EF
작업 이름		
LS	여유시간	LF

2 2 5

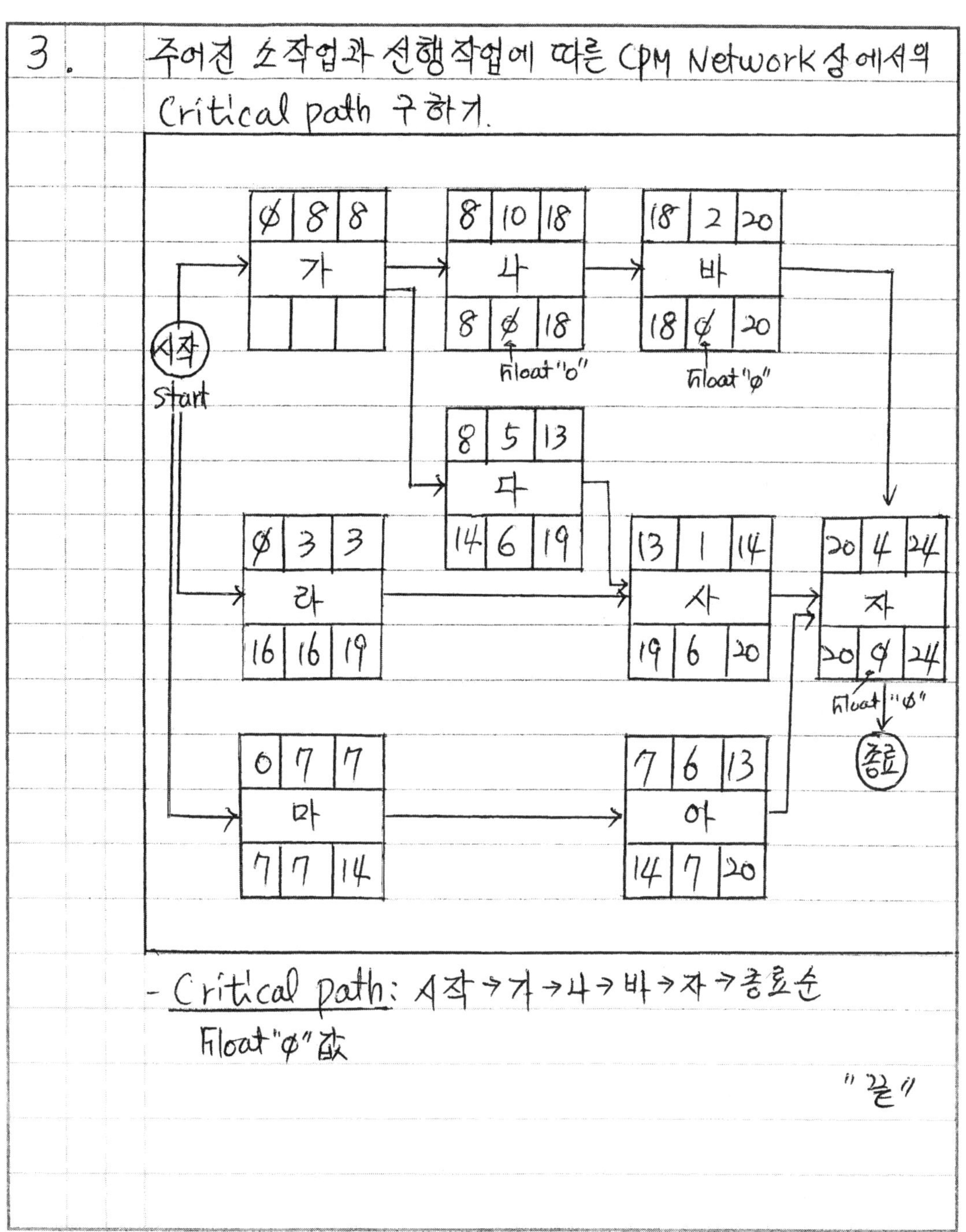
3. 주어진 소작업과 선행작업에 따른 CPM Network상에서의 Critical path 구하기.
시작
Start
∅ 8 8
가
8 10 18
나
8 ∅ 18
Float "0"
18 2 20
바
18 ∅ 20
Float "∅"
8 5 13
다
14 6 19
∅ 3 3
라
16 16 19
13 1 14
사
19 6 20
20 4 24
자
20 ∅ 24
Float "∅"
종료
0 7 7
마
7 7 14
7 6 13
아
14 7 20
- Critical path: 시작 → 가 → 나 → 바 → 자 → 종료순
Float "∅"값
"끝"

문148) Software의 분리 발주와 분할 발주에 대해 설명하시오.

답)

1. Software사업의 품질향상과 경쟁력제고, S/W분리발주개요

가. S/W의 공정한 기술경쟁력 강화, S/W분리발주의 정의

- H/W, S/W, F/W 및 System 통합등을 대형 SI 업체 위주로 일괄 계약하지 않고 각각 구분하여 우수중소업체에 발주하고 계약하는 형태(중소기업 S/W 산업 육성)

나. S/W 발주 사업 제도의 주요 이슈 사항

주요 이슈 사항	설 명
통일된 기준의 문제	분리 발주 Guideline이 실행되고 있지만 효용성 & 실행의 문제점 내포
단순 가격의 입찰 방식	공개 입찰 방식 대신 단순입찰, 무한경쟁 입찰 방식의 필요성 대두
불합리한 하도급 관행	대형 SI 업체의 불합리한 하도급 관행 여전, 횡포 존재, 합리화 필요성
중소기업의 SW장려 미비	우수 중소업체가 배제된 지속적인 거래업체만 S/W수주하는 경향
공정한 업체 참여 유도 필요성	S/W업체의 참여기회 확대, 공정한 기술 경쟁 기회 확대

2. S/W 분리 발주 유형 및 단계별 Guideline

가 Software 분리 발주의 유형

유형	분리발주 방법	적용 효과
H/W와 F/W, S/W의 분리발주	① 시스템 구축에 필요한 H/W 부문을 제외하고 S/W 전체 부문을 별도의 발주 절차를 통해 공식적으로 구매 ② 공공 SI 사업의 특성상 제도 적용이 가장 용이	- Infra. 구축 위주 사업분야에 효과적 - 범정부 통합 전산 Center 구축 사업등에 효과
패키지 Software 분리발주	① S/W 부문을 패키지 S/W와 S/W 개발사업으로 분리 발주 ② 중소 S/W 업체의 경쟁력 향상 방안으로 인식됨	- 패키지 / 시스템 SW 위주의 사업 분야에 적용시 효과 발생
S/W 개발 부문 분리 발주	① S/W 개발사업을 다시 기능적으로 분리하는 방법으로 전체시스템을 Sub System 등으로 분리하여 발주 ② SI 업체의 전문성을 고려하여, 업체 의존성을 최소화	- S/W 개발 규모가 크고 업종 전문성/구축 경험을 요구하는 사업에 효과적

4 S/W 분리 발주의 단계별 Guideline

단계	내용	고려 사항
발주 준비 단계	- 발주 계획서 작성, HW, SW 및 서비스의 요구사항을 충분히 검토(Inspection)함	발주기관은 정보 전략계획(ISP) 수립을 적극활용함

단계	내용	비고
발주 준비	S/W 사업관련 ISP, 개발, 운영, 유지보수 사업의 추진방향과 요구사항을 상세화함	발주기관은 요구사항을 면밀히 검토
RFP준비	발주사업 유형, 사업관리 전략, 지원방안/전략, 비용등 S/W 사업의 총괄적인 요구사항 정의	체결시 사업범위와 책임(R&R) 구체적으로 명시
계약	발주자는 사전수립된 제안서 평가기준으로 공급자 선정 기준 및 절차 진행, 평가 및 공급자선정	분리 발주된 SW 별로 각각 입찰함
공급자 관리	- 발주자는 공급자 관리위해 사업 수행 계획서를 검토하고 승인. - 이행 여부 점검(수시로 확인)	진행상황관리 차원에서 업무수행 과정을 Share.
인수및 종료	- 발주계획서 기준으로 정의한 준비, 계획 수립, 산출물등을 인수하고 사업을 종료함(산출물 System에 등록)	분리 발주된 SW는 전체 SW사업과 연계하여 검증
유지보수	사용자의 유지보수 요구사항에 대해 계획수립, 유지보수할 항목, 수정사항 집중, 결과 검토 진행	유지보수 계약은 SW 단위별로 추진, 적정 대가 선정함.

3. Software 분할발주와 분리 발주와의 비교

가. 진행 단계별, process별 분할, 분할발주의 정의

- 고도의 기술력 및 창의력을 요구하는 설계와 단순 개발 업무가

분리될수 있도록 project 발주 자체를 process별로 분할, 나누어서 진행하는 제도.

- 전체 project에서 SW만을 분리해 발주하도록 한 분리 발주제도와 구분해서 사용하는 개념.

4. Software 분할발주와 분리발주의 비교

구분	분리 발주	분할 발주
주요 내용	① SW분리 발주 활성화를 위한 컨설팅 지원 체계 구축 ② 신뢰성 있는 SW 제품정보 제공 ③ S/W분리 발주 교육 고도화	① 개발자가 비용산정 ② process별 (기능, 단계) 발주하여 가격의 불확실성 제거(업무량산정)
목적	① S/W 산업의 체질 개선 도모 ② S/W 시장 활성화 제고 ③ S/W의 시장 경쟁력 강화	- S/W 산업 구조의 선진화.
단점	- 통합 및 연계에 대한 문제점. (Interface) - 책임소재 불명확, 책임모호.	- 설계와 개발 모호.

"끝"

Process와 Product 검증에 대한 국제표준

S/W 개발 과정에 적용될 국제표준으로 ISO/IEC 14598, 9126, 21500, 12207, 25000, 26262, 12119, 20000, 15504(SPICE), CMM, GS인증 등에 대한 부분을 이해 위주로 학습할 수 있도록 기술하였습니다. [관련 토픽 - 15개]

문149) S/W 생명주기 모형, S/W 개발방법론과 S/W Process 평가 및 개선 모델 간의 관계에 대해 도식하고 설명하시오

답)

1. S/W Quality 확보 위한 process의 개요

가. 고품질 S/W 생산 → 경영이익 기여, S/W 품질 Process의 정의

- S/W 및 관련 산출물을 개발하고 유지보수를 하기 위해 사용하는 일련의 활동, 방법, 실무&수정, 재검토 등의 활동

나. Software 품질 Process의 중요성

- 품질 process가 S/W 품질 Issue Zero화에 기여
- 요구사항 반영부터 Release(배포)까지 전 SDLC 과정에 기여

2. S/W 생명주기 모형, 방법론과 S/W Process 평가 개선 모델

- S/W 개발 Process와 평가 개선 Process

3. Software Process Model의 유형

유형	설명
ISO-9001	조직의 System이 제대로 구축되어야 제품도 품질을 달성할수 있다는 취지의 국제인증모델
ISO/IEC 12207	체계적인 S/W 획득, 공급, 개발, 운영 & 유지보수를 위해서 S/W 생명주기공정(SDLC)을 표준화
ISO/IEC 15504	- ISO/IEC 12207 표준에서 보완 - Software Process에 대한 개선 & 능력(Capability) 측정기준을 제시함

"끝"

문150) Software 품질 향상을 위한 국제 표준의 상호 관계도를 도식화 하시오.

답)

1. Process와 product의 품질 평가 비교 및 S/W 품질의 정의

가. Software Quality (S/W 품질)의 정의

- S/W 개발과정과 양산까지에 적용된 process나 product에 대한 명시적 또는 묵시적 요구를 만족시키는지의 여부검증.

나. process와 product의 비교

구분	product	process
목적	제품자체 품질 평가	SW process 향상
관리	기능성/신뢰성/사용성 등	프로세스 성숙도 향상, 표준
중점	Test, Metric, FTR	프로세스 정의, 개선, 지속
장점	제품연관, 전문가 판단객관화	측정 장기, 다양한 제품 적용
단점	측정장기, 최신기술/버전문제	제품 무관, 소기업 도입문제
표준 종류	ISO9126, 14598, 12119, ISO25000, GS인증	ISO12207/CMMI/SPICE, PSP, TSP, SPCK-Model)

2. 품질 경영(Quality Management)과 국제 표준의 상호관계도

가. Quality Management (ISO-9000 시리즈)

9001 (제조)	설계/개발/생산/설치/서비스의 품질 보증 모델
9002	설치/서비스 품질보증 모델
9003	최종검사/시험 품질 보증 모델
9004	품질 경영 및 품질 시스템 요소에 대한 지침.

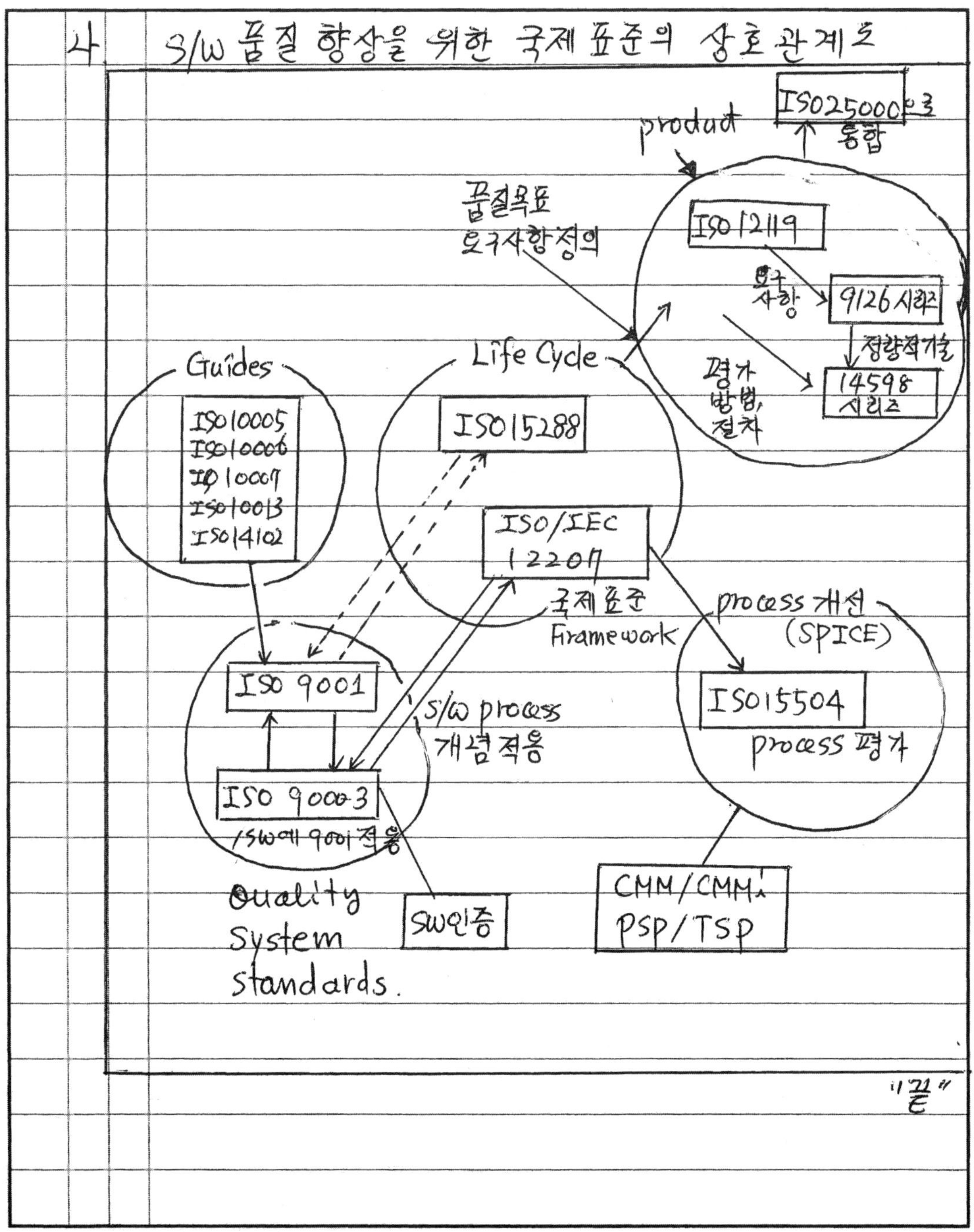
사. S/W 품질 향상을 위한 국제표준의 상호관계도
product
ISO25000으로 통합
품질목표 요구사항정의
ISO12119
요구사항
9126 시리즈
정량적기술
평가 방법, 절차
14598 시리즈
Guides
ISO10005
ISO10006
ISO10007
ISO10013
ISO14102
Life Cycle
ISO15288
ISO/IEC 12207
국제표준 Framework
process 개선 (SPICE)
ISO15504
process 평가
ISO 9001
S/W process 개념적용
ISO 9000-3
/SW에 9001 적용
Quality System standards.
SW인증
CMM/CMMi
PSP/TSP
"끝"

문151) Software의 개발과 양산 그리고 유지보수 과정에서 사용되는 품질 향상을 위한 국제 표준에 대해 설명하시오.

답)

1. S/W의 개발과 양산 그리고 유지보수 과정의 설명

기획	개발자	평가자/제조자	품질부서
요구사항 →	개발 →	양산 —	유지보수
IEEE SRS-830 (요구사항 작성명세서)	process →	product (S/W 양산후 제품)	S/W 서비스관리 Service

project 관리 →

2. S/W에 관련된 국제 표준

구분	표준	설명
S/W 요구사항	IEEE SRS-830	S/W 요구사항 Guide line(작성방법)
S/W process 품질 -SDLC 과정	ISO-12207	-S/W Life cycle process. -SDLC를 기본, 지원, 조직 process로 구분
	ISO-15504 (SPICE)	-process 표준 모델, 개발/지원/조직 등의 계획, 통제, 개선 process
	ISO-15288	system 생명주기 process
	CMMi	process 표준 모델(사실상 표준)
S/W product(제품) 품질 -제품평가	ISO-9126	품질 주/부특성 & 측정(수치) 기준제시
	ISO-14598	ISO 9126에 따른 제품 평가기준 -반복성, 공정성, 객관성, 재사용성
	ISO-12119	package S/W 품질 요구사항 및 시험

SPICE - S/W process Improvement & Capability dEtermination.

S/W	ISO-25000	SQuaRE, S/W 제품평가위한 표준
product	GOOD S/W	정보통신기술협회 산하 S/W 시험센터 주관
-제품평가	ISO-26262	자동차 기능안전성 (S/W Level 포함)
S/W	ITIL	IT 서비스관리 Best practice
서비스관리	eSCM	IT 아웃소싱 품질개선 Model
S/W	PMBOK	사실상 표준, 착수/계획/실행/감시통제/종료
project관리	ISO-21500	Dejure(법적)표준
(S/W 개발)		착수→계획→구현→통제→종료
품질	ISO-9000시리즈	품질경영과 품질보증에 관한 국제표준
경영	6시그마	백만개 제품중 5~6개 오류목표 관리
S/W 규모	ISO14143	Function Point, S/W 품질메트릭스
보안관리	BS7799	ISMS: 정보 보안관리 System
	ISO17799	BS7799 part1, 정보보안관리
	ISO27001	BS7799 part2 기반, 수립, 이행, 관리표준
S/W 개발 성능	PSP	S/W 개발성능 up위한 개발자 수칙
	TSP	S/W Team이 지켜야할 process

"끝"

- PSP: personal S/W process
- TSP: Team S/W process

문152) ISO/IEC 14598-1에 정의한 Software 제품평가(Software product Evaluation)에 대하여 설명하시오.

답)

1. Software 제품평가에 대한 국제표준, ISO14598 개요

가. ISO14598의 정의: S/W 개발과정 또는 개발된 제품 형태의 SW 품질을 객관적으로 측정하고 평가하는 과정으로 S/W 제품평가에 대한 국제 표준.

나. ISO14598의 특징

반복성(Repeatability) - 하나의 제품에 동일한 사양에 따라 평가했을때 동일한 결과가 도출되어야 함.(동일 평가자)

재현 가능성(Reproducibility) - 하나의 제품에 대해 다른 평가자가 동일한 사양으로 측정했을때 동일한 결과가 도출되어야 함.

공평성(Impartiality) - 평가가 특정결과에 편향되지 않음, 즉 목적의식을 갖고 평가결과를 임의로 유도하여서는 안됨.

객관성(Objectivity) - 평가 결과가 평가자의 감정이나 사견에 의해 영향을 받지 않아야 함. ISO 9126 시리즈에 규정한 표준준수

2. ISO 14598의 구성요소 및 ISO 9126 과의 관계

가. ISO/IEC 14598의 구성요소

구성요소	내용	비고
ISO14598-1	part1 : General overview, 표준에 대한 일반적인 개요	- 개요.

ISO14598-2 part2	Planning & Management -제품품질측정계획&구현, 제품평가기능관리	평가에 대한 계획 & 관리
ISO14598-3 part3	-Process for Developers 대응 -개발자의 SW제품 평가활동, 개발단계준수	제품의 품질 예측, 품질지표
ISO14598-4 part4	-process for Acquirers -획득자의 S/w 제품 평가 활동, SW 구매, 기존SW 수정 평가	제품선정, 인수 지표.
part5	평가자의 SW 제품 평가 활동	독자적 평가수행
part6	- Documentation of Evaluation Module - 평가 자료와 명령의 구조적 집합, 평가 Module 문서화	평가 모듈, 문서화 지침.

사. ISO14598 관계 도식도

Resource& Environment	Evaluation process	S/w product		Effect of the s/w Product
↑	↑	↑	↑	↑
Evaluation support	Evaluation process	Internal Metrics	External Metrics	Quality in use Metrics
14598-1 : 일반개요				
	14598-3	9126-1 : 품질특성&부특성		
14598-2	14598-4	9126-3	9126-2	9126-4
14598-6	14598-5			

- 14598-1에서는 ISO14598 평가 항목과 ISO 9126 평가 항목을 포괄함.

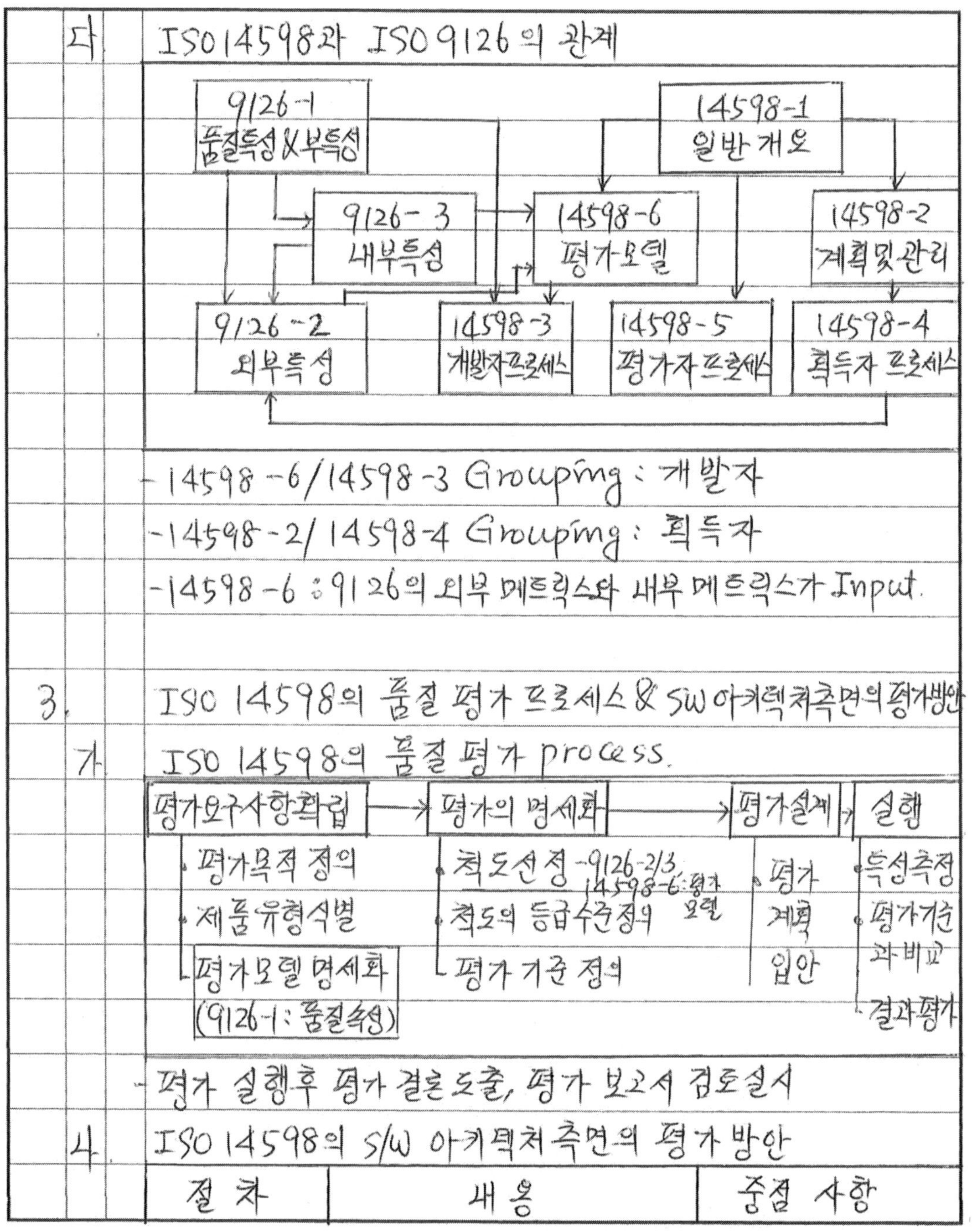
다. ISO14598과 ISO9126의 관계
9126-1 품질특성&부특성
14598-1 일반개요
9126-3 내부특성
14598-6 평가모델
14598-2 계획및관리
9126-2 외부특성
14598-3 개발자프로세스
14598-5 평가자프로세스
14598-4 획득자 프로세스
-14598-6/14598-3 Grouping : 개발자
-14598-2/14598-4 Grouping : 획득자
-14598-6 : 9126의 외부 메트릭스와 내부 메트릭스가 Input.
3. ISO 14598의 품질 평가 프로세스 & SW 아키텍처측면의 평가방안
가. ISO 14598의 품질 평가 process.
평가요구사항확립
평가의 명세화
평가설계
실행
평가목적 정의
제품유형식별
평가모델 명세화 (9126-1 : 품질속성)
척도선정 -9126-2/3, 14598-6 : 평가모델
척도의 등급수준정의
평가 기준 정의
평가 계획 입안
특성측정
평가기준과 비교
결과평가
-평가 실행후 평가 결론도출, 평가 보고서 검토실시
4. ISO 14598의 S/W 아키텍처측면의 평가 방안
절차
내용
중점 사항

품질속성 도출	기능/비기능적 요구사항 반영	비기능: 보안, QoS, 성능
시나리오 작성	품질속성 검증위한 시나리오	요구사항중심 도출
Test	도출된 시나리오 기반 Test	비기능품질속성검증
평가	ATAM 모형을 이용한 Test 결과에 대한 평가수행	평가 실시.

4. ISO 14598의 도입효과 및 향후 필요 Action Item

가. ISO 14598의 도입 효과

구분	도입 효과
개발자측면	S/W 품질지표로 사용, 고품질 S/W 개발
소비자 측면	품질지표를 통해 제품선정 & 구매의 의사결정 용이
유통체계	구매자와 소비자간의 의사소통 도구로 활용

나. 향후 Action Item

- S/W 품질보증기술력 강화와 표준 개발 위한 노력 필요.
- 국내 표준 제정 포함 및 국제 표준화 활동 적극 참여.
- S/W process 개선 및 품질 시스템 도입, 표준화 전문가 양성
- S/W 품질, 생산성 확보의 중요성 증대로 표준 활동도의 중요성 인식 확산.

"끝"

문153) ISO/IEC 9126 품질 모델(Quality Model)에 대해 설명하시오.

답)

1. S/W 품질특성 및 평가척도에 관한 표준, ISO 9126의 개요

가. 사용자 관점에서 본 S/W 품질 특성 표준, ISO 9126의 정의

- Software 제품 품질을 내/외부적, 사용자 관점에서 측정하기 위한 품질특성과 품질 평가의 Metric(측량)을 정의한 표준

나. ISO/IEC 9126의 특성

특성	내용
정량적 S/W 품질	S/W 제품에 요구되는 품질을 정량(수치)적으로 평가
세분화된 품질목표	6개의 품질특성, 21개의 부품질 특성
평가 지침	사용자, 평가자, 시험자, 개발자가 평가위한 지침

2. ISO 9126의 구성도와 구성 요소

가. ISO 9126의 구성도

ISO 9126-1 (9126의 개요, 정의)
SW 제품 인터페이스(사용자와)
SW 제품
사용자
ISO 9126-4 사용자 사용중품질
ISO 9126-3 (내부 Metric : Source Code)
ISO 9126-2 (외부 Metric : 실행파일)
.APK, .EXE

4. ISO/IEC 9126의 구성요소

구분	정의 요소	설 명
ISO 9126-1	품질특성 6항목	-전체적인 S/W 품질 평가에 대한 설명
	부특성 21항목	-S/W 제품 품질을 정의하고 평가 방안수립
ISO 9126-2	외부 Metric	-S/W 최종 제품에 대한 완성도 평가. -사용자및 관리자 관점.
ISO 9126-3	내부 Metric	-S/W 개발단계에서 요구사항과 적용된 항목평가, Source code 사용
ISO 9126-4	사용자 사용중 품질	-사용중 S/W 품질특성을 만족하는지여부 --사용되는 S/W 환경에서 측정.

3. ISO 9126의 품질특성과 품질특성간의 상호관계

가. ISO 9126의 품질특성 (주특성-6, 부특성-21 항목)

주특성	부특성	설 명
기능성 (요구사항이 만족되는 기능)	적합성	적절한기능 제공(사용자 목적에적합)
	정확성	결과를 정확히 제공
	상호운용성	하나 이상의 시스템과 상호작용
	보안성	접근제어 (Access Control) 기능
신뢰성 (규정조건에서 규정된 성능수준)	성숙성	S/W 결함(Fault) Zero화
	결함허용성	결함발생에도 정의된 성능수준유지
	회복성 (Recoverability)	결함 발생 시라도 성능수준과 Data를 복구하는 능력

사용성	이해성	S/W 적합성, Easy 이해(사용방법)
(쉽게 이해,	학습성	사용자가 사용법 자율 학습
호감)	운용성	S/W 운영하고 제어
	호감성	선호할 수 있는 S/W
효율성	시간 반응성	기능수행시 적절한 반응 & 처리 시간
(요구성능제공)	자원 효율성	기능수행시 적절한 양의 자원사용
유지보수성	분석성	고장원인에 대한 해결 능력(진단)
(S/W 수정,	변경성	정의된 변경점이 구현 가능
개선등 변경	안전성	변경으로 인한 예상치 않은 결과최소화
가능)	시험성	S/W 변경이 검증될수 있어야 함.
이식성	적응성	다른 환경에도 사용 가능.
(다른환경에서	설치성	명시된 환경에서 설치후 사용
사용될수	상호공존성	공동환경에서 타 S/W와 공존
있는 능력)	대체성	다른 S/W 제품을 대신 가능

4. ISO 9126 품질특성 상호관계

사용자 관점

상호배타효과
기능성↑ → 효율성↓
효율성↑ → 이식성↓

기능성
신뢰성
사용성
효율성
유지보수성
이식성

상호증진효과
기능성↑ → 사용성↑
유지보수성↑ → 이식성↑

개발자 관점

낮음 고객의 체감불만 정도 높음

4. ISO9126의 활용과 전망

구분	설명
활용	- 기업 내부 System 구축시 품질평가 기준 자료로 사용
	- 도입 S/W 패키지의 품질 평가시 평가측정 기준으로 활용
	- 정보 System 감리 process의 표준화 개념으로 도입
전망	- 감리 필요성 확대 → S/W 품질에 대한 명확한 기준 제시
	- S/W 제품의 고품질 생산은 지속적인 노력 필요
	- CMMi와 SPICE등을 도입 → process 능력 개선 필요

"끝"

문154) ISO21500에 대해 설명하시오.

답)

1. ISO21500의 정의와 특징

가. (ISO21500의 정의) - 2007년 영국표준협회(BSI)가 국제적인 project 관리에 대한 원칙과 절차를 정립하기 위해 국제 표준화 기구(ISO)에 제안한 project 관리 국제표준

나. ISO21500의 특징

- Global 입찰 참여용이, 표준기반의 Communication 원활화, 계약이슈/용어 표준화, 혼재된 project 관리 표준, 건설, 조선, 엔지니어링, IT 업체 참여

2. ISO21500와 PMBOK의 process 단계의 차이점

ISO21500	PMBOK
구현, 기획, process 수행, 통제, 계획, 착수, 종료	차이점, 실행, 기획, process 수행, 감시& 통제, 계획, 착수, 종료

- PMBOK의 실행, 감시&통제 process가 ISO21500에서는 좀더 구체적인 내용으로 구현, 통제로 변경됨.

3. ISO 21500과 PMBOK의 비교

구분	ISO21500	PMBOK
표준화기관	ISO(국제표준기구)	미국 PMI

표준 구분	De Jure 표준	De facto(사실상) 표준
지식 영역	10개. (통합, 이해관계자, 범위, 비용, 일정, 품질, 자원, 의사소통, 위험, 조달)	10개(통합, 범위, 비용, 품질, 인력, 의사소통, 위험, 조달, 이해관계자)
process 구분	착수 → 계획 → 구현 → 통제 → 종료	착수 → 계획 → 실행 → 감시&통제 → 종료
제정 일자	2012/9/30일 공식 표준 제정	2012/12/31일 5판 발행

- ISO21500은 국제 project 수행의 효율성을 높여줄 GuideLine으로 국제 입찰시 적용될 가능성 존재.

"끝"

문155) ISO-12207의 구성과 구성에 따른 세부 내용을 설명하시오

답)

1. Software process에 대한 표준, ISO-12207의 개요.

가. S/W 생명주기 process, ISO-12207의 정의

- 체계적인 S/W의 획득, 공급, 개발, 운영 및 유지보수를 위해 SDLC 표준을 제공, S/W 실무자들이 개발&관리에 동일한 표준언어로 의사소통할 수 있는 Baseline(기준) 제공 process.

나. ISO-12207의 필요성

S/W process 평가모델 필요	S/W 규모 거대화, 다양한 요구사항	SDLC의 공학적 접근	How가 아닌 what 정의 필요

- SDLC 과정의 process 표준 정립의 필요성

2. ISO-12207의 구성 및 구성 내용

가. ISO-12207의 구성 (3개의 생명주기, 17개 프로세스, 74개의 activity)

process	관점	세부프로세스	내용
기본 생명주기 process	계약 관점	획득 process(발주자)	착수 → 제안서 요청 준비 → 계약 준비 및 개정 → 공급자 감독 → 인수&종료
		공급 process(수주자)	착수 → 응답준비 → 계약 → 계획 → 실행 및 통제 → 검토&평가 → 인도&종료

생명주기	관점	process	내용
기본 생명주기 process	공학 관점	개발프로세스	프로세스구현, S/W설치, S/W인수지원
			요구사항분석, 설계, 통합, 시험
			S/W Coding 및 Test
		유지보수	착수>문제/수정분석, 유지보수, SW폐기
	운영관점	운영 process	process구현, 시험(운영), 시스템운영
지원 생명주기 프로세스	품질 경영 관점	품질보증	요구사항에 적합하게 Action 보증
		검증	Software 제품 검증
		확인	Validation (요구사항 확인)
		합동검토	Joint Review, 관련 담당자회의
		감사	Audit, 요구사항/계획/계약 적합성검토
		문서화	SDLC과정의 산출물 기록 활동
		형상관리	산출물 검토→System 등록.
		문제해결	부적합 사항 분석 및 해결 process 정의
조직 생명주기 process	관리 관점	관리프로세스	착수/범위정의, 계획, 통제, 검토,종료
		개선프로세스	process확립/평가/개선
		기반구조/훈련	모의실험, System, S/W 운영

4. ISO 12207의 구성 내용 (요약) - 3개 생명주기, 17개 프로세스

process	내용
기본생명주기	획득 process, 공급프로세스(수주자)
	개발 process, 운영/유지보수 프로세스
지원 생명주기	품질보증, 확인, 동료검토, 감사, 문서화. 형상관리
조직 생명주기	관리/기반구조/훈련/개선 process.

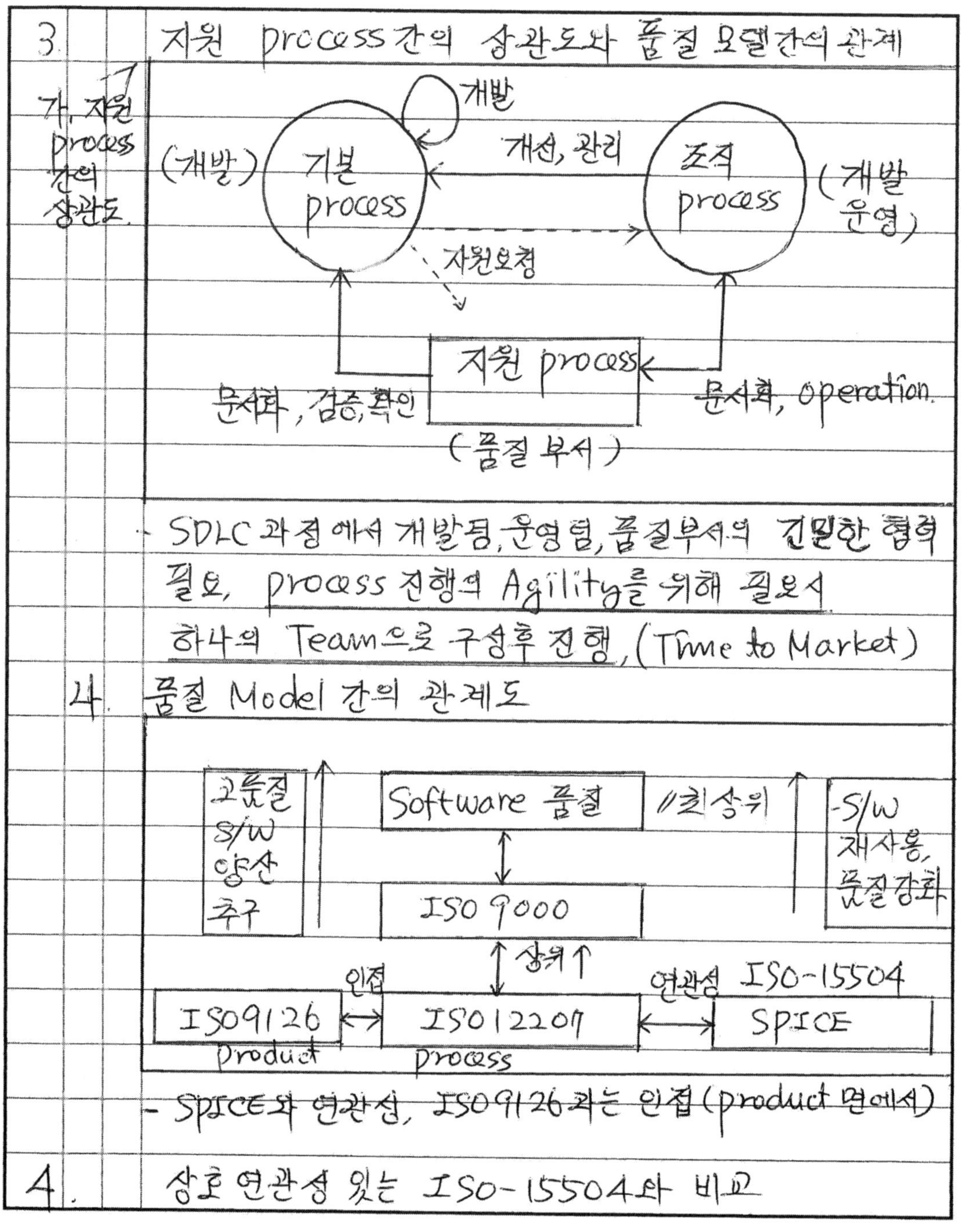

3. 지원 process간의 상관도와 품질 모델간의 관계

가. 지원 process 간의 상관도

- SDLC 과정에서 개발팀, 운영팀, 품질부서의 긴밀한 협력 필요, process 진행의 Agility를 위해 필요시 하나의 Team으로 구성후 진행, (Time to Market)

나. 품질 Model 간의 관계도

- SPICE와 연관성, ISO9126과는 인접(product 면에서)

4. 상호 연관성 있는 ISO-15504와 비교

항목	ISO12207	SPICE(ISO15504)
개념	SDLC process 표준	Process 평가/개선
Baseline	Baseline 제공	Baseline 이용(활용)
수준	상위 수준의 정의	일반인이 적용할 수준
내용	개괄적 내용	상세한 정의
관점	What만 제시	How To 정의 (장점)

"끝"

문156) Software product 평가를 위한 ISO/IEC 12119에 대해 설명하시오.

답)

1. S/W product(제품) 품질평가, ISO/IEC 12119의 개요

가. ISO/IEC 12119(Quality Requirement & Testing) 정의

- Software product(제품)에 대한 품질 요구사항 및 Testing(시험)을 위한 국제 표준.

나. ISO12119와 ISO 9126의 평가 항목 분류

ISO 9126		ISO12119
품질특성	OSS (Opensource Software) 품질평가	제품 설명서
외부 Metric		사용자 문서
내부 Metric		실행 program
사용중 품질		
<최종 project 산출물 품질>		<open s/w 제품 품질 평가>

2. ISO 12119의 구성 및 평가 대상의 분류

가. ISO 12119의 품질 요구사항의 구성

Software pakage

- 제품 설명서
  - 요구사항, 기능성, 신뢰성, 사용성, 효율성 유지보수성, 이식성
- 사용자문서
  - 완전성, 정확성 일관성, 이해성, 개괄성
- program & Data
  - 제품 품질 속성 (ISO 9126)

4. 구성도에 따른 평가내용 및 평가 대상

평가대상	평가 내용
제품 설명서	- 구매자를 위한 설명서, 문서 요구사항 만족여부 - 모든 S/W는 사용설명서 필수, S/W속성 설명 - 제품 구입에 앞서 제품 정보 확인 가능
사용자 문서	- S/W 사용자를 위한 문서와 요구사항 만족 - product(software)를 구매한 사용자가 제품 사용을 위해 제품의 모든 정보를 확인 가능
program 및 Data	- S/W의 기능 만족, 통제불능(Emergency상태) 회피 가능여부, 사용자 편의성등 요구사항. - 기능성, 신뢰성, 사용성에 대한 적합성 여부

다. ISO 12119의 S/W 품질 평가 대상의 분류

서비스	평가 대상	내용
1단계	패키지 S/W	패키지(package) S/W 제품문서, 사용자문서, 실행프로그램에대한요구사항
2단계	S/W 패키지, 수주 개발 package	최종 product와 중간산출물
3단계	Critical 수주 개발 S/W	최종 product(제품)과 개발및 유지보수과정

3. ISO 12119의 평가 절차와 도입 효과

가. ISO-12119의 평가 대상

평가 대상	설 명
제품설명서	-OSS 패키지의 속성을 설명하는 문서에 대한 평가
	-잠재적 사용자에게 적용 가능 여부 → 제품 정보 정확
	-제품에 대한 기능별 특징, 능력, 한계 사항에 명시여부
사용자 문서	-선택한 사용자에게 SW 사용 정보를 제공
	-작업 수행 방법 & 유지보수 등에 관한 설명 정확성
실행 program	-실제 OSS를 실행할 수 있도록 명확하고 상세하게 기술

나. ISO/IEC-12119의 평가절차

절 차	내 용
제품설명서시험	-요구사항, 권고사항의 수행에 대한 시험.
사용자문서시험	-요구사항, 권고 사항의 수행에 대한 시험.
실행 SW 시험	-S/W, Data에 관한 요구사항, 권고사항에 대한 시험
시험 기록	-시험 반복하기, 충분한 정보를 포함한 기록 작성
시험보고서 작성	-시험의 목적과 결과 요약

다. ISO-12119의 도입 효과

관 점	내 용
기술적	-국제 표준을 준수하는 SW 제품 인증 체계 구축
	-품질인증 체계 및 방법론 도입은 SW 개발 & 품질향상
경제적	-SW에 대한 사용자의 요구사항 변화에 밀접하게 대처
	-국내 S/W 산업의 국제 경쟁력 확보.
산업적	-SW 생산 자립화, 품질향상 통한 S/W 시장 안정성 확보
	-고품질 S/W 개발 의욕을 제고하여 고부가 가치 SW 개발

4. ISO/IEC-12119의 향후전망.

가. 다양한 S/W를 측정하고 평가하기 위한 방법론 제시.

나. 개발 & 도입 S/W에 대한 명확한 품질측정과 평가도구로 활용

다. S/W 개발자 & 구매자의 입장에서 사용할 수 있는 평가및 측정도구로써 국제적 표준도입의 중요성이 높아짐.

라. S/W 개발 process를 개선하는 간접적인 해결방법으로 CMMi, SPICE를 도입하는 방법 고려.

"끝"

문 157) ISO/IEC 25000에 대해 설명하시오.

답)

1. 품질평가 방안에 대한 표준, ISO 25000의 개요.

가. ISO/IEC 25000(SQuaRE: S/W product Quality Requirement and Evalution)의 정의

- S/W product가 사용자 요구사항을 만족하는지 검증하기 위한 측정기법, 평가방안에 대한 국제표준.

나. ISO/IEC 25000의 등장배경

ISO 25000으로 통합 필요성 ← ISO-9126/14598/12119 통합

⇑ 통합

ISO-9126 (제품품질모델) → 여러 표준문서 산재, 혼란야기 -품질요구 명세부터 품질관점까지 일관된 표준 지침서 필요 ← ISO-12119 (S/W 패키지 제품품질 및 시험(측정))

ISO-14598 (S/W 제품품질평가지침) →

2. ISO/IEC 25000의 구성 및 구성요소

가. ISO-25000의 구성

SW품질측정 12119, S/W 품질평가 14598 → 통합

품질요구	품질모형	품질평가
	품질관리	
	품질측정	

← 5개 Topic →

← SQuaRE 구조 →

품질평가 → 평가복잡성제거, 제품품질 통합 프레임워크 제공

← SQuaRE 기대효과 →

4. ISO/IEC 25000 구성요소

구분	구성 요소
S/W 품질 요구사항	-품질요구사항 설정 process를 정의. - 기존 표준 ISO/IEC 15288 (System Life Cycle Process)을 참조한 새로운 표준
S/W 품질	제품 품질 일반모델

3. SQuaRE(ISO-25000)의 기대효과

복잡성 제거	S/W 품질 평가에 대한 표준문서들이 서로 다른 시리즈번호(9126, 14598, 12119)로 형성되어 있어 혼란야기
통합 Framework	품질요구 명세부터 품질 평가에 이르는 일관된 표준 지침 제공함.

"끝"

문158) ISO 26262(Functional Safety)에 대하여 설명하시오.

답)

1. (자동차 기능안전성 국제표준), ISO26262의 개요

가. 자동차 기능안전, ISO 26262의 정의

- 자동차에 탑재되는 S/W의 오류로 인한 사고 방지를 위해 ISO에서 제정한 자동차 기능안전 국제 표준 규격

나. ISO 26262의 필요성 (IT융합 + 안전성(Safety))

<차량내 S/W 제어 기능> - OS(operation System 탑재)

Sensor, CPU, OS 자가진단 / HUD(Head-up display) / MOST, CAN DVD, LIN, Navi / CAM / Sensor GPS / 카메라 / Camera

안전성 ⟸ IT융합(Sensor) · OS탑재(S/W 중요성) · H/W 기능 강화

- 자동차에서 S/W 비중이 40% 이상 차지, S/W 안전성 표준 필요.

2. 자동차 기능안전을 위한 개발 방법 및 S/W 관련 규격

가. 자동차 기능 안전을 위한 개발 방법

SDLC 과정과 동일, 안전성 최우선 설계 및 검증

기능 명세 → 설계 → 구현 → 통합 → 검증 | 인증 → 출고

→ IEC 61508 적용

- Emergency(위험상황)을 정량적(수치화)으로 계산하고 체계적으로 고장을 회피하거나 통제, H/W 이상현상 감지 영향 완화

나. ISO26262 S/W 관련 규격 (구성항목 - H/W 포함)

항목	내용
용어, 요구사항	관련 용어 정의, 안전성 요구사항 정의 및 개발 활동

구상단계	개발항목 기반으로 해저드분석, S/W 강건설계수립 (→Hazard, →Robustness)
개발(System)	S/W공학의 V-V Model 적용, test프로세스정립
H/W 개발	H/W Design, 통합, 검증, 예외 항목 필수적용
S/W 개발	OS기반 제어, Diagnostic(자가진단)삽입
생산&운영	S/W 적용 형상관리, 공정위한 live-update.
S/W관리 process	S/W Release, 배포, 검증, 산출물등 process수립
출고전 안전성	자동차 출하전 모든 기능 자동검증(검증자동화)

3. ISO26262 도입 효과.

- 제품(product)에 문제발생시 소비자의 피해 최소화.
- 안정성확보 process 수립, 개발효율성, 유지보수 강화.
- S/W의 Inspection과 Walk-through 진행 산출물 형성.

"끝"

- CAN: Controller Area N/W
- MOST: Media oriented system Transport
- LIN: Local Interconnect N/W
- GPS: Global positioning system

문159) e-SCM(e-Sourcing Capability Model) 품질 모델에 대해 설명하시오.

답)

1. ITO(IT 아웃소싱)의 CMM, e-SCM의 개요.

가. e-SCM(e-Sourcing Capability Model)의 정의

- 정보기술을 기반으로 한 아웃소싱 사업시 서비스공급자의 능력 수준을 객관적으로 평가 할수 있도록 만든 Model.

나. eSCM의 등장배경 및 목적

등장배경	
e-SCM ← 부재 CMMi : S/W 개발 process에 Focus. ← 한계 ITIL : 서비스 제공자와 고객간의 계약 전체 단계를 Cover하는 품질 모델의 부재.	
목적	①고객이 서비스공급자의 능력을 평가할 객관적(평가및개선) 수단 제공, ②서비스공급자의 능력 향상위한 Bestpractice제공

2. eSCM의 Framework 및 process 영역

가. eSCM의 Framework (v1.1)

- 조직관리, 인원, 기술, 사업운영, 지식관리를 통한 ITO process를 체계화하여 eSCM의 Level를 심사

4 eSCM의 process 영역

항목	내용
조직관리	-조직 관리 체계 수립, 성과측정/관리, 의사소통 -고객과 관계 정립, 관리위한 System 구축
인력	-기술습득, 기술역량강화, 능력 개발, 동기부여, - Service 능력 배양, 지속적 학습통한 능력 향상
사업경영	-요구사항이해, 양질 Service 제공, 서비스 수준 지속적인 개선, 절차 및 산출물관리, 문서화
기술	-IT소싱업체에서 서비스 개발, 공급 -적절한 기술구현, 최신기술유지, 보안관리
지식관리	-목표달성을위한 지식 수집, 체계화, 정리, 분석, -경험이용, 정보분석, 조직 혁신

3. eSCM의 Level 및 ISO 20000과의 비교

가. eSCM의 Level

Level		설명
5	우수성 유지	-Level 2, 3, 4의 모든 practice를 이행하고 일정기간 인증 평가 기간 유지
4	혁신을 통한 발전	-고객의 요구사항을 만족고자 자사의 능력을 지속적으로 향상, -성과 예측 가능함

3	측정을 통한 관리	- 공급자 활동 객관적으로 측정 & 관리 가능 - 고객요구사항을 자사의 경험 바탕으로 대응가능.
2	고객 요구사항 이행	- 서비스 공급자는 요구사항을 파악하고 고객과 의 약점에 따라 서비스를 공급하는 절차를 공식화
1	최초 단계	- 공식적인 System & 절차 없이 운영됨 - 절차 존재 하더라도 엄격히 준수 안됨.

나. ITIL을 기반으로 하는 ISO 20000과 eSCM과의 비교

구분	eSCM	ISO 20000
개념	- 제공업자의 능력 수준을 평가할수 있도록 만든 모델	IT 서비스의 Best practice 를 정립하기위한 국제 표준
특징	- 고객이 서비스 공급자의 제공 능력을 객관적으로 평가수단 - ITO 전 단계에 걸쳐서 (할) 진행, 고객 만족 최우선목표	- 고객의 요구사항을 만족하는 IT 서비스를 개발, 구현 할수 있는 방법 제공, 표준 제공 - 비용관점 효과성 평가
세부 내용	- Part1: 서비스관리인증규격 - Part2: 서비스관리실행지침	↔ - 프로세스 (process) 영역 - eSCM의 Level (5단계)
현황	영국표준 → ISO 국제표준	↔ eSCM 2.0에서 ITIL수용
인증기관	ISO	↔ CMU (카네기 멜론 대학)

4. e-SCM의 기대효과

관점	기대 효과
공동측면	- 지속적인 Out sourcing 관계 유지 할수 있게 지원

고객 측면	- Outsourcing 서비스 요구사항 추적 가능 Guideline - 서비스 공급자에 대한 서비스 성숙도 평가 가능 - Outsourcing 서비스에 대한 위험관리 process 제공
공급자 측면	- Service 계획, 이행 위한 Framework 활용 가능 - 제공 Service와 이행 여부를 추적 할 수 있는 효율적인 방법 제공. process 개선분야 식별.

"끝"

문160) ISO-20000에 대해 설명하고 eSCM과 비교하시오

답)

1. IT outsourcing 국제심사/인증표준, ISO-20000의 개요

가. 서비스 Best practice, ISO-20000의 정의

- ITIL을 기반으로 IT 아웃소싱 process 체제를 평가하기위한 국제심사/인증 표준(인증기관 : 카네기 멜론 대학)

나. ISO-20000의 구성

ISO 20000-1 -Spec.
- IT서비스관리규격
- 제3자 심사나 인증

ISO 20000-2 -비용관점
- Guide나 참고사항
- 비용대비 효과성
- ISO 20000-1의 실행지침명시

2. ISO 20000 인증의 Scope 및 인증절차

인증절차	서비스수준 인증 ISO20000 Scope
1 사전질의 2 신청&심사팀배정 3 문서심사 4 예비심사 5 본심사 6 인증 7 사후심사	고객 ↔ IT 서비스 업체 (서비스계약 / 제공) e-SCM, ISO 20000 → 인증 → IT 서비스 업체 ITIL → 서비스관리 → IT 서비스 업체 Best practice 제공 SLM -서비스 수준측정 -서비스 수준 보고 -SLO측정및위약관리

- ISO20000 인증을 통한 IT서비스 능력 평가후 인증

3. ISO 20000과 eSCM의 비교

비교항목	ISO 20000	eSCM
인증 제정 기관	ISO(BSC인증기반)	카네기 멜론대

위약 : 違約 : 약속이나 계약을 어김

표준유형	공식표준 (De Jure)	사실표준 (De facto)
인증유형	인증여부 결정형	단계별 인증 (5단계)
인증대상	ITSM/ITIL 기반의 Service 내용	IT outsourcing의 Service 수준
공통점	-인증을 통한 IT서비스 능력 검증 -IT서비스 국제인증 통한 해외 진출 교두보 확보 -시장 선두적 지위에 있는 업체들과의 IT서비스 경쟁력 보유	
기대효과	-SLA 위주로 한 고객 중심 서비스, 운용 비용 절감 -효과적인 공급업체 관리, IT부서의 서비스 효율화에 대한 의지 부여, IT 아웃소싱의 활성화 기반 확보	

"끝"

- SLA : Service Level Agreement : 수준 협의서

SLO : 〃 〃 object : 수준 목표

SLM : 〃 〃 Management : 수준 관리

문 161) ISO/IEC 15504(SPICE)에 대해 설명하시오.

답)

1. Software process 개선, ISO/IEC15504의 개요

가. SW process 수행 능력 측정 기준 제시, ISO15504의 정의

- Software 프로세스 개선 및 process 수행 능력 수준을 판단하여 프로세스별 성능 수준과 구체적인 개선 방향 제시.

나. ISO15504(SPICE)의 기본 목표

process별 성능수준 제시
- 구체적인 개선 방향 제시(How)

ISO12207의 관점 보완 (What → How 보완) →
← ISO9000-3 S/W 특성 & process 개선

↑ 목표

S/W process 개선 — ⊕ — S/W 능력수준 판단

2. ISO/IEC 15504(SPICE)의 구성과 프로세스 Capability 차원

ISO15504(SPICE) 구성

Part1 개념&소개
Part9 용어정의
part7 process 개선
공급자프로세스능력 판정가이드 (part8)
심사자 자격 기준 (part6)
part3 심사수행
part4 심사수행 Guide
part2 process와 process능력 참조 Model
part5 심사모델지표 지침

최적화 - 5 - 프로세스의 지속 개선
예측 - 4 - 정량적 이해와 통제
확립 - 3 - 표준사용
관리 - 2 - 수행 계획및관리
수행 - 1 - 수행&목표달성
불안정 - 0 - 미구현

<2차원 평가방법>

process능력차원
CL5
CL4
CL1
CL0
process 차원

- Part2가 process 참조모델과 process 능력 참조 모델로

구성되어 process 수행과 process 능력심사를 위한 Guide로 사용

3. SPICE의 process의 속성 설명

능력(수준)	process 속성	내용 (정도 : 수준)
5	지속적 개선	변경과 개선이 식별되고 구현되는 정도
	process 변경	조직업무목표 달성을 위해 되 잘통제되는정도
4	통제	척도수집과 분석을 통해 process가 통제되는정도
	측정	목표달성 기여 확인 할수있도록 목적과 척도 사용
3	지원	적절한 인력·자원과 하부구조 사용하는 정도
	정의	조직 표준기반의 process 사용
2	산출물관리	요구사항만족하는 산출물 관리
	수행관리	시간과 자원 요구한도내에서 산출물 관리
1	프로세스 수행	process 목적에 만족하는 산출물생산을 위해 process 수행시 Practices를 사용
∅	불안정	미구현 또는 목표 미달성

"끝"

문 162) CMM (Capability Maturity Model) 성숙도 단계 및 평가 기준에 대해 설명하시오

답)

1. Process 성숙도 모델, CMM의 개요

가. 미국 카네기 멜론대 S/W공학연구소(SEI), CMM의 정의

- Software 개발과 유지보수에 품질 향상 개념과 process 관리 개념을 적용하여 만든 process 성숙도 모델

- process 능력이 우수할수록 좋은 제품과 서비스가 가능 ← 사고에서 출발 (↗생각)

나. Capability Maturity Model의 특징

project 이행여부 —수행 확인→ 핵심 process 영역 → 충족 여부 달성

↑ 핵심 수행확인 / 이행하기 위한 대안 실시 → 핵심 process 영역

Model 구분	특징
SW-CMM	SW 개발 process 성숙도 측정, 개선
SW 획득-CMM	SW 획득 과정의 능력 개선 목적
시스템 공학-CMM	System 공학 분야에서 적용해야 할 기본요소 평가
인적자원-CMM	인적 자원의 능력 수준 향상 목적
제품개발-CMM	진행되는 product 개발 process 개선

2. CMM의 구성 요소와 설명

- 조직, 작업순서, 관리방법, 기법, 도구, 환경, 장비 등을 process의 요소들로 정의함.

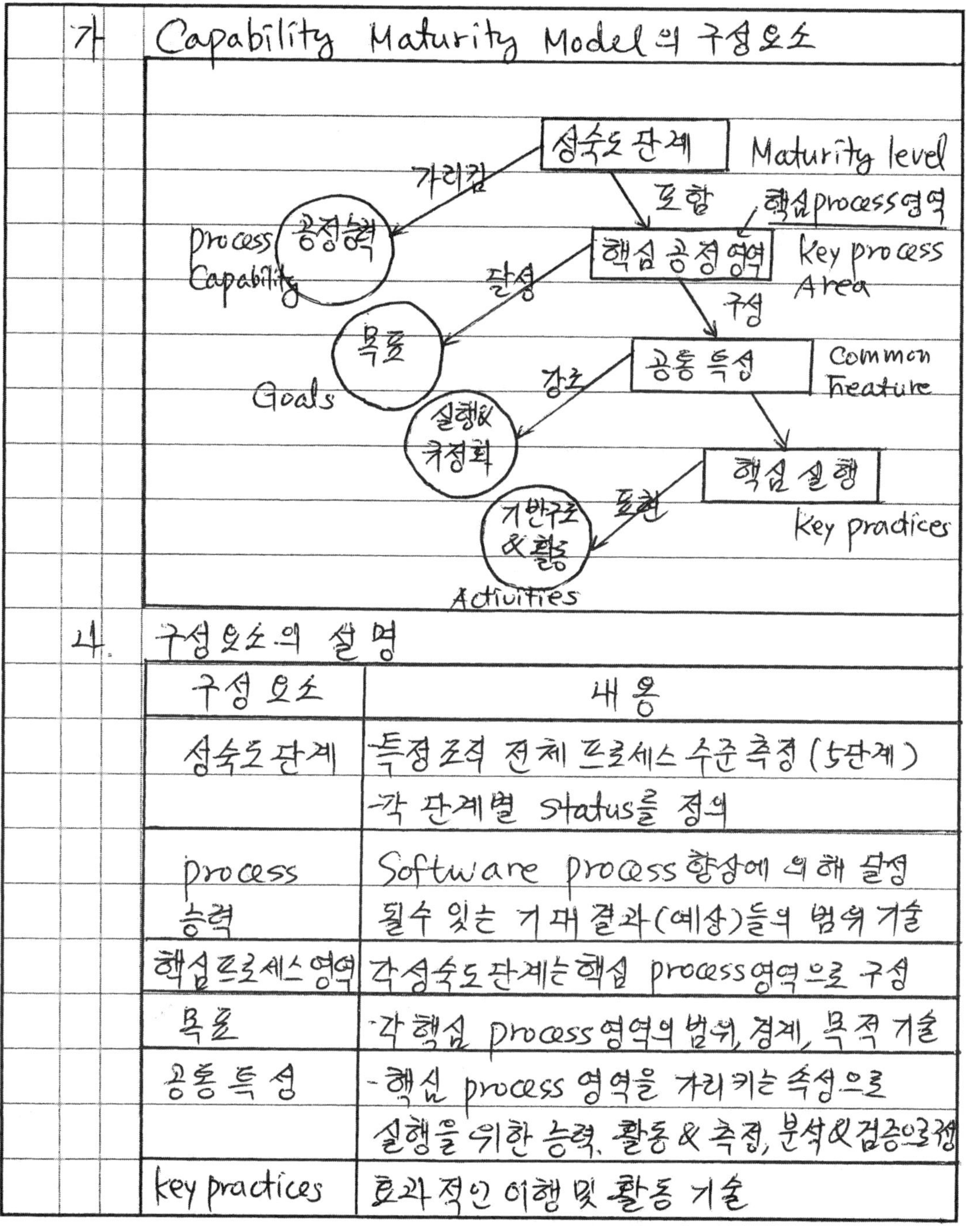

가. Capability Maturity Model의 구성요소

나. 구성요소의 설명

구성요소	내용
성숙도 단계	-특정 조직 전체 프로세스 수준 측정 (5단계) -각 단계별 Status를 정의
process 능력	Software process 향상에 의해 달성 될수 있는 기대 결과(예상)들의 범위 기술
핵심프로세스영역	각 성숙도 단계는 핵심 process영역으로 구성
목표	-각 핵심 process 영역의 범위, 경계, 목적 기술
공통 특성	-핵심 process 영역을 가리키는 속성으로 실행을 위한 능력, 활동 & 측정, 분석 & 검증으로 구성
key practices	효과적인 이행 및 활동 기술

3. CMM의 성숙도 단계와 평가 기준

가. CMM의 성숙도(Maturity) 단계 및 설명

단계	수준	설명
최적화	5	질적, 양적으로 지속적인 개선 활동.
관리	4	성과 측정 분석 개선 → 관리 상태
정의	3	process 기초가 정립된 상태
반복	2	어느정도 통계관리가능.(성공적인 프로젝트 반복)
초기	1	SW 개발 미관리단계, process 성과 예측불가

단계 (고난이도) ↑

나. CMM 모델의 process 평가 기준및 심사 방법

단계	개선	평가 기준	설명
5 (최적화)	지속적인 process 개선	최적화 관리	위험을 예측할수있고 최적화를 도모
4 (관리)	예측가능 process 적용	정량적 관리	통계적 방법에 기초하여 조직적 분석 진행
3 (정의)	표준 process 적용	정성적 관리	경험의 공유, 공식적 process를 정의
2 (반복)	훈련된 process 적용	경험적 관리	스케줄, 비용등의 경험적 법칙이 가능
1 (초기)		혼돈적 관리	작업 순서가 일관되어 있지 않음

4. CMM과 ISO/IEC 15504 (SPICE) 비교

CMM	SPICE
전체 조직에 초점	프로세스& project에 초점.

CMM	SPICE
(최소한의 필수적인 프로세스 포함)	(가능한 모든 process 포함)
1~5 단계의 5단계 성숙(Maturity) Level	0~5 단계의 6단계 능력(Capability) Level
1차원적 Rating (평가)	2차원적 Rating. (프로세스 차원, process 능력 차원)
조직에서 3 Level을 획득했다면 그에 해당하는 KPA들이 3 Level을 만족함	조직의 전반적인 수준을 쉽게 파악할 수 없음. (한 조직에서 process별로 Level 2, Level 4 별도로 존재할 수 있음)

- KPA (Key process Area)

"끝"

문 163) GS 인증에 대해 설명하시오 (GS: Good Software)

답)

1. Software Quality 측정후 인증, GS인증의 개요.

가. TTA(한국 정보통신 기술협회) 주관, GS인증의 정의

- Software의 완성도를 평가해 일정수준이상의 기술력, 사용성, 신뢰성을 갖춘 제품에 부여 하는 품질 인증 제도.

나. GS 인증의 특징

- 공공기관의 GS인증 중소기업 제품 우선 구매 제도 시행.
- 중소 기업청 성능인증 획득, S/W 공제조합 성능 보험의 의무가입.

2. GS 인증의 S/W Quality 평가 process및 인증평가 방법

가. GS 인증의 Software Quality 평가 process

ISO/IEC 9126	ISO/IEC 12119	ISO/IEC 14598
SW 품질특성과 메트릭에 대한 국제 표준	패키지 SW품질 요구사항과 시험에 관한 국제 표준	SW 제품의 측정 평가에 관한 국제 표준

→ 한국형 평가모델 → S/W Quality

기능성 - 신뢰성 - 사용성 - 효율성 - 유지보수성 - 이식성 - 일반적 요구사항

나. GS 인증 평가 방법.

구성요소	설명
테스트 접근방법	-SW유형별로 200~800개의 Test case개발 -Black Box/Scripted/Exploratory(탐색)검증
성능 Test	-Reponse Time, Transaction(처리) Time, Stress test, Time 내구력(Endurance)
자동화도구 이용 test	-성능&부하시험, 기능시험, 시스템 모니터링 Tuning, Web품질, Traffic분석, 소스코드분석&시험

3. GS 인증 획득시의 특징

- 중소기업청 성능인증획득, 공공기관 S/W 구매 책임 경감
- 구매기관 구매 후 성능 가격관련 감사시 면책특권 부여

"끝"

- Stress test : 온라인 게임의 Traffic
  : SSD의 지속 write (μs)
  : (의학) Stress 상황에서의 심장기능검사

PART 11

품질관리

S/W 품질관리 방안, 전략, Test Case, Verification과 Validation, Refactoring(리펙토링), 품질 보증 방안, Daily Build, Risk 기반 Test, Regression Test, Record and Replay, Test Automation, System의 오류(Error), 결함(Fault), 고장(Failure)을 방지하기 위한 일반적인 Test 과정, 시스템의 테스트 완전성을 확보하기 위한 소스코드 커버리지(source code coverage)의 종류 등에 대한 내용을 학습할 수 있도록 답안화 하였습니다. 이 Part의 내용도 자주 출제되는 Part입니다. [관련 토픽 - 33개]

문164) Software의 품질관리 (Quality Management)에 대해 설명하시오.

답)

1. 품질보증활동, S/W 품질(Software Quality)관리의 개요

가. 소프트웨어 품질관리(Quality Management)의 정의

- 주어진 요구사항을 만족하는 product(제품) 혹은 서비스의 Quality(질)을 보존하는데 필요한 제반기법과 활동
- SDLC 각 단계별 Fault의 탐지 및 수정

나. Software 품질관리의 목적

평가 항목	목 적
기술자원에 대한평가	적합한 기준선정, Software품질 예측
자원에 대한 평가	적합한 Resources& 비용산정
process에 대한평가	SDLC process 평가
product에 대한평가	인수시험, 산출물평가, Bench marking

2. S/W 품질의 표준모델 및 품질 평가유형

가. Software 품질의 표준 Model

구분	종류
S/W process 품질	ISO 12207, CMMI, SPICE, ISO15288
S/W 제품 품질	ISO9126, ISO14598, ISO12119, ISO25000
품질경영	6시그마, ISO 9000 시리즈

나. Software 품질 평가유형

평가기술	내용	대표모델
제품 품질평가	IT project를 진행하거나, 완성된 IT제품에 대해 기능성, 신뢰성 등을 평가하는 기술	ISO-9126 ISO-14598 ISO-12119
프로세스 품질평가	IT project를 진행하거나 IT를 운영함에 있어 process가 수립되어 있고 체계적으로 운용되고 있는지를 평가하는 기술	CMMi, SPICE, ISO-12207, ISO-15288.
경영측면 품질평가	기관이나 회사를 경영 할때 Software Quality를 향상하기 위한 품질 경영 기술	-6-시그마 -ISO 9000 시리즈.

3 Software 품질 관리체계 및 연관 개념(QM, QC, QA)

가 Software 품질관리 체계

품질경영 ③

품질관리 — QM(Management)

품질계획 (QP) / 품질보증 (QA (Assurance)) / 품질통제 (QC (Quality Control))

①	품질통제를 통해 품질을 확보 (QC 부서 활동)
②	품질관리(QM)를 거쳐 품질 보증 방안수립 (QM부서)

③ 품질통제와 관리, 보증을 통한 품질경영

- QC → QM → QA flow 수행

사. 품질관리와 품질경영의 비교

구분	품질관리	품질경영
범위	공급자 위주, 단위중심, 생산현장중심(출하,공정)	구매자위주, 시스템 중심, 경영 전략 차원
내용	구체적 실행 방안수립, 생산/제품 중심	총괄적/총론, 문서, 문화/구성원 행동 중심

다. S/W Quality Management의 연관 개념

구분	개념
품질계획	-Quality plan : 적용할 Quality의 표준을 식별하고 적용할 방법을 결정하는 plan (Test 장비, Checklist, 산출물 관리등)
품질보증	-Quality Assurance : Software product와 요구사항이 일치하는지의 검토를 제 3자 입장에서 수행하는 작업. (Review, Inspection, Walk-through)
품질 통제	Quality Control : Software의 개발, 운영(operation), 유지보수에 있어 자체적으로 Quality(품질) 활동 수행(실행)
품질관리	Quality Management : Quality 계획, 보증, 통제의 관리 & 감사 (Audit)

4 S/W 품질관리의 문제점과 해결방안

관점	문제점	해결 방안
표준화	-Software 품질특성의 비표준화로 인한 객관성 결여	-표준화된 S/W 품질특성을 기준으로 평가
평가시점	-품질평가를 개발완료후 진행 → 비용증대(유지보수비)	-개발기간중에 품질 요소 고려된 개발실시
평가자	-품질평가항목이 개발자 중심 → 요구사항 불충분	-품질부서 고유의 평가 항목 개발후 적용
전담조직	-품질 전담 조직 부족 -IT Governance 미흡	-S/W 품질 전담 조직 구성 -IT Governance 대응

"끝"

문165) S/W 품질향상을 위한 test의 일반적인 원리와 유형, 문제점과 해결 방안에 대해 기술하시오.

답)

1. Software의 결함(fault) 발견 수정, S/W test 개요

가. Software의 신뢰성 확보, S/W Test의 정의

- S/W내 숨어있는 결함(Defect, Bug, Fault)을 찾기 위해 S/W를 구동시키는 검증행위나 절차.

나. Software test의 필요성

Bug 증가	비용증가	고객 만족
↑	↑	↑
구조 복잡	재작업Rework	신뢰성 확보

- S/W의 Snowball effect 방지, 사전 Bug 개선

다. Software test의 목적(품질문제 Zero화)

오류 및 결함 발견 수정대응 — 기능과 성능 확인 — 사용자 만족도향상, S/W신뢰도 향상 — -기술내재화 -S/W자산화 -역량강화

2. S/W 품질 향상을 위한 test의 일반적인 원리

원리	설명
결함 존재 증명의 원리	-완벽한 Software는 존재하지 않음. -S/W testing이 결함을 발견하는 메커니즘. -Test시 결함 없어도 완전성 증명은 불가능

완벽한 Testing 불가 원리	무한경로	- S/W 내 내부조건에 따른 path
	무한입력값	- 입력 조합은 무한
	무한 Timing	- GUI, UI, UX에 따른 Event
초기 Testing 시작의 원리	- SnowBall effect	초기에 개선 못하면 점점확대
	- 전략적 접근	개발단계에서 품질 부서점검선행
	조기결함 발견	- 착수 20% 기간내 80% 결함예방
결함 집중의 원리(Defect Clustering)	- 파레토법칙	- 20% 모듈(Code)에서 80%결함존재
		- 복잡한 구조, 고 난이도 Code, 최신기술사용, 신규 개발 Code에서 집중 결함 발생 가능
살충제 패러독스(test 내성)의 원리		- 동일한 Test case로 반복 test로는 신규 결함 발견 가능성 낮음.(예외처리 검증 필요)
		- 잠재 결함 발견위해 test case update, 개선필요
정황 의존성의 원리		- S/W(IT, 의료, 전자 상거래등)에 따라 Test 수행 방법/절차가 상이함.
		- 각 기능별 표준사양 사용, 독립기능검증, 환경구축
오류·부재의 궤변 원칙		- 개발 Software가 사용자의 요구사항을 충족하지 못하는 경우, 모든 Fault나 Bug를 찾아서 해결해도 품질이 높다고 신뢰 할수 없음.

- Fault = Problem, Bug = issue

3\. Software testing의 유형

구분	유형	특징
테스트	화이트	program 내부 Logic 검증

구분	종류	내용
test 정보획득 대상	White-Box test	(구조 test)-S/W의 논리적 복잡도 조사후 수행경로들의 집합 정의후점검
		(Loop test)-S/W Loop구조에 국한해서실시
	Black-Box Test	(기능 test)-S/W외부명세서로 test
		-동등분할/경계값 분석/Cause-Effect Graph/오류 예측기법, Data의존test
S/W 실행 여부	동적 test	-program의 실행을 요구하는 test
		-화이트 박스, Black-Box
	정적 test	-실행없이 구조분석후 논리성만 검증
		(Code 검사)-오류유형 checklist사용
		(Fagan Inspection)-개발초반부부터 검증전문인력 대거투입 초기불량 낮추고 품질 향상 도모, 비용 감소.
	*R&R = 역할&책임	(Walkthrough)-비공식적 검사시행 R&R이나 Checklist 없이수행
Test에 대한 시각	검증(Verification)	개발자와 품질부서의 검증, 개발 내부 process에 적합성을 인증.
	확인(Validation)	사용자 사용관점에서 요구사항에 따른 S/W의 기능의 확인및수정.
test 단계	단위(unit)	모듈의 독립성 평가, White-Box
	통합(Integration)	Module간의 I/F test (결합 test)
	시스템(System)	전체 시스템의 기능 수행 test

I/F = Interface

	Test 단계	시스템(System)	(회복, 안전성, 강도, 성능, 신뢰성, 온도)
		인수(Acceptance)	사용자 요구사항 만족도 평가(확인, 알파, 베타)
		설치(Install)	S/W package 적용후 양산과 동일 사용자조건
	Test 목적	회복(Recovery)	고의적 오동작 유도후 검증
		보안(Security)	AES동작, Hacking에 노출여부 인증
		강도(Stress)	과다 정보량(입력값)부과시 반응검증
		성능(Performance)	Response time, Usage, 처리량, 속도
		구조(Structure)	내부논리 flow, 복잡도평가.
		회귀(Regression)	변경점에 따른 Side/Riffle Effect검증
		병행(Parallel)	변경과 기존 System에 동일Data로 결과비교

4. Software test 문제점과 해결 방안

문제점	해결 방안
사용자 참여 미흡	-계획수립 및 Test 수행 전반적으로 적극적인 사용자 참여 -사용자 환경에 검증 - Field Test 실시 -기회부여및 Event 행사로 참여 유도
Test 계획 형식화	형식적인 test 방안이 아닌 실제 문제점도 도출 될수있도록 Easy test및 자동화
Coverage 부족	- Testcase 설계 기법을 반영하여 다양한 논리적인 Case가 포함되도록 유도 -동등분할, 경계값 분석 등을 이용 중복되지않게함

Test 환경 부적합	-원활한 test 수행위해 필요한 메모리, H/W, CPU확보
	-운영환경과 동일한 환경 적용, S/W, H/W, N/W일치화
측정 기준 제시 미흡	Test 수행 결과에 대한 정량(수치)적 관리가 가능한 측정 기준으로 정의 - 모호성 사전 제거
개발기간 Overhead	-오류에 대한 Major/Minor 등급 구분. -과다 오버헤드시 적정 오류 항목 우선 적용후 점증
단편적인 오류수정	근본적인 원인 파악 및 FA 도출, 재발 방지
부적합한 Testcase	적절한 testcase 설계기법의 적용& 활용

"끝"

문166) Software Test의 전략과 어려움에 대해 설명하시오.

답)

1. 숨겨진 결함(fault) 찾기, SW Test의 개요

가. 소프트웨어 검증(Software Test)의 정의

- 수작업 & 자동화된 방법으로 그것이 규정된 요구사항을 만족시키고 있는지 검증하고 기대되는 결과와 실제 결과의 차이를 식별하기 위해 System이나 System의 구성요소를 실행하고 평가하는 과정 (IEEE)

나. Software test의 목적과 필요성

목적	필요성
-잠재되어 있는 오류나 결함 발견	-Defect-Zero s/w 개발 어려움
-요구사항의 준수(기능/성능)여부	-Automation(검증) 필요
-S/W 신뢰도의 평가&예측	-실제 기능동작 확인 필요
-고객요구 만족도 향상	

2. Software test의 전략

(구현) 개발자 → SW : debugging
시험/평가자 → SW : Verification (검증)
고객, 사용자 (요구사항) → SW : Validation (확인)
QA → SW : 품질보증
시험/평가자 : (Regression 검증) - side effect, Riffle effect 검증 (Auto화 - 검증)
QA : (puduct 신뢰성) (Workthrough, Inspection, Review Verification, Validation)

- 사용자 요구사항 → 개발자 구현 → QA의 품질보증후에 SW Release (고객, 사용자에게), issue 개선 검증후 배포

SW 완전성 / test비용 → Test Automation ↓ - Script사용 - Aging → SW 완전성 / 비용 / 비용절감효과 / 자동화도구사용(비용절감)

3. SW Test의 어려움

관점	이유	대안
사용자	Setting, 연결성, UI/UX 사용부족	Test 참여
분석가	요구사항 불명확, 신규 SPEC 학습부족	요구사항명세서작성
개발자	요구사항변경에 따른 빈번한 Code 수정	개발사양서 작성
QA	변경점 관리, Test case 정확성 부족	TestCast Guide
PM	검증일정, 개발 납기준수, 전문가부족	시간 및 인력 확보

"끝"

문 167) Software의 Test case에 대해 설명하시오

답)

1. S/W의 Bug, Failure, Fault 제거, Test Case의 개요.

가. (Test Case의 정의) - S/W 내의 특정한 부분 및 경로를 실행해 보거나 특정한 요구사항에 준수하는지를 확인하기 위해 개발된 입력값, 실행조건, 그리고 예상결과로 구성된 Test 항목(Item)의 명세서(Specification)

나. Test Case 설계의 중요성

(S/W 신뢰성) - S/W 기능을 사전 점검후 개선 활동통한 신뢰확보

(오류 예방) - 사용자 환경(HW, SW)에서 다양한 Usecase검증

(경제성) - 엄격한 자주 검증을 통해 고품질 S/W Release.

2. Software Testcase의 구성요소 및 설계 기법

가. Software Test case의 구성

식별자	항목(Item)	입력	출력	환경	특수조건	의존성
TC1-1	4K 출력	-	4k	HDD	4K Byte파일	-
TC1-2	4K 입력	4k	-	Memory	4K Byte파일	TC1-1 수행후
TC1-n	⋮	⋮	⋮	⋮	⋮	⋮

- 4K Byte File을 HDD에 출력하고 다시 메모리로 읽는 과정.
- IEEE 829 (Software test 명세 기준).

나. Test Case의 설계 기법

Test 구분	기법	내용
Black Box	동등분할	여러 test case중 실제로 수행할

BlackBox Test	동등분할	Case 선택. ex) $90 \le x \le 100$(수), $80 \le x < 90$(우) 의 경우 → 입력 94는 수, 입력 84는 우
	경계값 분석	입력값의 경계 값에서 오류 발생 가능성 이 높다는 통계에 의한 Testcase 작성 ex) $90 \le x \le 100$(수) ← ±1 범위내 Testcase 작성후 검증, 입력 90, 91, 99, 100이 수인지 확인
	pairwise Testing	- 가능한 모든 입력값을 test하는 것은 비현실적 - 모든 입력값 대신 모든 짝수조합으로 검증
	문법 test	Syntax, 정해진 Dat유형에 적합성 여부
	의사결정 Table	입력/출력값이 참, 거짓으로 결정될 수 있는 모든 경우의 수를 검증하는 Case 설계
WhiteBox Test	문장 커버리지	Statement Coverage : 모든 문장이 적어도 한번씩 수행되는 검증
	분기 커버리지	Branch, program내의 분기를 최소한 한번은 실행하는 T stCase
	경로 커버리지	Path ; program이 수행 가능한 모든 경로를 검사. 경우의 수를 고려
	조건 Coverage	① Condition : >, <, ≥, ≤, AND, OR, ||, &&, & 등의 조건들에 대한 한번의 True, 한번은 False case 검사 ② if, for, while, Case 등에 있는 조건식을 자세히 조사후 Testcase

3. Whitebox test와 Blackbox test의 차이점과 공통점

가. Whitebox와 Blackbox test의 차이점.

비교항목	화이트 박스 Test	블랙 박스 Test.
도식화	입력 → → 연산 ← 판단 → 결과 (수행) → 출력 ← 내부 Logic 검증 →	Box 입력 ——→ Black → 출력 - 입력에 대한 출력 파악
분류 관점	개발자 중심, 내부 Logic 경로 위주, 알고리즘 위주, 내부 Logic 구현 기반	사용자 중심, 기능 위주, Data 위주, 입/출력, 명세 기반, 기능 중심
주요 test	구조, Module test	기능 test, I/O test
Test 기법	제어구조(문장, 분기, 경로, 조건, 선택 등), Loop 제어, 경로시험, 결정 조건	동등분할, 경계값분석, 원인 결과 Graph, 오류 예측, 상태 기반(event, 트랜지션, 액션)
Test point	program 문장 및 조건 영역, 분기 영역	Test 오라클 필요 (입출력에 대한 정확한 예상)
결함 형태	- 복잡한 내부 Logic일 경우 모든 경우의 수 만족 못함	- 누락된 기능 점검. Interface 오류

나. Whitebox와 Blackbox test의 공통점

항목	공통점
동적 Test 기법	Source Code를 수행시켜 오류를 찾음. - program을 통한 Test 수행

품질 향상	- Software Code의 신뢰성 향상, 품질 향상 - 내부논리(화이트박스), 성능 & I/F(블랙 박스) 중심 검증
상호보완	- 내부 Logic의 정확성은 Whitebox로 검증하고 I/F나 기능의 완벽성은 Blackbox로 동시 병행 수행을 통해 상호 보완.

- Whitebox 검증시 Test Driver와 Stub이 필요
- (Test Driver): 시험하려는 모듈에 입력을 주고 호출한후 출력하는 S/W
(Test Stub) - 시험되는 Module이 아직 구현되지 않은 또 다른 Module을 호출할때 이를 시뮬레이션해 주는 Module.

"끝"

문168) Software의 검증에서 Verification과 Validation에 대해 설명하시오.

답)

1. Software의 품질보증, V&V의 개요.

가. 검증(Verification)과 확인(Validation)의 정의

- 개발 단계별(SDLC 과정) 산출물의 결과가 초기단계에 설정된 조건의 검증(Verification)과 구현된 S/W가 사용자 요구사항 및 기대치를 만족하는지 확인(Validation)하는 검증활동(S/W 개발과정의 Action Item)

나. 개발 단계에서 V&V의 필요성

요구사항 → Review → 설계사양 → 구현 → 검증, 배포, 유지보수

(요구사항: 검증 / Review: 검증 / 설계사양: 검증&확인 / 구현: 검증&확인 / 유지보수: 확인)

- S/W SDLC 과정에서 제품이 올바르게 구현이 되는지 검증&확인

2. V&V 과정에서 단계별 Test 방법 및 개념도

가. V&V 과정에서의 Step별 Test 방법

Step	설명
단위(Unit) Test	- Software Engineer에 의해 자주 검증 - Module Level별 검증, 개발자 주 checklist
통합 Test	- Module 간 Interface test (Build 후) (BigBang Test) - Module 간의 상호 I/F를 고려

	하지 않고 한꺼번에 결합시켜 Test.
통합	(오류 발생시 원인 규명 하기 쉽지 않음)
(Integration)	(Top-dow Test)-하향식 통합 Test: Root에서
Test	Leaf node로 검증하는 방식 (깊이우선 & 넓이우선)
	주요기능들의 조기 검증수월, Test 어려울 예상
	(Bottom-up Test)-상향식 통합 Test: 하위 모듈
	호출(call)하는 test Driver(SW일종)가 필요.
시스템	-통합 모듈에 대한 System적 검증 test
(System)	-신뢰성, 견고성, 성능(performance), 안전성
Test	등의 비기능적 요구사항도 Test
인수	-사용자의 만족여부를 test하는 품질 Test.
test	(알파 테스트)-개발자 환경에서 검증(개발자)
	(베타 테스트)-일정수의 검증자가 Test후 Feedback
	(감마 테스트)-베타 version이후 다수사용자(field검증)
설치	-사용자 사용 조건과 동일한 환경에서 Test
Test	-시스템설치시 수행, H/W, S/W, S/W호환성 검증등.

- 개발자가 Cod ing 완료후 개발 자주 검증 checklist 로 검증 완료 (단위 Test, 통합 Test)후 품질부서에 시스템 Test 의뢰, 품질부서는 온도시험(상온, 고온, 저온) 및 EMI, ESD등의 신뢰성 시험도 추가하여 검증 진행

라. V&V의 개념도(flow)

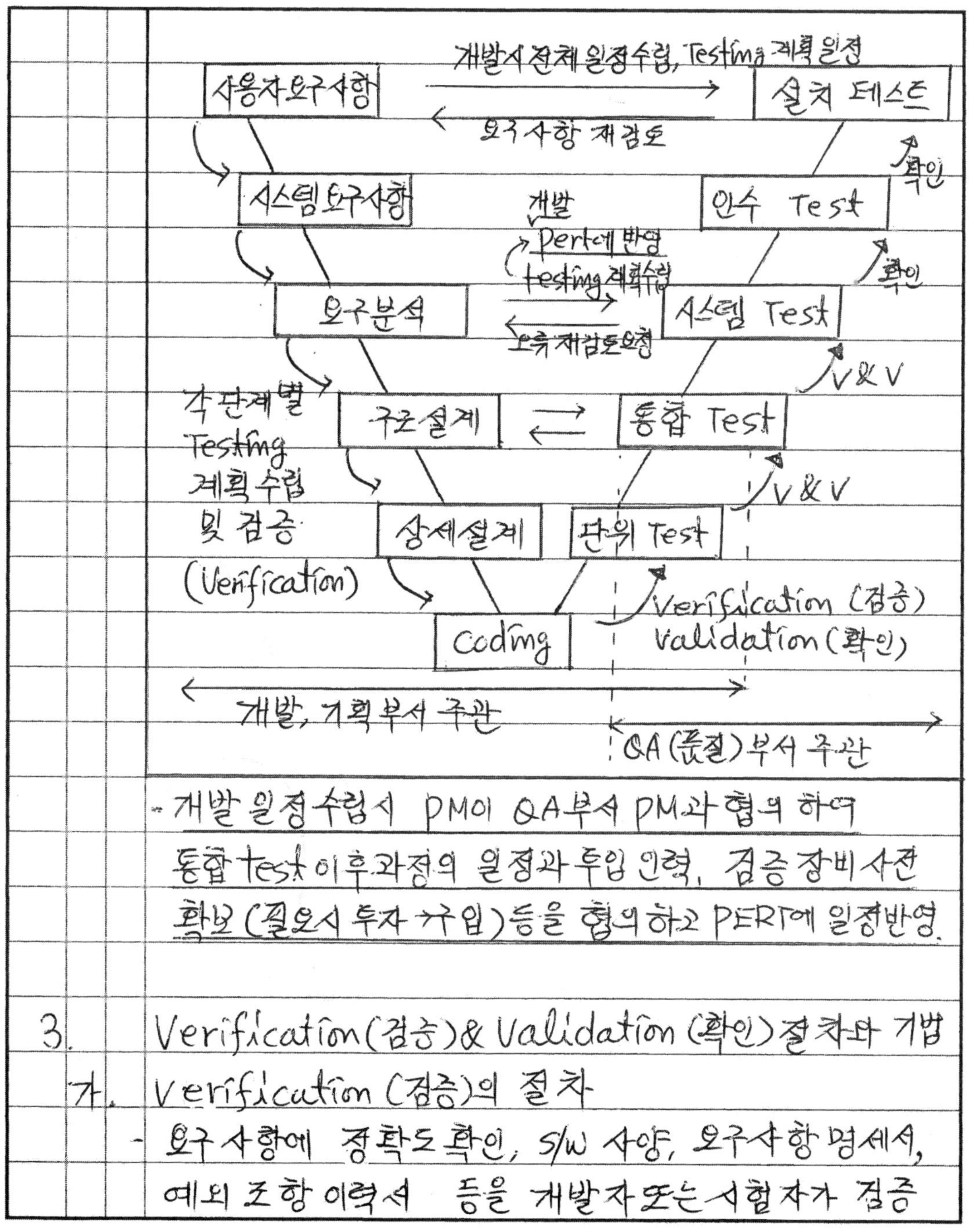

- 개발 일정 수립시 PM이 QA부서 PM과 협의 하여 통합 test 이후과정의 일정과 투입 인력, 검증 장비 사전 확보 (필요시 투자 구입) 등을 협의하고 PERT에 일정반영

3. Verification(검증) & Validation (확인) 절차와 기법

가. Verification (검증)의 절차

- 요구사항에 정확도 확인, S/W 사양, 요구사항 명세서, 예외 조항 이력서 등을 개발자 또는 시험자가 검증

절차	설명	기법
준비	검증대상, 산출물 정의, 검증수준수립	- Review 회의
동료검토	동료검토(Cross Inspection) 수행	- Coffee Break
산출물점검	산출물 정확도 검토 및 분석	Time 활용
System 등록	DB에 등록, 진행과정 share	- Walkthrough
결과보고	경영진 보고, 주간보고시간 활용.	- Inspection
유관부서공유	타부서와 진행사항 공유, 협업	- Test(단위, 통합)

4. Validation(확인)의 절차

- 사용자 관점에서 정확한 기능을 가진 S/W가 Release (배포)되어 사용상의 문제가 없는지 확인.

절차	설명	기법.
준비	사용자와 동일환경, System 준비	- System 동작 및
사용자	- User 시나리오 반영	기능 Demo
환경에서	- UI/UX 정확도, 동작이상여부	- 요구사항 확인
확인	- 사용자 조건 모든 기능 실행	후 checklist
산출물점검	Validation 점검 결과물	형태로 Pass여부
System 등록	결과물 DB에 등록	- 사용자의
결과보고	경영진 보고(주간보고시간 활용)	인수(Install)
유관부서공유	타부서와 진행된 결과공유	Test 실시결과

4. V&V의 비교

구분	Verification(검증)	Validation(확인)

대상	개발단계 산출물	구현된 S/W
목적	산출물의 요구사항 적합성여부	사용자요구사항 만족도여부
관점	개발자, 품질감수자	사용자, 고객
활동대상	product 개발과정, 양산	양산(생산)된 제품대상
특징	Human Testing	System Based Testing.

"끝"

문 169) Refactoring (리팩토링)에 대해 설명하시오.

답)

1. S/W Code의 단순화 & 재구조화, Refactoring 개요

가. S/W Code의 구조, 관계의 단순성 확보, 리팩토링의 정의

유지보수/생산성 향상을 목적으로 기능은 변경하지 않고 복잡한 소스코드를 수정 & 보완하여 가용성 & 가독성을 높이는 기법

나. Refactoring의 목적

Refactoring 목표 →
- 유지보수 향상: 복잡한 Code 단순화, 소스 가독성 향상
- 유연한 System: S/W 요구 변경에 유연한 대응
- 생산성 향상: 정제 & 최적화 Source code 재사용
- 품질 향상: Software 오류 발견 용이 → 품질 향상

다. Refactoring의 장점

생산성 측면	단순화, 명확화, 가독성, 가용성, 최적화 통한 Reuse
사용자 측면	요구사항 변경시 Easy 대응, 신속한 서비스
품질 측면	오류발견 용이 → Issue 개선 용이 → 생산성 향상

2. Refactoring의 수행 도식 & 수행대상 (Bad Smell)

가. Refactoring 수행 도식

절차적 프로그램 → (TDD 불가) → Software Bad Smell ← (중복) ← 방대, 복잡한 소스 Code

Software Bad Smell → (코드정제/재구조화) → Refactoring

- Bad Smell : S/W에 대한 Refactoring으로 해결될 수 있는 문제가 있다는 조짐 & 징후

나. Refactoring 대상(Bad Smell)

Code Smell	설 명	리팩토링 방법
중복 Code	기능/Data Code가 중복	중복 제거
긴 Method	메소드 내부 기능 동작 복잡	메소드 적정 수준 조정
Big Class	Class내 너무 많은 속성과 메소드	Class의 몸집 줄임
긴 Parameter	이해어렵고 개수 너무 많음	Parameter 개수 줄임
2중 수정 내용	수정 내용 2 가지 이상	한가지 이유로만 수정
여러 Class 동시 수정	연관된 Class도 변경해야 함	흩어진 유사기능 모음
유사 Data 그룹 중복	3개 이상의 Data 항목 중복	독립된 Class로 정의
Switch, If 문장	Switch 내 지나치게 많은 Case	다형성으로 변경
상속 거부함	하위 Class에서 상위클래스 미사용	상/하위 Class 합침
주 석	Code 이해용 주석	주석없이 Code 자체가 주석

3. Refactoring의 절차, 주요기법 그리고 실제 예시

가. Refactoring의 절차 & 설명

<리팩토링 과정>

작동시 반복 진행

단일 리팩토링 → Test → 작동? → Yes

작동안됨 → 변경부분 → Undo

미작동시 원복후 재진행

설명
① 소규모의 변경 - 단일 Refactoring
② Code가 전부 잘 작동되는지 Test
③ 전체가 잘 작동하면 Next Refactoring 단계로 전진
④ 작동되지 않으면 문제를 해결하고 리팩토링 한 것을 Undo하여 System이 작동되도록 유지

나. Refactoring의 주요기법

기법	대상	설명
Move (이동)	Method	Class를 나누어 의존성을 줄임
	Field	빈도높은 Class의 멤버변수로 필드이동
Extract (발췌)	Class	Data & 기능을 분리하여 별도 Class로 만듦
	Method	중복된 Code를 뽑아서 Method로 만듦
Rename	Method	목적과 이름이 다른 경우 이름 변경
	Field	변수의 용도와 이름이 상이한 경우 변경

다. Move 기법을 사용한 Refactoring의 사례

적용전	적용후

Void main()
{
int i, j, k;
j = i + k;
printf(j); —Move→
}
	Void main() {
	int i, j, k;
	j = i + k;
	Call Print(j); }
	void Call Print(j) {
	printf(j);
	}

- Move 기법이용 대상 Method인 Printf()를 별도의 메소드(Method)로 분리

4. Refactoring 수행시 주의사항 & 성공적인 수행방안

가. Refactoring 수행시 주의사항

①	변경된 소스에 대한 형상관리 & 필요시 원상복구처리
②	Refactoring 수행후 Regression Testing 실시
③	과도한 Refactoring으로 서비스 장애 우려 가능
④	개발기간 단축목적의 XP방법론에서 활용이 기대됨
⑤	Legacy System의 Tailoring, Tool을 이용한 Refactoring시 효율극대화

나. Refactoring의 성공적인 수행방안

디자인 패턴 중심의 접근	전체적인 아키텍처 관점으로 접근
Test 중심의 접근	Bug 제거, 결함 제거 & 예방
지원도구의 활용	Code Inspection / Test 자동화 / 형상관리도구활용
Code 품질 향상	Design Pattern, Code Inspection, 정적 분석 & 증명 방법등 활용

"끝"

문170) 아래 논리회로를 부울(Boolean) 대수 법칙을 적용하여 간소화 하시오. (팩터링 (Factoring)을 사용 하시오)

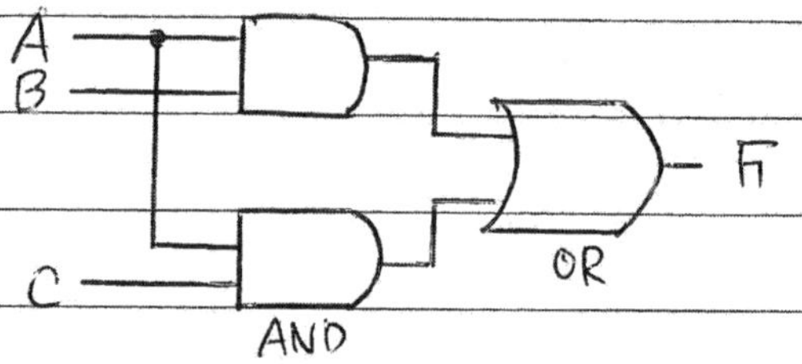

답)

1. 부울 대수(Boolean Algebra)의 정의 (표현식)

- George Boole이 논리적 process들을 표현하기위해 만든
- 회로구현시 (S/W에서는 Module과 상응) 부품개수 최소화.

2 부울 대수 법칙의 종류

교환법칙	A+B=B+A, AB=BA
결합법칙	(A+B)+C = A+(B+C), A(BC)=(AB)C
분배법칙	A(B+C)=(AB)+(AC), A+(B·C)=(A+B)·(A+C)
Factoring	AB+AC=A(B+C), A(1+B)=A+AB

3. 주어진 회로에서 Factoring (공통변수묶음) 후 회로간소화

F = AB + AC = A(B+C)

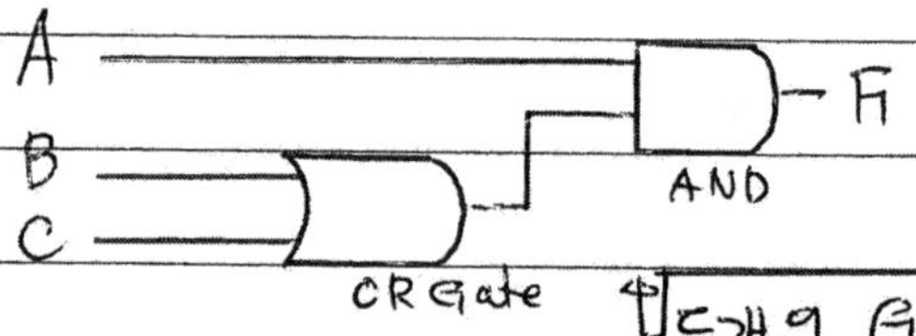

← 간소화, 단순화

↑ 두개의 Gate 사용하여 동일결과산출

"끝"

문171) Software 품질 개선을 위한 Inspection에 대해 설명하시오

답)

1. SW 비용절감 위한 품질 보증기법, Inspection의 개요

가. Software 품질 개선, 인스펙션의 정의

- SW설계와 Code에 대한 검토를 통해 개발초기에 결함을 제거함으로써 품질개선과 비용을 절감하는 기법.

나. Inspection의 목적

품질 개선	비용 절감	역할구분
• 고품질의 S/W확보 • 품질 이슈 Zero화	• 개발초기결함제거 • 품질비용절감	• R&R 구분 • 역할과 책임

2. Inspection의 유형 (System/상세설계/Code로 분류)

가. System Design Inspection (H/W 부문)

- 자원의 효율성에 대한 예측과 이에 대비한 설계 여부 확인
- H/W 부문에 대해서는 System 엔지니어로 협업 수행

구분	내용
목적	Module의 전반적인 설계나 기능을 점검.
주관심사	S/W 요구사항, 성능 명세, I/F 설계
Inspection 내용	-설계 작업의 입력 (계약 , License, Logo인증) -H/W 자원에 대한 기능 할당, 기능 흐름, 정의 -Timing, 동기화에 대한 설계, I/F, Module별 설계

나. 상세 설계 Inspection

구분	내용
목적	System 전체 설계의 목적을 반영하도록 각 모듈이 설계(상세설계)되었는지 검사.
주관심사	상세 설계에 대한 Inspection이 끝나기 전에 코딩(S/W Coding) 작업은 시작불가.
수행 내용	-procedure 간의 Interface 검사. -Module 내의 작업이 전체 성능부하의 영향을 검사-

다. Code 설계 Inspection

-대상: 새로 작성된 S/W나 다른 System에서 개발수정된 S/W.

- Compile 오류가 없는 Code만 Inspection 진행함.

Code Inspection의 목적
-Code 명세(요구, 설계, I/F등)에 적합한지 검사
-설계가 정확히 programming 언어로 바뀌었는지 점검
-Code의 품질(Quality) 중요 점검, 오류 조기에 파악
-Code가 Module 간의 I/F 요구를 만족하는지 검사
-Module Testing 명세를 미리 검토
- 적당한 test 도구와 환경 구축, Testing 시작 가능여부
- S/W product가 계약이나 국제표준&규칙에 적합성점검

3. Inspection의 수행구조와 절차설명

가. Inspection의 수행과정

주재자 → 계획 → (주재자/작성자/담당자) 사전교육 → (주재자/담당자) 준비 → (주재/담당/작성자) 인스펙션 회의 → (작성자) 수정 → (주재자 품질관리자) 후속조치
Feedback (수정 → 계획)

- Inspection의 모든 책임과 권한은 주재자가 가짐.

4. Inspection의 수행절차 설명 (동일문제 재발방지 수립)

절차	주요 내용	산출물
계획	팀 구성, 구성원 준비확인, Inspection 규격준수확인, Checklist 준비 여부 결정 등	Inspection 계획서, Checklist, FA Report
사전 교육	Inspection Team을 대상으로 사전 간단한 교육 진행 (사전 내용숙지, 객관적 사실공유)	착수회의록, 교육 자료
준비	Team 구성원은 결함을 발견하고 기록 & 발표자료 준비	개별검토내용, Log 등
회의	발견된 결함을 논의하고 결함의 종류 구별 & 분류	Checklist 부적합사항 명세서
수정	결함 수정 & 진행자에 통보	변경계획 / 결과서
후속조치	수정여부를 확인하는 것으로 주재자 역할	Inspection 결과서 작성, 보고

4. Inspection 참가자의 역할 & 수행시 고려사항 및 기대효과

가. Inspection 참가자별 역할

담당자	역할
주재자	참가자 선정, 계획, 검토자료 사전 배포
개발자	Inspection에 필요한 자료 제출, 발견된 오류 후속조치
제출자	객관적, 정확한 검토자료를 제출하도록 협조
기록자	회의의 논쟁, 질의, 답변 문서화, 검토자 입장에서 참가
검토자	미리 자료 충분히 검토, 오류 발견, 객관적 입장

나. Inspection 수행시 고려사항 및 기대효과

기대 효과	고려 사항
-다음 단계 진행을 위한 기술적 기초 제공	-가급적 참석 인원 고려(제한)
-programming 품질 향상 효과	-사전 준비 사항 강조
-비용 절감, Test 작업 효율 증대	-심한 논쟁 & 반박 제한
-유지보수성 인식, SW 관리에 도움	-의사결정 사항 준수

"끝"

문172) 품질보증방안, Review에 대해 설명하시오

답)

1. 요구사양서와 일치성 검증 Review의 개요

가. 정적(자료&산출물) S/W 품질 기법, Review의 정의

- Code, SW 개발 중간산출물(Code, 요구사항 명세서등)의 검토/검증을 통해 요구명세서와의 일치성을 검토하는 품질보증기법

나. Review 대상 및 방법

Review 대상물	Review 방법
Source Code, 요구사항명세서	중간단계 및 완료시
명세/계획서(설계, 검증)	산출물 검토후 의견제시
test Script, User Guide	필요시 개선후 검증

2. Review의 종류, 수행 process, 역할과 책임(R&R)

가. Review의 종류

Review의 종류	설명
비공식(Informal Review)	검토회 없이 산출물 상호 검토(개발품질)
기술적(Technical Review)	기술사양& 기능등 기술적 문제 해결
Walkthrough	학습, System에 대한 이해향상, 결함발견
Inspection	Code, 중간산출물 등의 초기 결함 발견
peer-Review	동료들 사이에서 Review 수행

나. Review 수행 process

단계	수행 내용	산출물
계획활동	R&R, 시작/종료 기준정의, 검토문서설정	Review계획서, Check List

Kick-off	문서배포, 목표, 절차등 참석자에게공유	착수회의록
Review Meeting	토론, 회의록작성, 결함 check, 결함 재처 방안, 결함처리 여부결정	결함 관리 이력서 작성및 공유
Rework(재작업)	발견된 결함의 수정및 검증확인	Check list
Follow-up	-후속처리확인, 경험 사례 등록	Review결과서

다. Review시 담당자의 역할과 책임 (R&R:Role & Responsiblity)

관리자 PM	중재자	작성자	검토자	기록자
Review 일정및 회의 주관	이해당사자중재	산출물 작성자	해당 issue 검토자	이슈, 문제점 미해결점등기록

3. Review의 성공요소, 기대효과및 고려사항

가. Review 목적 명확화, 적합한 인력참여, 학습과 절차 개선에대한강조

나. 경영층의 지속관심/Review Process가 개발&검증단계에포함

다. 조기에 결함 발견및 수정, 개발 생산성극대화, 납기 준수

라. 적절하지 못한 Review 형식과 인원 구성은 Review 진행 시 역효과(Side effect), 비용발생, 개발 기간 증가 발생 가능.

"끝"

문 173) Software 관리를 위한 형상통제 위원회 활동에 대해 설명하시오.

답)

1. Baseline의 통제/관리 조직, 형상통제 위원회 활동의 개요.

가. 형상통제위원회 (Configuration Control Board)의 정의

- S/W의 가시성과 추적성을 위해 Baseline에 대한 설정 및 권한에 대한 관리 기능을 가지는 조직

나. CCB의 역할 (S/W 변경점 관리 및 등록 승인)

- Baseline의 설정, Baseline에 대한 변경사항 관리.
- 산출물의 형상관리 변경 절차 관리 및 점검.

2. 형상통제 위원회 (CCB)의 세부활동과 자격 요건

가. CCB의 세부활동

구분	통제활동	설명
조직	조직 구성	변경 영향도에 따른 통제위원 구성 결정
	담당자선정	구성 항목별 구성 관리 담당자 선정
	Baseline설정	업무담당자별 Baseline 접근통제 권한설정
절차	전략결정	Version, Release 전략 및 절차 결정
	변경절차 확정	변경요청 → 승인 → 변경 → 기록 → 관리의 순서 및 담당자, 관련 양식 확정
	Library 설정	개발, Test, Baseline을 관리하기 위한 Library의 설정.

나. 형상통제 위원회의 자격요건

기능	자격 사항
식별	-각 단계별 산출물의 연관성을 객관적으로 파악가능. -기술적 능력 / System공학 지향
관리	-비용 대비 이익(부가가치)을 평가할수 있는 능력 -시스템 관찰 point(기술/관리적 균형, 사용자/고객/공급자) -Software 변경과 관련 평가 능력
감사	- 일치성을 관찰할수 있는 능력과 신중& 치밀함. -H/W, S/W 기 경험자로 기술적 측면을 판단가능 -세부 항목 끼리의 연계성 파악 가능
현황정리	기록 능력, System Engineering 지향

3. CCB와 QA의 비교

구분	CCB	QA
역할	산출물의 Baseline관리& 통제	산출물의 품질관리 유지
특징	품질관리 조직에서 CCB 역할을 병행수행	사내의 전사 기준에 따른 품질관리 기능 수행
장점	project 단위의 품질관리	정량적인 품질관리 기능
단점	PM과 CCB 상호보완적역할어려움	프로젝트상황에 맞는품질기법제공어려움

"끝"

문174) S/W Test 방법중 명세기반과 구조기반 Test 설계 기법에 대해 설명하시오.

답)

1. Test Design 기법의 정의와 분류

가. Test Design(Test 설계) 기법의 정의

- Test 설계 과정을 통해 Test Case와 Test Data를 설계하고 명세화 하는 기법 (S/W 강건 설계 목적)

나. Test 설계 기법의 분류

Code 참조 여부
- 참조: -WhiteBox -구조기반
- 미참조: -BlackBox -명세기반

Test 설계의 근원
- -명세기반 -UML등
- -구조기반 -Testcase
- -경험기반 -지식기반

2. Test 설계 기법의 상세유형 (명세/구조기반)

가. 명세기반 기법의 종류 (BlackBox)

동등분할 – 경계값 분석 – 결정 Table – 상태전이(State) – Use Case – 원인결과 그래프
pair-wise – 직교배열

- 동등분할: scope(범위) 결정
- 경계값 분석: ±1
- 결정 Table: 조건& 결과
- 상태전이: 상태변화
- Use Case: //Component 단위
- 원인결과 그래프: Tree화
- pair-wise: ∅, 1
- 직교배열: //행과열을 pair wise하게 함으로써 조합의 수를 줄임.

나. 구조기반 기법의 종류 (WhiteBox)

구분	도식	기법
구문커버리지(SC) (Syntax)	A B | AORB ① 1 1 | 1 ② 1 0 | 1 ③ 0 1 | 1 ④ 0 0 | 0	①~④의 경우(Test Case)중 모두 가능, 즉 하나만 선택하여 검증.

구분	예시	설명
결정, (Decision) DC	A B A ORB 1 1 1 1 0 1 0 1 1 - 참(T) 0 0 0 - 거짓(F)	Decision의 결과인 1과 Ø이 각각 적어도 한번씩 Test Case에 포함.
조건, (Condition) CC	A B AORB 1 1 1 1 0 1 0 1 1 0 0 0	조건 A의 입력인 1, Ø, 그리고 조건 B의 입력인 1, Ø이 적어도 한번씩 Test Case로 선택
조건/결정, C/DC	A B AorB 1 1 1 1 0 1 0 1 1 0 0 0	각각의 개별 조건의 결과값이 Ø, 1이 모두 적어도 한번씩 Test case에 포함(선택)
조건변경/결정, 결과값 MC/DC	AB AorB 1 1 1 1 0 1 } 1인경우 0 1 1 0 0 0 } Ø인경우	각각의 개별조건식 A,B가 조건식 결과에 독립적으로 수행하므로 A, B가 (1, Ø), (Ø,1), (Ø, Ø) 선택
다중조건 MCC	A B AorB 1 1 1 1 0 1 0 1 1 0 0 0	모든 test case의 선택 -개수는 2^n, -Test Cast는 n의 갯수

다. 구조기반(Whitebox)의 각 커버리지간의 Scope(범위)

MCC ← all Test

MC/DC

C/DC

DC SC CC

MCC > MC/DC > C/DC > DC, CC > SC 순

3 경험 기반 기법의 종류

기법	설명
탐색적 Test 접근법	-Test Engineer의 경험을 기반으로 test -계획/설계/실행/기록을 동시에 진행하는 Heuristic(체험적) testing 기법(Agile에 적용) -60~120분간 제한된 시간에 수행(Time Boxing) -결과 간략 문서화(Test Note)
분류트리	Tree 구조 분석/표현
Checklist	-경험, Knowhow 목록, 과거 경험 사례.
특성Testing	ISO9126 품질특성 기반으로 경험적 Test case 도출

"끝"

문75) Daily Build에 대해 설명하시오.

답)

1. 지속적 Software 반영 프로세스, Daily Build 개요

가. 업무 자동화, Daily Build의 정의

- 지속변경되는 S/W에 대해 지정된 시간에 test, packaging, tagging, Reporting, 이슈관리등의 process 자동수행

나. Daily Build의 특성

지속적 통합	변경/수정되는 사항 → 매일 반영 → 신속성 (XP실천요소)
배포 효율화	별도 process 없이 기 설정된 시나리오로 자동 배포
짧은 릴리즈	짧은 릴리즈 주기 → 시스템 완성도 향상, 통합시 Risk감소

2. Daily Build 구성도 및 주요 구성 요소

가. Daily Build의 구성도

소스 수정 → CVS (Check-out, Repository) → 변경 반영 → Build server → 자동 배포 → 고객품질, 영업 / 서비스, 구매

Daily 처리 구간

나. Daily Build의 주요 구성 요소

IDE(통합 개발환경)	-코딩, 디버깅, 컴파일, 배포등 작업환경 (ex eclipse)
CVS(형상관리도구)	-Check In/Out기능, 버전관리, 변경/기록 관리
Repository	-Version, 형상정보, 오류정보 Issue를 기록하기 위한 저장소, 원본 Source 저장 및 Backup
Build Server	최종 Source Code Build 및 test 위한 서버
스케쥴링	-Build, Test scheduling, Batch job

	Script활용하여 Job Time 정의(Ant Script)
Alerter, Reporter	-Issue, 오류, Bug 발생 Alert 및 Report도구 Bug Tracking system과 연계하여 구성(Luntbuild)

3. 실무자 입장에서의 Daily Build 방법의 고려사항

제품선택 적용	표준에 근거한 제품선택(open API 사용시 호환성)
Build스케줄	Stable 시스템 : 주단위, Unstable System : (일단위
자동화 범위	process 자동화 범위 선정(전체/일부적용)

"끝"

문76) Test Oracle에 대해 설명하시오.

답)

1. Test 실행결과의 판단 기준, 테스트 오라클의 개요.

가. 예상결과와 실측값의 비교, Test oracle의 정의

- Test를 수행한 결과가 참인지 거짓인지를 판단하기 위해 미리 정의된 참 값을 대입하여 비교하는 기법 & 기준(Baseline)

나. Test oracle의 특징

제한된 검증	- 모든 Test 항목(Item) 적용불가
수학적 기법	- Test 수행시 수학적 기법이용, 오라클 값 구함
자동화 기능	- Test 대상 S/W 실행, 결과비교, Coverage측정.

2. Test oracle의 유형과 장단점

가. 테스트 오라클의 유형

유형	설명	사례
참오라클 (True)	- 전수검사, 모든 Test case 입력값의 기대한 결과값에 대해 확인	
샘플링오라클 (Sampling)	- 경계값, 구간별 예상값결과 작성후 사용, 전범위 검증불가시	검증 point
Heuristic 오라클 (확률&체험)	- 몇몇입력은 샘플링오라클 적용 나머지는 Heuritic 처리 - 확률이나 직관(체험)에의한예상	Heuritic Sampling
일관성 오라클 (Consistent)	- 이전과 현재(전후) 결과동일여부 검증, Side effect 검증시	Regression 검증. (변경점 확인)

4. Test oracle의 유형별 장단점.

구분	참 oracle	샘플링 Oracle	휴리스틱 Oracle
Test 정확도	전수검사로 All Testcase 정확도검증됨	일부에 대해서만 정확도 검증이 가능	참과 샘플링 oracle의 중간 정도 정확도
장점	모든 Testcase에 대해 oracle 적용가능	Test oracle 작성이 쉬움	샘플링보다 Testcase가 많음
단점	oracle 개발 비용 부담.	Sampling 이외 검증은 참/거짓 검증확인불가	같은 조건 값 범위 내의 Test 참/거짓 검증 불가

3. Test oracle 적용시 고려사항 & 활용방안

- 고려사항: 다양한 Testcase 적용시 범위(Scope)를 고려하여 Automation(자동화)도구와 병행 필요성
- 활용 방안: Project의 특성에 따라 활용

참 오라클	항공기, 군사용 장비등 Mission critical한 S/W에 적용
휴리스틱 오라클	ERP, CRM등 Regacy system에 활용

"끝"

문77) Risk 기반 test에 대해 설명하시오

답)

1. 우선순위 기반 test 실시, Risk 기반 test의 개요

가. STA→STTA→ITA→FTA순, Risk 기반 검증의 정의

- 기업 비즈니스 환경, 기술 및 자산의 특성에 따라 위험을 측정, 평가하여 우선순위가 높은 부분에 가용자원 배치, 결과도출 test 전략

나. Risk 기반 test의 목적

효과성(Effective)	영향도 높은 test 결과 산출(고객 입장)
효율성(Efficient)	가용자원(시간/비용/인력)의 배치 적절성

2. Risk 기반 test의 수행 절차 및 전략

가. 리스크 기반 테스트의 수행 절차

식별	→ 분석	→ 대응계획	→ 전략수립	→ 수행, 상태추적
checklist	위험/영향도	목록표 작성	MTP	결과보고서, 관리대장

4. Risk Matrix 및 test 전략

장애 발생 가능성 (0, 27, 54) / 장애로 인한 영향도 (0, 18, 36)

	0~18	18~36
27~54	ITA (test 해야 될 단위, 통합 test)	STA (반드시 test)
0~27	FTA (경험기반의 test 가능)	STTA (test 해야 할 인수 test)

* 우선순위: STA > STTA > ITA > FTA

-. 장애 영향도와 장애 발생 가능성이 높은 STA 영역이 가장 높은 우선순위임.

우선순위	리스크레벨	내용	Retest/Regression
1	STA	-공식 test설계, 경계값분석 T90%확보 -완전한 Code Inspection, 문장커버리지	5회/Full
2.	STTA	-Workthrough, 커버리지 70% 확보	2회/Full
3	ITA	-동료 검토, 문장커버리지 70% 확보	1회/partial
4	FTA	기회되면 자연스럽게 test 실시	1회

3. Risk 기반 test 시의 고려사항
- project 위험관리와 연계, 위험관리요소 유지 및 test전략수립.
- 위험 식별은 project 개발중 process화하여 지속 모니터링
- 장애 발생가능성이 높은경우 개발testing 집중.

"끝"

- STA : Severe Test Area
STTA : strong Test Area
ITA : Intensive 〃
FTA : Fundamental 〃
MTP : Master test plan

문 178) 회귀 테스트(Regression test) 기법에 대해 설명하시오

답)

1. S/W 변경후 적합성 확인 검증기법, 회귀 테스트의 개요

가. 회귀 테스트(Regression test)의 개념

- S/W에서 Issue 수정이나 기능 확장이 추가된후 변경 부분과 기존기능을 같이 검증하여 오류사항들을 검출하는 테스트기법

나. 수정후 결함(fault) 여부 파악, Regression test의 필요성

SW복잡성 증가	Module간 의존성 심화, side/Riffle effect 검증
성능과 기능관계	특정 기능이 변경이 전체 성능에 영향
결함조치 확인	Issue 사항이 정확히 개선되었는지 확인
정합성 검증	Module간의 변경사항이 논리적 문제 없음 확인

2. Regression test의 개념도와 유형 & 장단점

가. 회귀 테스트(Regression test)의 개념도

- S/W Issue 발생이나 기능추가후 Regression 검증수행

나. Regression test의 유형및 장단점

유형	Retest All 기법	Selective 기법	priority 기법
수행방법	기존 testcase 전부	변경대상만 검증	우선순위화 검증

장점	- 검증 커버리지 향상 - 검증 완전성 향상	- 검증수행범위최소화 - 투자대비 효과적	- 중요도/위험도에 따른 검증비용 최소화
단점	- test 시간 필요 - 검증위한 Data 필요	- 검증완전성 부족 - 선정대상 결정어려움	- 우선순위 부정확시 결함 발견 어려움
적용	- 금융등 고위험시스템	- 일반기업 System	- 위험도 낮은 시스템

3. Regression test의 주요 수행 전략

범위와 수준 사전 정의 → 단계별(세부사항) 회귀 테스트 수행 → 결함(Fault)의 내성극복

- 범위와 수준 사전 정의
  - 자원 및 비용고려
  - 시장출하 시간고려
  - test 계획 수립
  - Action Item 나열
  - 인력 Assign
- 단계별(세부사항) 회귀 테스트 수행
  - 단위검증 : 기능단위별
  - 통합 검증 : 기능통합검증
  - 시스템 검증 : 사용자환경
  - Risk, 중요도 고려
  - Module 결합도, 성능고려
- 결함(Fault)의 내성극복
  - 결함 Zero화
  - 경험사례 등록
  - 반복 및 점진적
  - 검증 방법 적용
  - 검증 비용 절감고려

"끝"

문 179) 통합테스트(Integration Test)에 대해 다음을 설명하시오
가. 비점진적 통합 방식과 점진적 통합방식
나. 하향식(Top down) 통합테스트와 상향식(Bottom up) 통합테스트
다. 테스트 드라이버(Driver)와 테스트 스텁(Stub)

답)

1. 통합테스트 개요와 비점진적/점진적 통합 방식의 개요

가. 단위테스트 후 통합 Test, 통합 Test의 정의

- Software 각 모듈(Module) 간의 Interface 관련 오류, 단위 모듈 간의 서비스 기능에서 결함을 찾는 Test 방법

나. 비점진적 & 점진적 통합방식의 정의 및 특징

통합방식	구분	설명
비점진적 (통합)	정의	모든 모듈을 사전에 통합하여 한꺼번에 Test
	특징	-빅뱅(Big Bang) Test 방식에서 활용 -소규모 s/w에 유리, 단시간 내에 Test 가능 함 -전체 s/w 대상 오류 발견, 장애 위치 파악 & 수정 어려
점진적	정의	모듈 단위로 단계적으로 통합하여 Test하는 방법
	특징	-오류 수정 용이, Interface와 연관된 오류를 전부 Test 가능, 장애 위치 Easy 발견 -상향식/하향식 통합 방식이 있음

2. Top down (하향식) 통합 테스트의 구성과 설명

가. 하향식 통합 test의 구성 (예시)

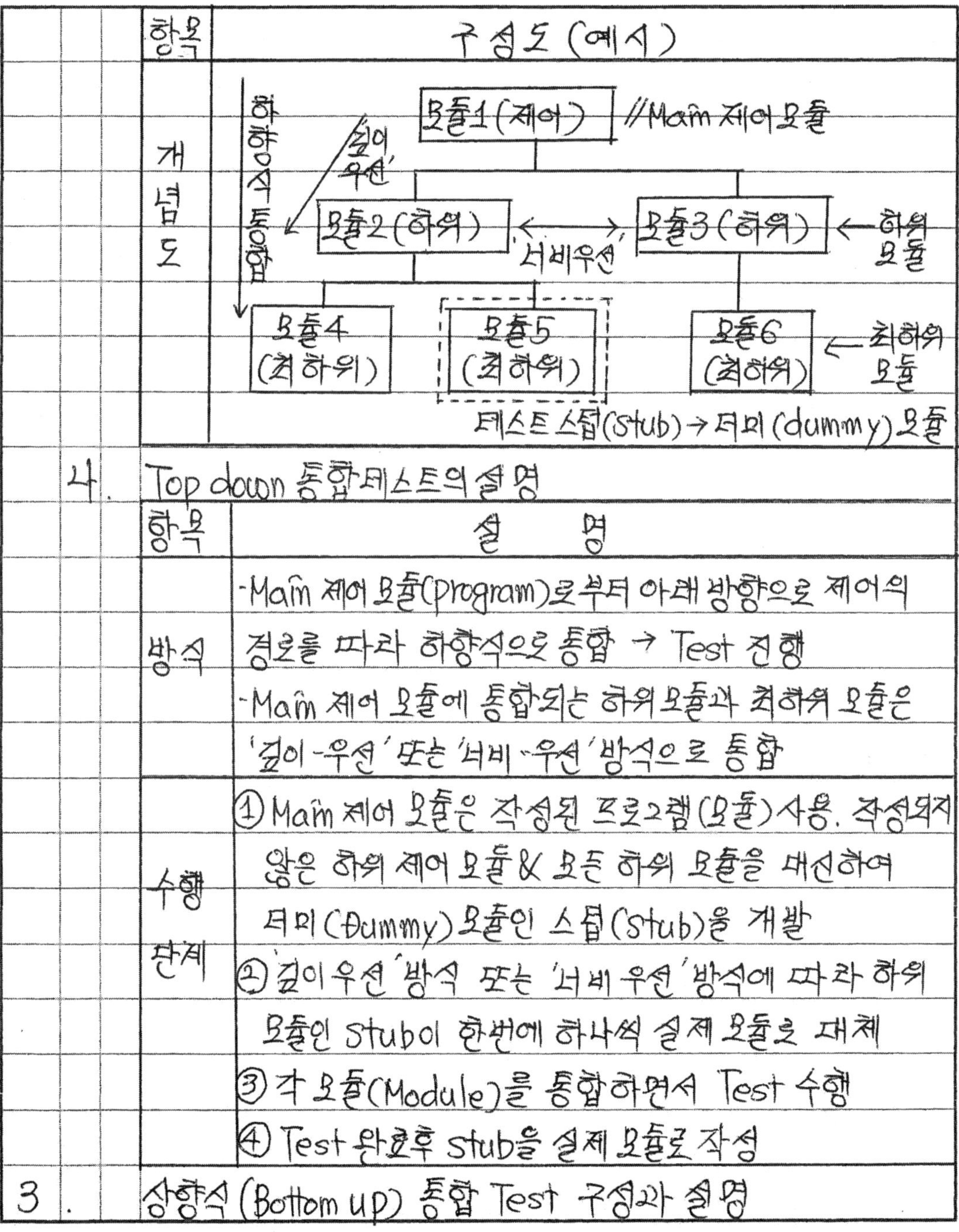

항목	구성도 (예시)
개념도	(diagram)

나. Top down 통합테스트의 설명

항목	설명
방식	-Main 제어 모듈(program)로부터 아래 방향으로 제어의 경로를 따라 하향식으로 통합 → Test 진행 -Main 제어 모듈에 통합되는 하위모듈과 최하위 모듈은 '깊이-우선' 또는 '너비-우선' 방식으로 통합
수행단계	① Main 제어 모듈은 작성된 프로그램(모듈) 사용. 작성되지 않은 하위 제어 모듈 & 모든 하위 모듈을 대신하여 더미(Dummy) 모듈인 스텁(Stub)을 개발 ② '깊이우선' 방식 또는 '너비우선' 방식에 따라 하위 모듈인 stub이 한번에 하나씩 실제 모듈로 대체 ③ 각 모듈(Module)를 통합하면서 Test 수행 ④ Test 완료후 stub을 실제 모듈로 작성

3. 상향식(Bottom up) 통합 Test 구성과 설명

가. 상향식 통합 test의 구성(예시)

항목	구성도(예시)
개념도	상향식 통합 ↑ 모듈1 // 제어 모듈 모듈2, 모듈3 — 테스트 드라이버(Driver) ← 하위 모듈 모듈4, 모듈5, 모듈6 ← 최하위 모듈 클러스터(cluster)

나. Bottom up 설명

항목	설명
방식	최하위 모듈(Module)부터 위쪽 방향으로 제어의 경로를 따라 이동하면서 구축 & Test 진행
수행 단계	① 최하위 모듈(Module)들이 하위 모듈의 기능을 수행하는 클러스터(cluster)로 결합 ② 상위의 모듈에서 데이터의 입력과 출력을 확인하기 위한 더미(Dummy) 모듈인 드라이버(Driver)를 작성 ③ 각 통합된 Cluster 단위의 Test 수행, test 완료 후 각 cluster들은 모듈의 위쪽으로 결합되며 Driver는 실제 Module로 대체

- 상향식과 하향식 통합 테스트시, Test Driver와 Test Stub이 Dummy Module 역할 수행

4. Test Driver와 Test stub

가. Test Driver의 설명

항목	설 명
개념	상향식 Test에서 아직 통합되지 않은 상위 모듈의 동작을 Simulation하는 모의 모듈이 Test Driver임
필요시기	하위 모듈은 존재하지만 상위 모듈이 없는 경우
방식	상향식 (Bottom-up)
개념도	모듈 (Test Driver) ← 하위 모듈, 하위 모듈

나. Test stub의 설명

항목	설 명
개념	테스트 대상과 협력해 구동되는 모듈을 대신하는 더미(Dummy) 모듈을 Test Stub라 지칭
필요시기	상위 모듈은 존재하지만 하위 모듈이 없는 경우
방식	하향식 (Top down)
개념도	상위 모듈 → 하위모듈, 하위모듈 ← Test Stub

"끝"

문 180) 화이트박스 테스트(White Box Test)와 블랙박스 테스트(Black Box Test)의 비교

답)

1. Software 품질 점검, WBT와 BBT의 개요

가. 내부 기능 점검, White Box test의 정의 & 개념

정의	
Software의 내부 구조를 기반으로 하여 Test를 수행하는 방식	In Data, I/O → [i=0] → ⟨0?⟩ Y → i++ / N → i=0 → output (White Box)

나. Module, 함수의 기능 점검, Black Box Test의 정의 & 개념

정의	
S/W 내부구조가 아닌 모듈이나 함수의 입력대비 출력 값 점검	In Data, I/O → Black Box → output

- V-Model 테스트 중 BBT는 통합/시스템/인수/설치 test에서 사용하며 WBT는 단위 test에서 주로 사용

2. S/W 품질(Quality) test, WBT와 BBT의 검증기준 비교

구분		WBT		BBT
검증 기준	문장 검증	문장①, 문장②, 문장③ / 검증 순서 ①→②→③순	동치(同值) 분해	In: 0, 20, 40 … 100 / TC, TC, TC
	선택 검증	A B A OR B 1 1 1 1 0 1 (선택) 0 1 1 (선택) 0 0 0	경계 Test	In: 0, 20, …, 100 / TC TC TC TC … TC

검증 기준	경로 검증	①→②→③/④→⑤	원인, 결과	원인 ↔ 결과
	조건 검증	While (A=1) do B End while / Start → A → 1: B, ∅: End	오류 예측	주택가격 / 주택크기, 오류구간, 예측값, 실제값, 오류=실제-예측값

- Test 설계기법에서는 명세기반(BlackBox) 설계와 구조기반(WhiteBox)으로 구분하여 test case를 설계

3. WBT/BBT의 검증 & 유효화 단계 비교

단계 비교	검증 Verification → 유효화 Validation
	-WBT → -BBT
	-단위 Test → -통합 Test
	-구조기반 Test → -명세기반 Test

"끝"

문 181) 몽키 테스트(Monkey Test)와 회귀 테스트(Regression Test) 비교 설명

답)

1. 개발, 운영단계 test 구분. 몽키/회귀테스트 개요

가. 개발단계 test (통합후 Release전단계), Monkey Test 정의

-시험할 부분&방법, 설명, 의도에 대한 고려없이 시험실시자가 즉흥적으로 랜덤(Random), 불특정 사용자 환경으로 극단적으로 점검하는 Test

나. 유지보수, 운영단계 test. Regression Test 정의

-기능변경과 결함수정에 의해 다른 모듈(Module)과 기능에 영향이 없는지 Side Effect와 Ripple Effect를 확인하는 Test

2. Monkey / Regression test의 비교 (주요 항목)

항목	Monkey	Regression
핵심	-랜덤 극단적 조작 연속시험	-결함수정에 의한 영향도분석
	-사용 경험이 없는 User사용	-기존 Test 시나리오 사용
목적	-극단상황, Edge case 검증	- side / Ripple Effect 점검
	-저항성 향상	-변경 영향도 확인
특징	-설계, 구조, 용도등 미고려	-신규 유입 오류 확인
	-조작순서, 관찰, 기록 중요	-기능&환경 변경시 활용

대상	에뮬레이터, Device 일부	S/W 전체
유형	Dumb, Smart, Brilliant	Resetall, Selective, Priority
수행시기	배포 전 개발단계	유지보수를 위한 운영단계
완료시점	오류의 검출	Side Effect 수정 완료

3. Monkey / Regression test의 비교(고려사항 & 장점)

항목	Monkey	Regression
고려사항	-논스톱 임의 입력 증명 -무작위 입력 자동 생성 -동작 추적 & 분석 Tool	-Record & Replay -유동적 계획수립 -Test 범위(Scope) 산출
Tool	Monkeyrunner	Selenium, QTP
장점	-일부기능 오류 확인 가능 -간편한 설정 & 실행 -비숙련 자원 활용 가능 -신뢰성 Test 가능	-빠른 오류 검증 -S/W 신뢰성/안전성 향상 -기존 Test case 활용 -Test 시간 단축

"끝"

문182) 카오스 테스트(chaos test)

답)

1. 복잡한 분산 System 환경 점검 Chaos test 개요

정의 - cloud와 같은 복잡한 분산 System 환경에서 System의 신뢰성 확인위해 인위적인 혼돈(chaos)을 가해 system의 취약점을 찾아 개선하는 Test.

등장배경 & 효과

- 연쇄장애 차단
- 서비스 안전성 확보

<기대효과>

→ Chaos test ←

신뢰성 확보

- 대규모 분산 System
- 구조복잡성 (다량연계)
- 서비스 연계성

<등장 배경>

2. Chaos test의 절차 & 상세설명

가. Chaos test의 절차 - (준비, 계획, 실행, 완료순)

준비 → 계획 → 실행 → 완료

- 준비: 상태정의
- 계획: 현황분석후 오류, 변수정의
- 실행: - 오류주입/확인 - 연쇄장애 발생, 기록
- 완료: - 보고서 - 대응방안

나. 카오스 테스트의 상세설명

구분	내용	설명
준비	정상상태 가설 구축	동작상태 통계치 이용
계획	- 현실문제 반영한 오류등정의	서버장애, Disk오류, N/W 단절
	- 인위적 혼돈가능요소 정의	등 실제 가능한 Chaos 변수정의
실행	- 오류주입후 정상과 차이분석	- 통제된 Test 환경구축
	- 정상군, 오류군 Data 기록	- 자동화 도구통한 지속 test

완료	-에러 상황&연쇄 장애 확인	-test 결과 보고서
	-결과 취합&보고서 작성	-대응 방안 수립

-test 중 오류로 인해 사용자 불편 방지 고려해서 구축 필요

3. 신뢰성 확보 위한 SRE와 Chaos test 비교

구분	Chaos	SRE
환경	분산 System (예 cloud)	DevOps
목표	분산 환경 오류로 발생 가능한 연쇄 장애 점검&대응	운영(ops)에서 발생 가능한 다양한 오류 상황 대응
수행방식	정량적 정의된 정상 상태 기반	서비스 목표(SLO) 기반
활용기업	Google, 아마존, Netflix, M/S 등	

-SRE: Site Reliability Engineering ← 구글에서 처음 제안

-다양한 Infra, 서비스 연계 환경에서 신뢰성 확보 위한 기술

"끝"

문183) Embedded Software Test

답)

1. 초연결사회, 신뢰성 확보, 임베디드 S/W Test

가. Embedded Software 품질의 필요성

결함 발생시 피해심각	Embedded Software	High S/W 신뢰성 요구
Mission Critical 특성		고수준의 Software 품질

- 산업용 임베디드 Software는 오동작 또는 결함으로 인한 인명피해, 산업 피해가 크므로 신뢰성, 품질이 중요

나. 임베디드 Software test의 중요성

특수성 점검	특정 Hardware 제어목적의 특수성 점검
실시간성	Real time 동작 - 정확한 기능 도출 필요
신뢰성 확보	H/W에 종속 - 많은 Test 과정에 Issue 발생
특수 기능	특정(Specific) 기능수행, 제한된 환경

2. Embedded Software 품질 특징 및 설명

가. Embedded 소프트웨어 품질 특징

임베디드 Software 품질특징

- 품질의 객관화, 정량화 어려움 <품질측정>
- 품질 요소들의 제한 <품질요소>
- System과 S/W간 상호보완으로 가변적 <품질 안정성>

- Embedded Software 품질은 <품질측정>, <품질요소>, <품질 안정성>측면의 독립적 특징이 존재

4. 임베디드 Software 품질특징설명

관점	품질 특징	품질 확보 방안
품질측정	품질 신뢰성 지표 요소	- S/W 품질 객관적 지표제시 - Top-down 접근에 의한 process
	품질의 정량화 기준 요소	- 품질 보증 process 적용 - ISO26262, IEC61508 (기능안전)
품질요소	품질요소의 한정	- 품질 요소들의 우선순위화 - 기능, 성능, 신뢰중심으로 한정
	평가 품질요소 변경 (목적)	- S/W 목적에 따라 품질요소 변경 - 우선순위에 의한 평가수행
품질 안정성	품질 의존적	- H/W, S/W간 상호품질 보완 - 환경요건(온도, 전파, 센서등)평가
	품질 가변적	- 환경적 가변요인(H/W등) - System의 존성 고려 평가수행

- 특정(Specific) 기능 목적 중심으로 측정, 평가, 품질안정성 측면에서 특징이 존재

3. Embedded S/W testing시 발생문제 & 개선방안

가. Embedded Software testing 문제점

문제점	세부문제점	설 명

범위/ 경계설정	Software 시험 항목 설정 어려움	Hardware 시험, Software 시험항목 명시 구분 어려움
	Hardware 시험시 Software 지원 필요	H/W와 S/W 시험시 의존성으로 상호 지원 필요
환경구축	시험위한 조건 충족 어려움	연동(Interface) 필요 장비의 경우 Simulation 환경 필요
	시험 전용 장비 등 추가 시설 필요	외부신호, Sensor값, 제어상태 모니터링 등 전용 장비 필요
위험성	인명피해, 대규모 산업적 피해	장비 시험중 결함(fault)/오작동에 따른 피해 발생 가능
	극한 환경 시험 조건	전자파(EMI) 시험 등 극한환경 조건 운용시 위험

나. Embedded S/W Testing 문제점 개선방안

문제점	세부 문제점	설명
범위/ 경계설정	- 의존 부분 식별&관리 - 값 경계 설정	- 각 부분 독립 & 공동시험 영역 식별 - 유효한 값 경계 설정 시험
환경구축	시험 환경구축 (S/W Testing 환경)	해당 기능 점검에 필요한 장비, Simulation, 모의시험 등 구축
	범용 SIL(Safety Integrity Level) 활용	Embedded 도메인 별 SIL 구축, 지속 활용
위험성	자동화(Auto) 시험 장비 활용	사람 관여가 필요 없는 자동시험 장비 개발/활용

4. Embedded Software 품질향상 위한 방안

병행수행	S/W 메트릭과 같은 개발, 산출물 품질관리와 Testing 병행수행으로 품질향상
process 준수	Software 품질 인증 process 준수 및 인증 평가 수행으로 산출물에 대한 품질 확보 가능
인증	기업내 조직 차원의 CMMI/TMMI 인증 수행으로 조직 수준의 품질 향상 가능

"끝"

문184) Software 개발프로젝트 품질비용 항목 4가지를 제시하고 각 항목별로 사례를 들어 설명하시오

답)

1. 최적의 품질 비용 관리. S/W 개발 project 품질비용 개요

정의 - 예방비용과 평가비용을 높여 실패비용을 줄이는 것

구성

SW품질비용
- ① 품질확보비용
  - ③ 예방비용
  - ④ 평가비용
- ② 실패비용
  - ⑤ 내부실패비용
  - ⑥ 외부실패비용

2. S/W 개발 Project 품질비용 항목과 사례 설명

가. Quality Cost 항목

분류	항목	설명
①	③	결함예방위한 원인과 행동(개선안) 정의에 지출
	④	제품품질 점검/확인 & 평가에 소요
②	⑤	제품 인도전 결함 수정 비용
	⑥	제품 인도후제품, 서비스수정시의 비용

나. Quality Cost 항목별 사례와 설명

항목	사례	설명
③	Project & 자원관리	품질계획수립 & 통제, 형상/백업, 교육, 기술지원
	예방품질활동	process 점검, 산출물 검토, 내부 QA 활동
④	평가품질활동	장비 접수, 동료/고객 검토, 감리
	Test	단위/통합/시스템/인수/설치 Test

	구분	내용
⑤	내부실패관리	동료/고객 검토후 개선, 감리 활동후 조치
	Test	각종 Test후 결함(fault) 개선
⑥	결함 처리 조치	오픈이후 결함조치, 품질 보증 비용
	납기 지연 대응	납기 지연 & 책임 비용, 장애복구비용 등

- 품질비용은 ① > ② > ③ > ④ 순으로 사용 권장
- 품질비용 항목별 사례 & 활동 통한 최적 S/W 품질 비용 확보 필요

3 S/W 품질 비용의 목표

- 최적의 품질비용은 적절한 품질확보 비용과 최소실패비용으로 구성

비용
품질비용
실패비용
최적의 품질비용
최소의 실패비용
품질확보비용
적절한 품질확보 비용
품질

"끝"

문(185) Back To Back Test

답)

1. Test 이중화, Back to Back Test 개요

가. 불일치 비교후 개선, Back to Back Test 정의

- 두개 혹은 그 이상의 Test System에 대하여 동일한 입력값을 주고 실행하여, 결과 비교 → 불일치할 경우 → 오류 도출 → 개선

나. BTB(Back To Back) Test의 목적

오류 도출	Software의 2가지 버전에대한 결과비교 → 오류도출
고수준품질	고품질 소프트웨어의 신뢰성에 고품질 준수 Test
병행프로세스	S/W개발후 검증수단으로 병행 process test

2. Back-to-Back 테스트의 개념도 & 수행절차

가. Back-to-Back 테스트의 개념도

- 동일 입력값에 대해 Test결과비교 → 차이점 도출 → 개선

나. 백투백 테스트 상세절차

단계	절 차	내용

1	Testcase 생성	Testcase 작성
2	Test 수행	테스트 대상에 대한 병렬수행
3	Test 결과 확인	테스트 결과값 동일여부비교
4	Test 결과 분석	불일치시 결과 원인분석

- 높은 신뢰성이 요구되는 분야에서 수행되는 Test 기법

3. Back-to-Back 활용

- 제어모델과 Source Code 간 품질 검증
- 단위/통합/System test 수행시 주요 검증방법

"끝"

문186) Pairwise Test

답)

1. Test의 경제성 확보, Pairwise Test 개요

가. Test 커버리지 최대화, 최소비용, Pairwise 정의

- 커버해야 할 기능적 범위에 비해 상대적으로 적은양의 Test set를 구성하여 Software의 결함을 찾는 방법

나. Pairwise Test 기법의 특징

Pairwise test
- 입력 parameter값과 최소한 한번의 조합
- 대부분 결함이 2개요소의 상호작용에 따라발생
- 최대 커버리지, 최소비용

2. pairwise test 사례 & 도출방법

가. Pairwise test 사례 (적용전)

A	B	C
Ø	Ø	Ø
Ø	Ø	1
Ø	1	Ø
Ø	1	1
1	Ø	Ø
1	Ø	1
1	1	Ø
1	1	1

→ Parameter 3개 $2^3 = 8$개 test Case 도출

→ 3개 입력에 대한 Testcase는 8개의 경우

- 입력 변수 최소화로 testcase 도출

4. Pairwise test 도출방법

- 입력값 최소개수, 그외 Parameter는 적절히 배치

〈입력 2개 Parameter〉

A	B
∅	∅
∅	1
1	∅
1	1

←입력 2개 ⟶ C는 적절히 배치

〈4개의 Case〉

A	B	C
∅	∅	∅
∅	1	1
1	∅	1
1	1	∅

- test case가 8개에서 4개로 축소. 50% 효과

3. Pairwise test의 한계와 극복방안

- pairwise 조합 test는 모든 test을 수행 할수 없음.
- 다른 test와 조합하여 한계극복제시

"끝"

문187) 이벤트(Event) 기반의 System Testing을 위한 Record and Replay 기법에 대해 설명하시오

답)

1. Event 기반의 System 검증, Record & Replay의 개요

가. Record & Replay 기법의 정의

- 사용자 Event를 중심으로 화면 내 Object 정보 및 Data 등을 Recording 하고, Script화 하여 이를 그대로 재현(Replay) 할 수 있는 Test Automation 기법

나. Record & Replay 기법의 목적

(수작업 Test의 한계 극복) - Test coverage/정확성/신뢰성 저하, 순차 Test 필요, Test Case & Data 생성 어려움, 단순/반복 Test의 비효율성, Regression Test 어려움

(Test 자동화) - 자동화 기법 통한 기능 정합성 & 정형적 검증 가능

2. Record & Replay 기법의 동작원리 및 핵심요소

가. Record & Replay 기법의 동작원리

Recording 시작
Object/Data
Object 인식
화면 Capture
Recorder
-Script 저장
-Test Data 저장
저장소-Repository
테스터
Event
Test 대상화면 (4GL/Web)
이벤트 재현
Replayer
결과
Tester
Analysis
Dashboard(성공/결함률)
결과 비교 및 보고 & Reporting
-자동 System에서 Alram 기능
test 자동화 도구

- 화면 event & 결과에 대한 Recording, Replaying,

Reporting의 Test 절차를 자동수행

4 Record & Replay 기법의 핵심요소

핵심요소	관련 역할	효과
Recorder	화면상의 object인식, Script 처리, Test Data 등록	Test Coverage 확대
Replayer	Testcase& Data 활용 > Script화	Test 효율성 향상
Analysis	Test 결과 자동 취합 & 결과 보고, Dashboard화	결과공유, 정확성, 신뢰성
Repository	Record& Replay 데이터축적, Test ware(창고) 재사용	Test 자산화

3. Record and Replay 문제점 & 활용 전략

문제점	Object 인식불가능 요소존재(In house s/w, 비범용 s/w) 자동화도구에 대한 ROI곡선(1.5~2년)에 대한 한계존재
활용 전략	검증된 Tool 도입 및 커스터마이징, test 전문가양성 통한 조직적 Test 역량확보, Test 자산화를 통한 지속적인 Test ware 구축, Automation화 (Script활용)

"끝"

S/W 검증을 위한

문188) 테스트 자동화 (Test Automation) 기법에 대해 기술하시오

답)

1. Software 품질향상을 위한 test Automation의 개요.

가. 검증(Verification) 시간 단축, 테스트 자동화의 정의

- S/W 개발시 수동 Test가 아닌 자동 Script를 사용, Test 과정을 H/W, S/W적으로 자동화 하는 기법

나. Test Automation의 필요성

필요성	설 명
Test의 노력 절감& Human 실수 감소	반복되는 부분을 자동화하여 Resource를 보다 중요한 검증에 집중 가능
비용 감소	고객 요구사항에 Agility 대응
품질 향상	자동화를 통한 납기 단축

- Test Automation을 통해 시간, 비용 절감, 품질 향상 효과

2. Test Automation의 분류와 설명

가. Test Automation의 분류 (도구) (V&V 모델)

요구명세 / 명세기반 Test 설계도구 → 구조설계 → 상세설계 → Coding / 정적분석도구

테스트 수행 도구: 인수/설치시험, 시스템 시험, 통합시험 (동적분석), 단위 시험 (커버리지 측정도구)

테스트 관리도구

나. Test Automation 도구의 설명

도구	설명
명세기반 Test 설계도구	S/W에 대한 명세부터 procedure, test Data, Test Driver(S/W)등을 생성하는 도구
구조(Code)기반 Test 설계도구	Source code로부터 Test procedure, Data, Test Driver, Test Stub등을 생성.
Test 관리도구	Test 계획수립, 요구사항및 fault추적 관리등을 지원하는 도구(System)
정적분석도구	program를 실행하지 않고 분석하는 도구로 시간/공간복잡도분석 포함
동적분석 도구	직접 program(software)을 실행하면서 Module간의 입/출력관계 분석도구
Review & Inspection도구	Source Code 및 설계문서를 분석하여 주어진 Guideline, 규칙검사및 문제점 발견도구
Coverage 측정도구	주어진 TestCase에 의해서 S/W가 얼마나 많이, 얼마나 자세히 Test되었는지 평가하는도구

3. Test Automation의 기법(Code분석, Testcase 생성)

가. Test Automation을 위한 Code분석 도구

구분	도구	설명
정적 분석도구	Code 분석	원시 Code의 문법적 적합성을 자동으로 평가하여 오류 수정

	구조 검사	Flowchart나 Tree 형태로 논리 흐름을 작성하여 구조적 Bug가 있는지 check
정적 분석 도구	데이터 분석	원시 Code에 정의된 Data구조, 선언문, Component I/F 검사, Link나 변수 충돌 등 Data분석상의 오류 발견
	순서 검사	Event의 순서 check, 잘못된 (Logic 위반) Flow(흐름)의 수정.
동적 분석도구	program이 실행되는 동안 Event의 State 파악을 위해 변수나 해당 조건을 Snapshot으로 생성	

나. Test Case의 생성 도구

구분	설명
자료흐름도	원시 program에서 입력을 작성(분류)한 후 자료흐름도를 작성, Define-Use 관계 탐색 하여 변수에 영향을 미치는 요소를 모아 Test경로 구동
기능 Test	주어진 기능을 실행시키는 모든 가능한 상태를 파악하여 이에 대한 입력을 작성
입력 Domain 분석	원시 Code 내부를 참조하지 않고 입력 변수가 가질수 있는 값의 Domain분석
Random Test	입력 값을 무작위로 추출, System 신뢰성 분석에 사용

다. Test 실행 도구

- Capture & Replay : Test 계획에 표시된 Data를 자동으로 입력한 후 실행과정 에 표시되는 화면 & 결과값을 Capture

하여 예상되는 결과와 비교

- 자동 test 환경 : Test 수행도구들이 Test 환경으로 통합제공

4\. Test Automation의 한계점 및 접근방안

가. Test 자동화의 한계점

- Automation를 통해 모든 test 문제점을 해결할수는 없음.
- 자동화는 Test 활동의 품질 & 생산성 향상을 도모하는 수단
- Manual Test와 병행 필요.

나. Test Automation의 접근방안

구분	접근 방안
범위	Regression 검증, Coverage / performance / stress
방안	단순반복항목 자동화 후 점진적으로 확대 적용
방법	지속적인 자동화 항목 발굴, 자동화 Framework 구축

"끝"

문189) System의 오류(Error), 결함(Fault), 고장(Failure)를 방지하기 위한 일반적인 Test 과정을 기술하시오.

답)

1. Error, Fault, Failure 방지위한 Test의 개요.

가. System의 기능이나 신뢰성의 Robustness(완벽, 강건), 제공 위한 테스팅(Testing)의 정의

- System이 정해진 요구를 만족하는지, 예상과 결과가 어떤 차이를 발생하는지 수동 & 자동 방법을 사용하여 검사하고 확인하는 (평가하는) 일련의 과정

나. 강건설계, 오류, 결함, 고장의 정의

(강건설계(Robustness Design)) - Bug없이 비정상적인 조건(예외조건-Emergency)에서도 제대로 기능 발휘

(오류-(Error)) - Code실행결과 값과 명세서와의 차이, S/W가 결함을 갖게 하거나 고장을 발생하게 한 Human실수

(결함-(Fault)) - Bug, 요구된 기능을 수행하지 못하게 하는조건

(고장-(Failure)) - S/W의 실행동작이 명시된 동작과 차이발생

2. Testing의 특징과 Test 작업과정

가. Testing의 특징

특징	설명
오류 발견위해 S/W 실행	오류를 발견하는 Test가 성공적인 Test.
완벽한 Testing은 불가능	완벽한 Test case 작성은 불가능

Testing은 창조적인 활동	S/W 비용 2/3가 유지보수용 → 효율적검증필요
오류의 유입을 방지	개발 단계 초기부터 품질 부서와 협업
독립된 팀에서 수행	구현과는 별개의 Team에서 실시

나. Test 작업과정

① 목표 설정 → ② 방법 결정 → ③ Test Case 선택 → ④ Test Case 작성 → ⑤ Test 실행 → 결과 도출

- Test Scope(범위) 선정과 항목결정후 실행 → 결과순

다. Test 작업과정의 설명

단계	설 명
①	점검할 항목, 목표선정, 기능완벽인가 / 신뢰도측정?
②	어떤 방법으로 Test할지 결정, 검사, 증명, Blackbox Test, whitebox Test, 자동화 도구등
③	Test Case - checklist & 실행될 조건
④	(Test oracle(오라클)) - 모든 Test Case에 대해 예상된 결과를 미리 작성하고 실행(Test)
⑤	Test 실행, (Test harness) - 일부기능만시험하기위해 S/W변경

- Test Harness(하니스) 방법에 적용된 Code는 Test완료후제거

3. S/W 개발 단계와 Test 단계의 관계

- S/W SDLC 과정과 품질부서 S/W 검증과정.
- 중간 단계에서 오류 발견시 수정후 Regression 검증 실시

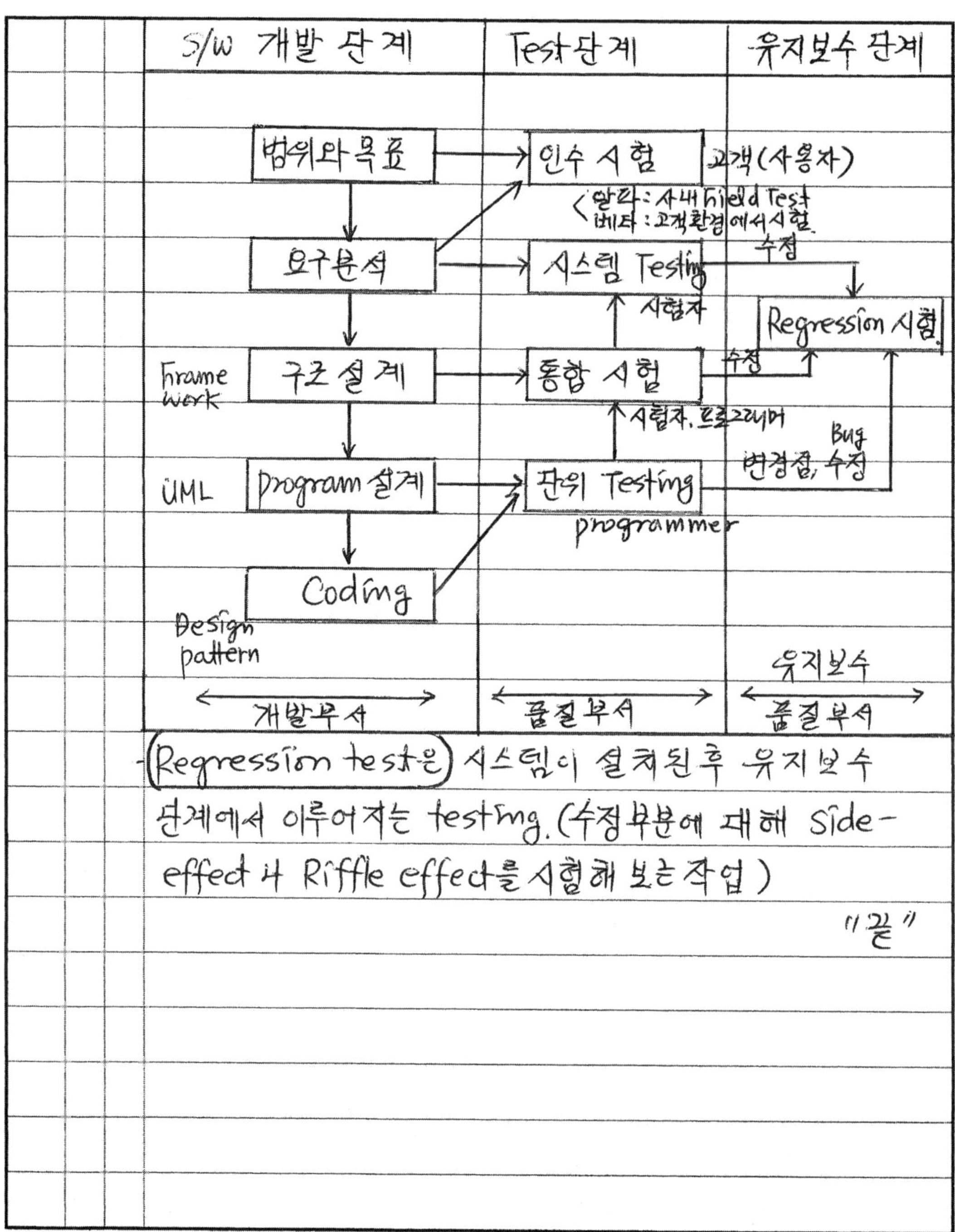
S/W 개발 단계
Test 단계
유지보수 단계
범위와 목표
인수 시험
고객(사용자)
알파 : 사내 Field Test
베타 : 고객환경에서 시험.
요구분석
시스템 Testing
수정
시험자
Regression 시험.
Frame work
구조설계
통합 시험
수정
시험자, 프로그래머
Bug
변경점, 수정
UML
Program 설계
단위 Testing
programmer
Coding
Design pattern
개발부서
품질부서
유지보수
품질부서
-(Regression test은) 시스템이 설치된후 유지보수
단계에서 이루어지는 testing. (수정부분에 대해 Side-
effect 나 Riffle effect를 시험해 보는작업)
"끝"

문190)	아래 코드에 대한 테스트 케이스(Test Case)를 작성하는 과정에 대하여 다음 질문에 답하시오.

```
<핸드폰에 저장된 앨범에 수록된 음악을 순차적으로 듣는 기능>
index = 앨범내에 수록된 곡 순서
Unsigned int end=4;
Selectplayindex(index); //듣기, 기능선택①
do{
   Switch(Checkfiletype(index++)) Ⓐ
      //음원 파일이 정상이면 index값을
   {     비정상이면 "ø"을 return
    ~end : playmusic(index);②
     end : playmusic(index); Stopplay=Yes;③
      ø : DisplayError("음원재생 Fail, 종료버튼);④
   }
 }While(index!=end && stopoption!=Yes)Ⓑ
 Stopplay();⑤
```

1) 제어흐름도를 작성하시오.
2) Test 경로를 나열하시오.
3) 테스트 경로에 따른 testcase를 작성하시오

답)

1. Test case 유형& 화이트박스 test case의 개요

가. test case의 유형

Black Box	동등분할, 경계값분석, 오류예측, 결정 Table시험
White Box	제어흐름/자료흐름/변수값 Test

- Black Box = 내부구조 미고려, White Box = Code 기반

4. White Box test의 제어흐름도 작성기준

단계	작성방법	작성기준
1.제어흐름도작성	Code기준 순서도작성	Statement, Loop, Branch, switch식별
2.test경로작성	제어순서로 변환	제어순서의 모든 방향(case)설정
3.test Case 작성	순서(실행)별, 변수기대값	Path별 입력/출력, 기대값 결정

2. 제어흐름도 작성 (문제식에서의 Code 실행순서)

Start
Selectplayindex(index) ①
switch
Ⓐ Checkfiletype(index)
② play
③ play중 stop
④ Error 표시
~end
end
φ: Error
Ⓑ stop or End
No
Yes
⑤ Stopplay()
end

3. 제어흐름도에 의한 test 경로(path) 선정

- Switch statement 고려한 경로

경우의 수	실행 순서
Path 1	①→Ⓐ→②→Ⓑ→Ⓐ→③→Ⓑ→⑤ (stop play)
Path 2	①→Ⓐ→②→Ⓑ→Ⓐ→④→Ⓑ→⑤
Path 3	①→Ⓐ→③→Ⓑ→⑤
Path 4	①→Ⓐ→④→Ⓑ→⑤

4. Test 경로에 따른 Test case 작성

Path 1

①	index 값
Ⓐ	index ++
②	play
Ⓑ	계속
Ⓐ	index ++
③	play 중 stop
Ⓑ	중지
⑤	program 종료

- - - - → path2, path3

Path 4

①	index 값 check
Ⓐ	index ++ 확인
④	Error 표시여부(문구확인)
Ⓑ	중지
⑤	program 종료

"끝"

문 191) 시스템의 테스트 완전성을 확보하기 위한 Source code 커버리지(Coverage)의 종류를 나열하고 예를 들어 설명하시오

답)

1. 소스코드 커버리지의 정의 - Software test 수행시 소스코드를 어느수준까지 test 수행하였는가를 나타내는 기준

2. Source code Coverage의 분류 & 설명 (예제 포함)

가. Source code Coverage의 분류

모든 Case test (최대) → MCC (Multi Condition 커버리지, 다중조건) ⑥

MC/DC (Modified / Decision, 변경/결정) ⑤

C/DC (조건, 결정) ④

DC (결정) ③

CC (조건) ②

SC ① 구문 (Statement coverage) ← 최소항목 Test

나. 예제 Code에 따른 각 Coverage의 Action Items

<Source code 예시>

If((age > 2ø) or (score > 95)) call join
A조건 B조건

구분	설 명	예제 Code 검증 A	B	A or B
① SC	4개의 조건 중 적어도 하나는 수행해야 하는 Test Case (하나 선택)	ø	ø	ø
		ø	1	1
		1	ø	1
		1	1	1

② CC	조건 A의 1(참), ∅(거짓)의 경우 선택 조건 B의 1, ∅의 경우 선택	1 ∅ 1 ∅ 1 1
③ DC	Decision 중 적어도 한번은 참과 거짓이 수행되어야 함	∅ 1 1 ∅ ∅ ∅
④ C/DC	A or B의 값이 한번 참(1), 한번은 거짓(∅)이 수행되어야 함	1 1 1 ∅ ∅ ∅
⑤ MC/ DC	각각의 개별 조건식 A, B가 전체 조건식의 결과에 독립(1, 1은 제외 → or 조건에서는 무조건 1임) 수행 조건	∅ 1 1 1 ∅ 1 ∅ ∅ ∅
⑥ MCC	모든 test case 선택, 개수는 2^n (n은 조건의 개수)개의 Test Case가 존재	∅ ∅ ∅ ∅ 1 1 1 ∅ 1 1 1 1

"끝"

문 192) SP(Software Process) 인증

답)

1. 국내 S/W Process 인증규격, SP의 개요

가. S/W Process 역량수준 평가/인증, SP의 정의

- SW 산업진흥법 근거, 국내 SW기업의 SW사업 수행능력 강화, SW사업 부실방지, SW 개발 단계별 작업절차 & 산출물관리 역량 등을 분석하여 SW 개발 process 역량 수준을 평가/인증하는 제도

나. SP 인증 평가항목 (5개영역, 17 평가항목, 세부평가항목들)

project 관리	조직 관리	process 개선	지원 영역	개발 영역
프로젝트계획	조직	정량적	품질보증	요구사항관리
통제	기반구조	문제개선	형상관리	분석/설계
협력업체관리	구성원교육	개선관리	측정&분석	구현/Test

2. SP 인증 체계 및 등급분류

가. SW process 인증체계

단계	내용
인증요청기업 (project/조직차원)	계약·심사 → 인증기관
인증기관 (인증심사원/심의회)	인증 → 심사결과
심사결과	1~3등급
인증기준 (5개영역)	→ 인증기관
인증지침 (절차/방법)	→ 인증기관

- 인증요청시 project 또는 조직차원의 인증구분 신청가능

나. SP 등급 분류

등급	평가요소	세부 내용
3등급 (조직차원)	조직관리 프로세스 개선	조직관리 process, 기반구조관리, 교육, 정량적 process관리, process 개선관리
2등급 (project 차원)	- 개발지원 - project 관리	요구사항관리, 분석, 설계, 구현, Test, 품질보증, 형상관리, 측정&분석 project 계획, 통제, 협력업체 관리
1등급	-	세부 process 없음

3 SP와 국제인증과의 관계도

SP (등급)		CMMi		SPICE
3	→	최적화, 정량화	→	조직
2	→	정의, 관리	→	공학, 고객 ~
1	→	초기단계	→	공급자, 지원, 관리

"끝"

문193) PSP(Personal Software Process)에 대해 설명하시오.

답)

1. Software 개발 능력 향상 PSP(Personal SW프로세스)개요

가. SW개발 역량 확보, PSP의 정의

- 개발자 자신의 능력을 파악하여 자신에게 맞는 개발 방법을 찾을 수 있도록 지원하는 방법론, SWOT분석후 약점 보완

나. PSP/TSP의 도입 배경및 목적

도입 배경	목적
TSP / 팀차원 Jobskill 확보 / PSP / 개발 성능향상 -performance 향상 / PSP교육, Skill 강화	-PSP통한 개인 Skill 강화 -개발역량확보및 내재화 -Teamwork를 다짐 -개발생산성 향상, 관리쉬움

2. PSP구성단계및 설명

구성단계	단계	설명
PSP 3 수주방법, 개발방법론익힘, 개발process 습득, 일정/project관리	3	-분할과 정복기술 적용방법 -설계, Coding, Compile, test수행
2 -결합최소화 방법 -설계능력향상 -process습득	2	-Compile및 검증전 Review -Review 기법훈련 -정량적인 품질 관리 기법 습득
1 -수집자료분석 규모예측, 일정관리 가능	1	-Earned value 개념학습 -작업 일정 수립 방법(PERT, WBS) -일정관리 산출, System 활용방법
Ø (현재상태) -현재 process 결함 기록 코딩 표준	Ø	-시간/결함 기록→Report -현재 process 그대로 사용 -PIP(process 개선 제안) 기록

(↑ 학습단계)

3. psp 기대효과 및 활성화 방안

가. psp(personal SW process)의 기대효과

구분	내용
project process 관리측면	계획관리 process의 반복을 통한 project 진행상태(status) 전달용이
품질측면	품질관리 능력의 향상 및 TSP를 통한 협업능력 향상기대

나. psp를 조직내에 적용하기 위한 활성화 방안.

- 기경험자와 사수/조수 개념도입 level-up까지 지속관리.
- CMM/SPICE/CMMi와 연계, 품질 process도 동시 습득
- 적용위해서는 개인/조직의 지속적인 관심, 훈련, 시간투자 필요

"끝"

문194) TSP(Team Software Process)에 대해 설명하시오

답)

1. 개발 Team의 SW 개발 능력 향상, TSP의 개요

가. TSP(Team Software Process)의 정의

- SW 개발 성능(performance)을 향상하기 위해 준수할 process
- PSP를 발판으로 CMM의 Framework를 개발팀 차원에서 적용함으로써 품질개선과 생산성 향상을 실현하기위한 방법론

나. TSP, PSP, CMMi와의 관계

설명	구성
-CMMi: 조직의 능력 증대, 관리중심 -TSP: Team 성능 증대, 팀과 제품중시 -PSP: 개인 기술/훈련증대, 개인중심	CMMi (조직) ⊃ TSP (Team) ⊃ PSP (개인)

2. TSP의 구성과 수행 절차

가. TSP(Team Software process)의 구성 - 성숙도 향상

PSP 기술습득	TSP Team구성	TSP 팀업무수행
-개인단위측정 -process원칙 -품질관리	-Project목표 -Team 역할 -인원 계획	-의사소통 -상호 작용 -위험 요소 분석
→ 팀 구성원	→ 팀의 원칙	→ 팀의 경영

팀 구성원, 팀의 원칙, 팀의 경영 → 통합된 제품 개발팀

단계	설명
PSP 기술습득	PSP를 통해 개인의 훈련, 이런과정속에서 개인의 Skill 향상(실무계획, 품질관리, process 정의방법등)
TSP Team구성	Launch(착수회의), Re-Launch(재착수회의)를 통해 Teamwork를 다져가는 과정
TSP 팀업무수행	TSP과정(여러명 의 공동과제를 수행하는과정)을 통해 Management Skill을 향상시켜가는과정

4. TSP 수행 절차

절차	과정
요구사항	착수 → 요구사항 분석 → 분석 → Postmortem (Start)
High-Level 디자인	재착수 → High-Level 디자인 → 분석 → Postmortem (재검사) 구현하기 전에 재착수
구현	(Inspection) 재착수 → Detail 디자인 → Review → 분석(검토) → Code → Review 후 컴파일 → 점토 → Unit Test → Postmortem (Inspection)
통합 & System Test	재착수 → 통합 Test → System Test → Postmortem

-요구사항, 디자인, 구현, 통합& System test 절차수행

3. TSP의 도입효과 및 기업에 도입 방안

가. TSP(Team Software Process)의 도입 효과

도입효과	상세 설명
예측능력 향상	-Program 개발에 대한 기초 자료 축적 -개발기간과 program의크기 예측 가능 -계획수립의 정확성 높아짐.
S/W품질향상	-개발 process 정립 (원하는대로 방향설정됨) -Software 결함 zero화(감소)
개발 기간 단축	-결함감소→Test와 결함 수정 시간 단축
이직률의 감소	-개발 성과의축적으로 만족과 보람 제공

나. 기업의 효율적인 TSP/psp 도입 방안

psp도입: PSP 전문가양성 → psp 당사적용 → 자료 수집&활용

→

TSP도입: 착수 코치양성 → TSP 시범 프로젝트 → TSP 당사적용

1) psp도입 절차
psp전문가 양성→개발자교육→psp적용→자료수집/활용

2) TSP 도입 절차
Launch Coach 양성→pilot project→Feedback/보완/개선

4. PSP, TSP, CMMi 비교

구분	CMMi	PSP	TSP
관점	조직/프로세스 성숙도	개인의 개발역량	팀의 효율적 관리
목적	성숙도 향상	Skill과 기술의 향상	생산성 향상
Level	Staged(1~5), Continuous (1~6)	PSP 0~3	PSP 3 이후 시작
특징	-조직 성숙도 개선	결함 발견 및 최소화,	-3개월 단위 반복
	-수준별 PA요건 충족	SW 품질 향상	-주기적 Re-launch.

"끝"

문195) Software 안전성분석과 FTA (Fault Tree Analysis)

답)

1. S/W 기능 사고 방지, Software 안전성 분석 개요

가. S/W 안전 대책 수립 목표, S/W 안전성 분석의 정의

- S/W 기능상, 수용 또는 허용 가능한 위험성을 분류하고 설계, 구현, 운영단계에서 각종 안전 대책을 마련하는 활동

나. Software 위험성 결정(Risk Evaluation) (예시)

위험성(大)
수용가능한 위험성
허용가능한 위험성
수용, 허용 불가능
안전한 상태
위험성 존재
안전대책필요
(허용가능)
(수용, 허용불가능)
위험성(小)
안전상태
위험상태
대책요구상태
상태

- S/W의 상태(안전, 위험, 대책요구상태) 구분

2. FTA(Fault Tree Analysis)의 정의 및 분석 예시

정의	분석
- 위협으로부터 위험의 원인을 트리(Tree) 다이어그램을 통해서 찾아나가는 연역적이고 정성/정량적인 S/W 안전성 분석 기법	Root ← 사건설정 (개선 상태) ← 정상과 비정상 상태 논리 Gate 연결 정상상태 원인 분석 → 비정상 상태 (개선 필요 상태) ☆ Fault Tree → 정상, 정상, 비정상, 정상 Basic event(더이상 분해불가) Basic event

3. FTA process 절차

단계	process	설 명
1	Root 사건설정	위험도고려, 분석할 Event 설정(사건설정)
2	특성 파악	사건 기능등 파악, 위험 관련 상세 조사
3	Fault Tree 작성	Fault Tree Diagram 작성
4	Fault Tree구조분석	Root(사건설정)에 미치는 Event 파악
5	Fault Tree 정량화	발생 빈도, 고장률, Error Data 정리
6	해설 결과, 리뷰	위험 수준 파악 & 대책 수립

"끝"

문196) Software 안전성분석 필요성과 HAZOP(Hazard and Operability Analysis)

답)

1. S/W 신뢰성, 안전성 확보. S/W 안전성 분석의 필요성

필요성 - S/W 규모가 점점 커지고 복잡, 기능 실패 요인 분석이 어려워지고 S/W 기능적 Issue(사고)로 인한 피해 사전 예방

개요

오류, 복잡, Fault, 접속오류, Hangup, 성능↓ → Software 안전성분석 → 안전성 확보, 신뢰성 확보, 기능오류 Zero

등장배경 / FTA, HAZOP, FMEA / 기대효과

- S/W 안전성분석 통한 기능오류 Zero화 달성

2. 경험기반 정성적 위험식별, HAZOP의 개요와 절차

개요 S/W 안전성 분석위한 전문가들이 모여 변수와 행위등을 조합하여 이탈의 원인과 영향을 분석하는 S/W 안전성 분석기법

절차

목적범위 설정 → 분석팀 구성 → 예비조사 현황분석 → 검토서 작성 → 결과 보고

목적범위 설정	분석팀 구성	예비조사 현황분석	검토서 작성	결과 보고
- 분석목적	- 관련전문가	- 자료수집	- 행위조합	이탈원인
- 범위설정	- 리더, 구성원	- 분석 절차	(가이드워드)	개선/권고

3. HAZOP 분석의 세부 항목들

평가방식	이탈 = 변수(parameter) + 행위(Guide words)
이탈	설계의도(정상동작)에서 벗어난 상태

변수 (Parameter)	특정변수	행위와 조합되어 이탈이 발생되는 변수
	일반변수	단독으로 이탈이 발생하는 변수
행위 (Guide Words)	없음	설계의도를 완전히 벗어나 변수 변위가 없음
	증가	Parameter가 양적으로 증가추이
	감소	parameter가 양적으로 감소추이
	반대	설계의도와 정반대로 나타나는 상태
	부가	설계의도외에 다른 변수가 부가되는상태(오염)
	부분	의도대로 완전히 이루어지지 않는 상태

"끝"

PART 12

기성고 관리(프로젝트 수행 시 중간 점검) 및 S/W 원가 산정

프로젝트 비용의 계획대비 실적의 차이(CV), 실제 예상 원가 효율(CPI), Project 일정 진척사항 파악(SV), 일정에 대한 효율(SPI), 완료시점 원가 예상치(EAC)와 현재 진행 중인 IT 프로젝트의 상태를 진단할 수 있도록 하였습니다. 답이 있는 문제로 이해하는 선에서 연습을 통해 학습하면 되겠습니다. [관련 토픽 – 8개]

문197) Project 기성고관리(EVM: Earned Value Management) 기법에 대해 설명하시오.

답)

1. 계획대비 실적관리, 미래성과 예측 EVM의 개요.

가. 기성고 관리(EVM: Earned value Management)의 정의
- project 계획/통제를 위해 일정/비용 요소로 project 범위를 효과적으로 통합 관리하는 project 관리기법

나. EVM의 구성요소

측정 지표 요소 → 분석 지표 요소 → 예측 지표 요소 — 성과 분석

측정 지표 요소	분석 지표 요소	예측 지표 요소	성과 분석
BAC PV, EV, AC	CV, CPI SV, SPI	EAC ETC VAC	비용 / 시간

2. EVM Graph 및 구성요소의 설명 및 EV 작업 완료의 인식기준

가. EV (Earned Value) 작업 완료의 인식 기준

작업	설명
0/100	- 100% 작업 완료하기 전까지는 작업진척률을 0으로 인식, 작업진척을 과다하게 평가할 위험을 줄이는 가장 보수적인 방법, detail하게 WBS가 분할 되었을 시 추천
50/50	- 착수시 50% 진척 인정, 나머지 50%는 작업완료시 인정
완료율법	완성된 개수/전체 개수로 진척률을 평가하는 방법
Milestone	Milestone이 완료될 때마다 진척률을 평가하는 방법.

4. EVM 측정 Graph-도식화

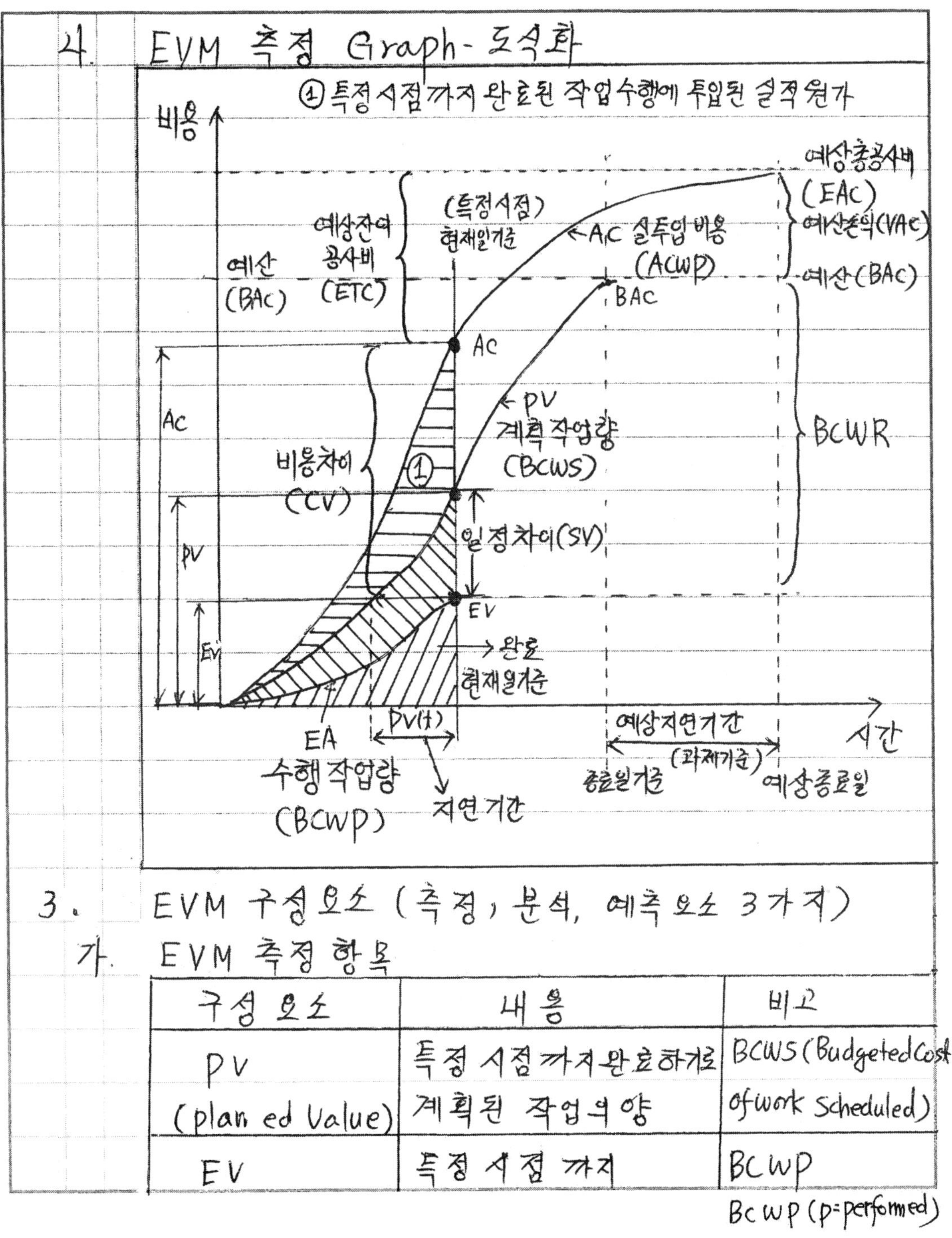

3. EVM 구성요소 (측정, 분석, 예측요소 3가지)

가. EVM 측정항목

구성요소	내용	비고
PV (plan ed Value)	특정 시점까지 완료하기로 계획된 작업의 양	BCWS (Budgeted Cost of work Scheduled)
EV	특정 시점 까지	BCWP

BCWP (p=performed)

(Earned Value)	완료한 작업의 양	(BC of work Performed)
AC (Actual Value)	특정시점까지 완료된 작업수행에 투입된 실적 원가	ACWP(Actual Cost of work Performed)

나. EVM 분석 항목

항목	내용(설명)	산술식
SV (Schedule Variance)	-일정편차: 일정 계획대비 차이 -SV<0 : 지연, SV=0: 준수, SV>0 : 단축	SV=EV-PV (완료)-(계획)
CV (Cost Variance)	-원가편차: 원가 계획 대비 차이 -CV<0: 예산초과 CV=0: 비용준수, CV>0: 비용절감	CV=EV-AC (완료)-(Cost)
SPI (Schedule Performance Index)	-일정 지표: 일정 성과 지수 SPI<1 : 지연, SPI=1: 준수, SPI>1 : 단축	SPI=EV/PV
CPI (Cost Performance Index)	-원가 지표: 원가성과 지수 CPI<1 : 예산초과, CPI=1 : 비용준수 CPI>1 절감	CPI=EV/AC

다. EVM 예측 항목

항목	내용	산술식
BAC	.Budget At Completion -총예산, PV 완료시점	
BCWR	-현시점에서 남은 업무 -Budgeted cost for work Remained	BCWR=BAC-EV
EAC	-Estimate At Completion -현시점에서 예측한	EAC=BAC/CPI EAC=AC+ETC

CPI: Cost Performance Index

ETC=Estimate To Completion

EAC	종료시점 발생원가	
ETC	현시점에서 향후 추가로 발생할 것으로 산정한 원가	ETC=(BAC-EV)/CPI ETC= EAC-AC
VAC	현시점에서 산정한 종료시점 비용편차	VAC=BAC-EAC

"끝"

- ETC : Estimate to Completion
- VAC : Variance at Completion
- TCPI(To-Complete Performance Index) : BAC, EAC등과 같이 지정된 관리목표를 충족하기 위하여 잔여 작업에서 달성해야 하는 원가성과를 산출한 예상치 TCPI = (BAC-EV)/(BAC-AC)
- 기성고(旣成高): Project 진척도에 따른 공정을 산출해 현재까지 시공된 부분만큼의 소요자금을 나타내는 것

문198) project 일정 계획에 대해 다음물음에 대해 설명하시오

1) EVM(Earned Value Management)에 대해 설명하시오

2) 1월 1일 부터 6월 1일까지 진행되는 project에 관한 진행기록이 다음과 같을때, EV(Earned Value), SPI(Schedule Performance Index), SV(Schedule Variance), CPI(Cost Performance Index) 그리고 CV(Cost Variance)를 각각 구하시오, 단 현재일은 3월 1일 이라고 가정한다

작업번호	추정된노력(일)	실제소요된노력(일)	예상완료일	완료여부
1	30	10	2월 1일	No
2	20	30	3월 1일	Yes
3	50	30	5월 1일	Yes
4	100	5	6월 1일	No

답)

1. EVM(Earned Value Management)의 개요

가. 통합관리(비용과 일정 철저관리), EVM의 정의

- project별 일정과 비용을 통합관리 함으로써 성과분석 및 project 최종 사업 비용과 일정을 예측하는 관리기법.

나. EVM의 필요성

project 성공 ← 실적 기반 — 비용/일정 — 초기 대책수립 — 책임 소재

- 정량적 실측/예측
- 일정/비용관리
- Issue 초기 대책
- R&R

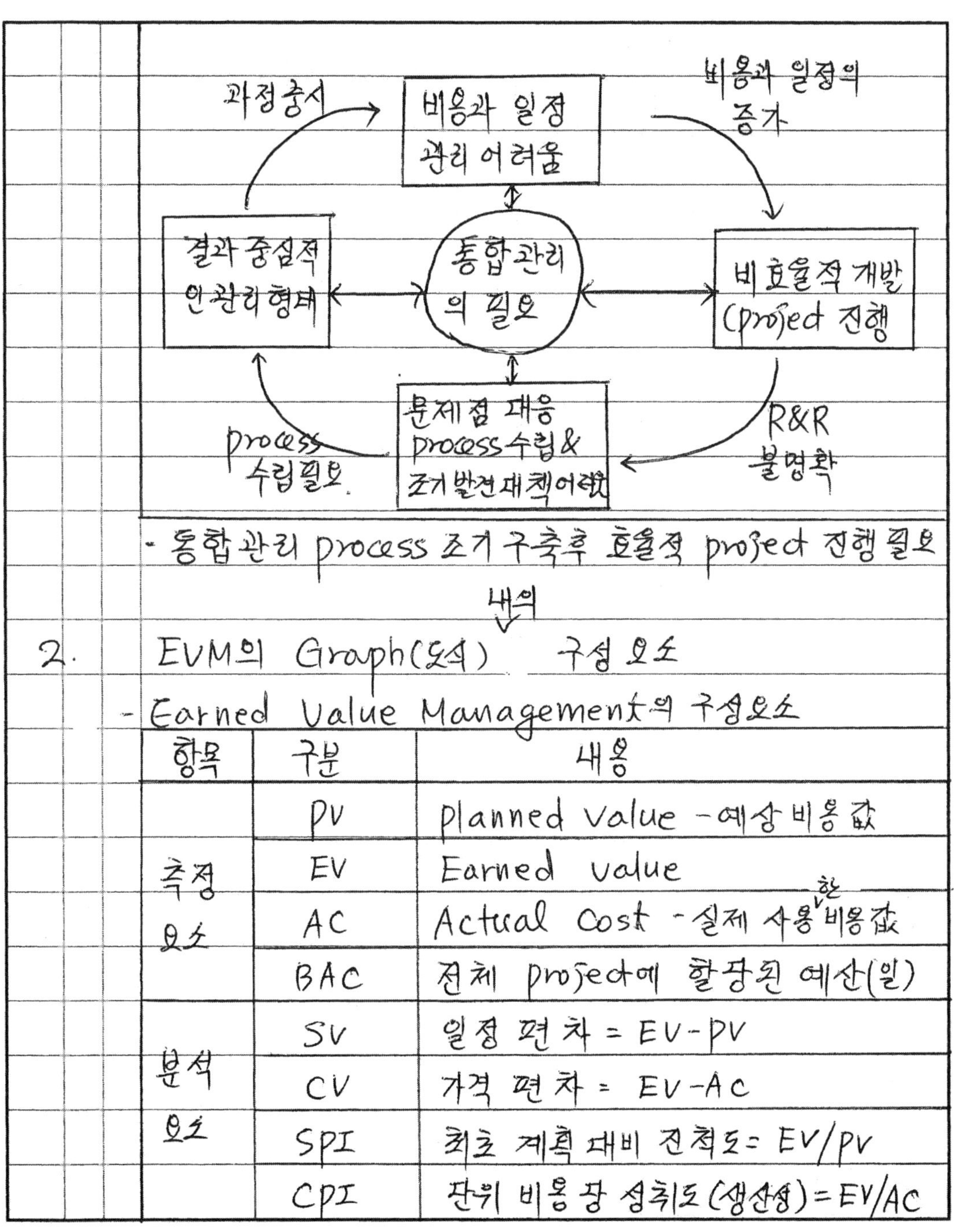

- 통합관리 process 조기 구축후 효율적 project 진행 필요

2. EVM의 Graph(도식) 내의 구성요소

- Earned Value Management의 구성요소

항목	구분	내용
측정 요소	PV	planned value - 예상 비용 값
	EV	Earned value
	AC	Actual cost - 실제 사용한 비용 값
	BAC	전체 project에 할당된 예산(일)
분석 요소	SV	일정 편차 = EV-PV
	CV	가격 편차 = EV-AC
	SPI	최초 계획 대비 진척도 = EV/PV
	CPI	단위 비용 당 성취도 (생산성) = EV/AC

기성:(旣成):이미 이루어낸일.

예측 요소	BCWR	전체할당예산-현기준일기성 감한 금액
	ETC	project 완료때까지 잔여 예상 원가
	EAC	project 완료 예산
	VAC	project 완료 시점의 비용편차, BAC-EAC
	실제진척상황	(EV-PV)/PV : (+)일정 선행, (-) 일정지연
	실제예산상황	(EV-AC)PV : (+)예산절감, (-)예산초과

3. 주어진 경우의 EVM 문제 풀이

- project 기간 : 1月 1日 ~ 6月 1日 현재시점: 3月 1日

가. 현재 project 진행 상황

작업번호	추정된노력(일)	실제소요된노력(일)	예상 완료일	완료여부
1	30	10	2月 1日	No
2	20	30	3月 1日	Yes
3	50	30	5月 1日	Yes
4	100	5	6月 1日	No

나. EVM 측정요소와 분석요소 풀이

항목	구분	풀이 과정	결과
측정 요소	BAC	project전체일=30+20+50+100	200
	PV	현시점까지일 = 30+20	50
	AC	실제노력일 = 10+30+30+5 (니미)	75
	EV	-미작업 : 작업1-20일, 작업3-20일(완료), 작업4-95일 (115일)	

측정 요소	EV (현 39% 진행중)	- 진행작업 : 75일, 미진행 115일 - 진행률 = 75/(75+20+95)*100 = 0.39 (39%) - EV = BAC * 진행률 = 200*0.39 = 78	78
분석 요소	SV	일정편차 = EV-PV = 78-50 = 28	28
	SPI	일의 진척도 = EV/PV = 78/50 = 1.56	1.56
	CV	EV-AC = 78-75 = 3	3
	CPI	EV/AC = 78/75 = 1.04	1.04

라. EVM의 예측요소

BCWR	잔여예산	- Budgeted Cost for work Remained - 잔여예산 = 전체예산(BAC) - 실사용예산(EV) = 200 - 78 = 122	122
ETC	잔여 예상 원가	- Estimate to Completion ETC = 잔여예산(BCWR)/원가지수(CPI) = 122/1.04 = 117	117
EAC	총 예상 원가	- Estimate at Completion EAC = 투입원가(AC) + 잔여예상원가(ETC) = 75 + 117 = 192	192

<결과 : 현 project 진행상황>

- 잔여 예상 원가 결과 : 예산 감소 (122-117 = 5일)
- 총 예상원가 결과 : 이익 예상 (200-192 = 8일)

"끝"

문199) 사업 예산은 1,600,000천원, 사업기간은 16개월인 프로젝트가 4개월 경과되어 project 관리자는 수행업체에게 400,000천원을 지급하였다. 그러나 확인 결과 작업 수행률은 20%이었다. 이문제에 대한 기성고 분석(EVA : Earned Value Analysis)을 수행 하였다.

가. 프로젝트 비용의 계획대비 실적의 차이(CV), 실제 예상 원가 효율(CPI)을 각각 구하고 값의 의미를 설명하시오.

나. project 일정 진척사항 파악(SV), 일정에 대한 효율(SPI)을 각각 구하고 값의 의미를 설명하시오.

다. 완료시점 원가 예상치(EAC)를 구해보고, project 관리자 입장에서 신뢰성 있는 원가 또는 일정준수를 위해 현장에서 실현가능한 고려사항을 제시하시오.

<용어>

PV(planned Value), EV(Earned Value), AC(Actual Cost), CV(Cost variance), CPI(Cost performed Index), SV(Schedule variance), SPI(Schedule Performed Index), EAC(Estimated at Completion)

답)

1. 계획과 실적 통한 예측관리 분석, EVA의 개요

가. EVA(Earned Value Analysis)의 정의

- 최적의 project 계획(plan)과 통제(Control)를 통해 일정/비용 요소를 효과적으로 통합하여 관리하는

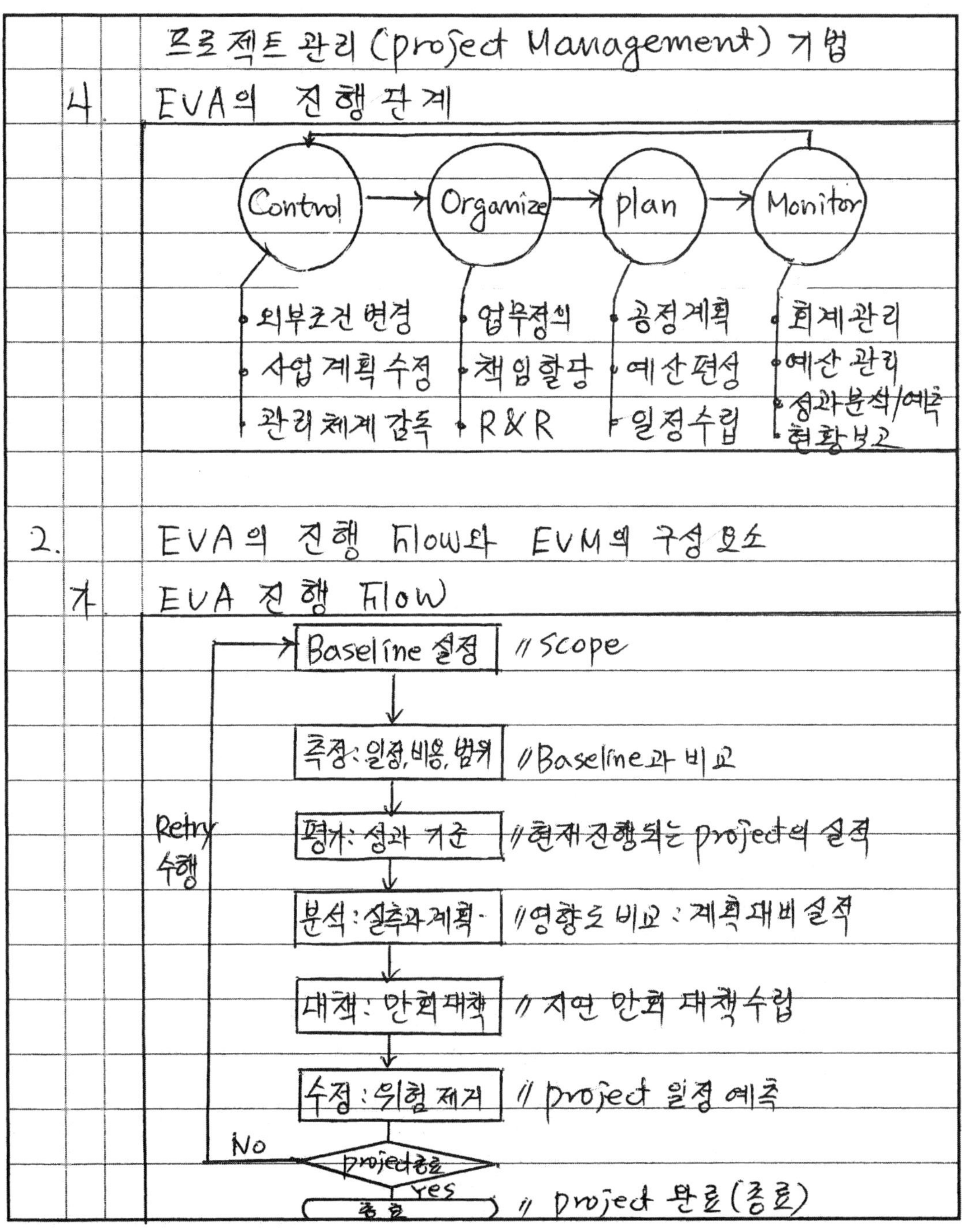
프로젝트 관리 (project Management) 기법
나. EVA의 진행 관계
Control
Organize
plan
Monitor
외부조건 변경
사업 계획 수정
관리체계 감독
업무정의
책임할당
R&R
공정계획
예산편성
일정수립
회계관리
예산 관리
성과분석/예측
현황보고
2. EVA의 진행 Flow와 EVM의 구성요소
가. EVA 진행 Flow
Baseline 설정
// Scope
측정: 일정, 비용, 범위
// Baseline과 비교
평가: 성과 기준
// 현재 진행되는 project의 실적
분석: 실측과 계획
// 영향도 비교: 계획대비 실적
대책: 만회대책
// 지연 만회 대책수립
수정: 위험 제거
// project 일정 예측
Retry 수행
No
project 종료
Yes
종료
// project 완료(종료)

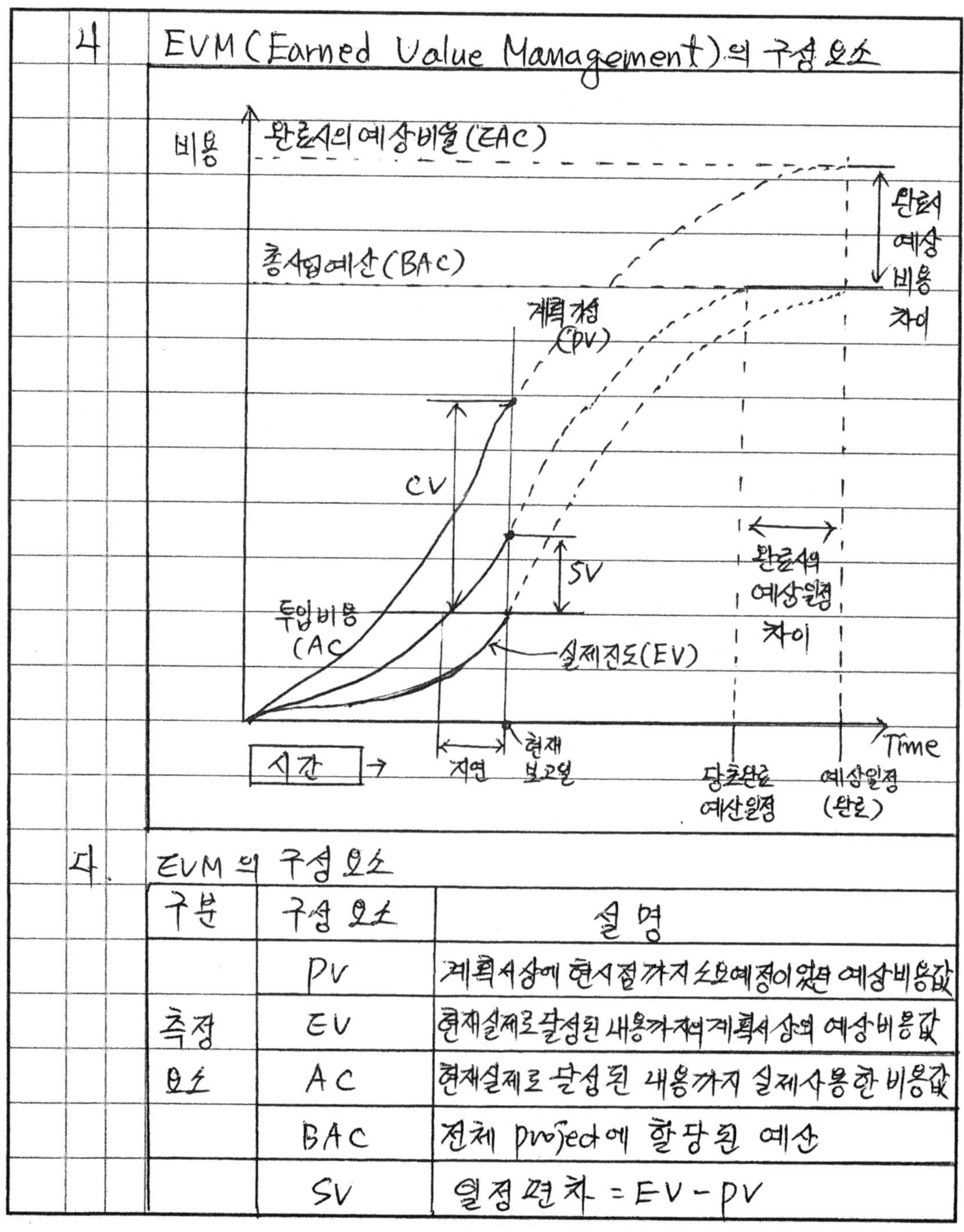

다. EVM의 구성요소

구분	구성요소	설명
	PV	계획서상에 현시점까지 소요예정이었던 예상비용값
측정	EV	현재실제로 달성된 내용까지의 계획서상의 예상비용값
요소	AC	현재실제로 달성된 내용까지 실제사용한 비용값
	BAC	전체 Project에 할당된 예산
	SV	일정편차 = EV - PV

	분석 요소	CV	비용편차 = EA - AC
		SPI	최초 계획 대비 진척도 = EV/pv
		CPI	단위 비용당 성취도(생산성) = EV/AC
	예측 요소	BCWR	BAC에서 현재기준일까지 완료된 실시기성감한금액
		ETC	남은업무(BCWR)/생산성(CPI) 완료까지 잔여 예상원가
		EAC	project 완료 예산
		VAC	project 완료 시점의 비용편차
		실제 진척 상황	(Ev-pv)/pv : (+) 일정 선행, (-) 일정 지연
		실제 예산 상황	(Ev-AC)/pv : (+) 예산 절감, (-) 예산 초과

3. EVA 문제 풀이

가. project 개요 및 측정요소 분석 (pv, Ev, AC, BAC)

1) project의 개요

사업 예산	1,600,000천원 - BAC
사업 기간	16개월
현황	4개월 경과, 400,000천원 지급
작업수행률	20%

2) EVA - 측정 요소

구성요소	도출 과정	결과
pv	1,600,000천원 × 4/16 개월	400,000 천원
EV	1,600,000 천원 × 20%	320,000 천원
AC	400000천원 지급	400,000 천원

나. 분석 요소

요소	도출과정	결과	의미
CV	EA -AC = 320,000천원-400,000천원	-80,000 천원	음수일때 비용 초과
CPI	EV/AC = 320,000/400,000	0.8	1 미만일때 비용 초과
SV	EV-PV = 320,000-400,000	-80,000	음수일때 일정 지연
SPI	EV/PV = 320,000/400,000	0.8	1 미만일때 일정지연

- 현재 project는 비용초과이며, 일정 지연 상태임

다. 예측 요소

요소	도출과정	결과
EAC	BAC/CPI =1,600,000/0.8	2,000,000천원

- 현재 일정상 비용은 완료때까지 추가로 400,000천 필요

4. project 관리자 입장에서 신뢰성 있는 원가 또는 일정 준수 위한 실현가능한 고려사항

가. 원가 또는 일정 준수를 위한 도구와 기법 사용 방안

구분	도구와 기법	설명
원가 및 일정 관리	원가변경통제 process	변경시 검토, 승인, 통합 절차
	성과분석	계획대비 실측 작업의 성과측정

	편차분석	근본적해결후 추후발생가능 편차예방
원가및 일정관리 방안	일정변경통제	변경시 검토, 승인, 통합 하는 절차
	진행보고	Daily 보고 및 산출물 Daily 제시
	project 관리 SW	비용, 일정, 자원, 관리 가능 SW 적용
일정 단축 방안	Crashing	자원 추가 충원, Project 기간 단축
	Fast Tracking	작업 간 업무를 조정하여 병행 처리
	Resource Leveling	과부하자원을 자원 한계내에 분산.

사 원가 또는 일정 준수를 위한 통제 활동 수행

구분	고려 사항
비용통제	-이해관계자와 합의된 변경만 승인, 비용 발생 원인 철저분석, 원가편차 원인, 부정확내용통제, 수용한계유지
일정통제	-변경 사항이 합의된 상황 이외는 영향력 행사 -변경 요인 철저 분석 - 작업결과와 project 진행상황파악

"끝"

* EVM 계산

	①	②	③	④
①	EV=	PV=	(-) SV	(/) SPI
②	AC=	① EV를 중앙에 기입하고		
③	(-) CV	② 우측으로 PV를, 아래로 AC를 기입		
④	(/) CPI	③ 뺄셈을 함 (① - ③) 두개의 값은 SV와 CV임		

④ 나눗셈 함 (①/②) 두개의 값은 각각 SPI와 CPI임

문 200) 새로운 IT Project를 수행중에 있다. 각단계의 일정은 한달씩 걸리고, 각단계 마다 10,000천원의 예산이 할당되었다. 각단계는 해당단계가 끝난후에 다음 단계를 수행하도록 되어 있다. 오늘은 3월의 마지막 날이다. 아래의 프로젝트 진척상황표를 이용하여 Earned Value Analysis 측면에서 다음 질문에 대하여 설명하시오.

단계	1월	2월	3월	4월	5월	현재상황(3월말)
요구분석	계획 100% 실적 100%					10,000천원 지출
설계		계획 100% 실적 100%				12,000천원 지출
구축			계획 100% 실적 70%			6,000천원 지출
테스트				계획 100%		미착수
운영					계획 100%	미착수

가. PV, EV, AC, BAC, CV, CPI, SV, SPI의 계산식과 답을 구하시오.

나. EAC, ETC, VAC의 계산식과 답을 구하시오 (단, EAC는 향후에도 CPI의 비율로 지출됨)

다. 상기 결과를 바탕으로 현재 진행중인 IT프로젝트의 상태를 진단하시오.

답)

1. 측정항목 (PV, EV, AC, BAC)의 계산식과 답 (천원단위)

항목	계산식	답
PV	10,000 × 3(개월)	30,000
EV	10,000 + 10,000 + 7,000	27,000
AC	10,000 + 12,000 + 6,000	28,000
BAC	전체 project에 할당된 예산 10,000 × 5(개월)	50,000

2 분석항목(CV, CPI, SV, SPI)의 계산식과 답(천원 단위)

항목	계산식	답
CV	=EV−AC =27,000−28,000	−1,000
CPI	=EV/AC =27,000/28,000	0.9643
SV	= EV−PV =27,000−30,000	−3,000
SPI	=EV/PV =27,000/30,000	0.90

3 예측항목(EAC, ETC, VAC)의 계산식과 답(천원단위)

항목	계산식	답
BCWR	=BAC−EV =50,000−27,000	23,000
EAC	=BAC/CPI =50,000/0.9643	51,851.084 (반올림)
ETC	= BCWR/CPI =23,000/0.9643	23,851.499
VAC	=BAC−EAC =50,000−51,851	−1,851

<실제 진척과 예산상황>

항목	계산식	결과
실제 진척 상황, (+)선행, (-) 지연	=(EV-PV)/PV =(27,000-30,000)/30,000	-0.1
실제 예산 상황, (+) 절감, (-) 초과	=(EV-AC)/PV =(27,000-28,000)/30,000	-0.333

∴ 일정지연 예산초과상태임.

4 현재 진행중인 IT project 상태 진단및 결

가. 상태 진단 (단위 천원)

구분	항목	내용(결과)
구성요소	완료시점 예산	55,556 ← 1852×3개월추가
	PV	30,000
	EV	27,000
	AC	28,000
현재 상황	사업 진도	54% 진행 / 60% 계획
	계획대비 진척률	90%
	누적 지연(단축)기간	0.3개월 지연
	비용편차(누적)	1,000천원 초과
미래예측	최종사업비 편차	1,852천원 초과
	최종지연(단축)기간	0.3개월 지연

나. 상태 진단에 따른 결과

- 3月 말(현재) 기준으로 작업 진척률은 90% (계획 대비) 진행, 전체 일정의 60% 계획 대비 54%를

진행하여 약 6% (0.3개월) 지연 발생.

- 예산면에서는 1,000천원 초과함.

"끝"

문 201) 소프트웨어(Software) 규모산정
가. 필요성과 산정방식
나. 규모산정 방식의 종류별 특징

답)

1. 개발할 S/W의 적정 비용 산정, S/W 규모산정의 개요

가. 과업심의의 항목, Software 규모산정의 정의

- 개발에 소요되는 인원, 자원, 기간, 기능등으로 S/W 규모를 확인하여 개발 계획수립에 필요한 비용을 산정하는 기법

나. S/W 규모산정의 수준

수준	설 명
낮게 산정시	개발납기문제, 품질 문제 발생, 개발자부담가중
높게 산정시	예산낭비(개발/유지보수비용), 일의 효율성 저하등

2. S/W 규모산정 필요성과 산정방식

가. Software 규모산정의 필요성

구분	필요성	설 명
project 기획단계	사전 비용 분석	Software 개발에 필요한 비용을 사전에 예측하기 위한 활동 (비용예측 - 예산)
	개발기간산정	전체 수행 기간과 필요공수산정
	비용 계약	발주기관과 수행사 간 적정한 비용산정 & 계약 진행 (과업심의위원회 통한 비용절감)
	project 관리	실제 진행과 예상진행 간의 Gap 요니터링

Project 수행 단계	Project 추적	요구사항 변경(생성, 수정, 삭제 등) 추적
	위험 관리	일정, 예산의 위험을 감지→대응책 마련
	S/W 품질 측정	Software의 적정한 품질관리

- S/W 규모 산정 방법에는 상향식, 하향식, 수학적 방법으로 분류, 각 방법별 세부 산정기법이 존재

나. S/W 규모 산정 방식

산정 방식	기법	설명
Top Down -하향식	-전문가 감정	-경험적 단언(과거유사경험사례 적용)
	-델파이 방식	-개발자 합의(인력, System, 분류, 예산)
Bottom up -상향식	-LOC 기법	-Line of Cost 기법, 업무분류구조 정의,
	-Man/Month	-각 구성요소에 대한 독립적 산정후 집계
수학적	-기능점수(FP)	-Function Point, S/W 비용산정 자동화,
	-COCOMO	-수학적(정량적) 수치화에 의한 비용산정

- 재사용(Reuse)을 중시하는 S/W 방법론의 진화에 따라 초기 LOC 방식에서 COCOMO & FP 등의 방식이 대두됨

3. 규모 산정방식의 종류별 개념 & 특징

가. 규모 산정방식 종류별 개념

산정방식	개념 설명
COCOMO	원시 Program의 규모에 의한 방법으로 System을 구성하고 있는 모듈(Module)과 서브 System(Sub)의 비용합계를 계산하여 비용을 산정하는 방식

델파이 기법	전문가 감정 기법의 주관적인 편견을 보완하기 위해 많은 전문가의 의견을 종합하여 산정하는 기법
LOC 기법	S/W의 각 기능의 원시 Code Line수의 비관치, 낙관치, 기대치를 측정하여 예측치를 구하여 비용을 산정하는 방식
FP (기능 점수)	사용자 관점에서 S/W 개발 규모를 측정하기 위해 기능을 정량화(In/out/외부/내부/질의)하고 계수적 측정 통한 기법

- 규모산정 방식별 특징고려, S/W 규모, 공수, 비용을 정량적으로 예측

4. 규모산정방식의 종류별 특징

산정 방식	특 징
델파이 기법	-경험적 산정, 한명의 조정자와 여러 전문가로 구성 -설문지를 기반으로 의견을 종합하여 결과 도출
LOC 기법	-소스코드(Source Code) 라인(Line)수 측정 -주로 구조적 programming 방식에 사용 -개발 소스코드의 Line 수를 Count
COCOMO	-Project 규모에 따라 여러 모드(Mode)로 분류 -모드(Mode)에 따른 parameter를 사용하여 산정 -기존 정해진 공식을 활용
FP (기능점수)	-사용자(User) 요구기능을 논리적으로 식별 -Data, Transaction 기능으로 분류 -ILF, EIF, EI, EO, EQ 요소 활용

- ILF(Internal Logical Files: 내부논리파일), EIF(외부연계 파일)
- S/W 규모 결정 요소로 project, 자원, 생산성 요소가 존재함

4\. Software 규모 산정시 고려사항

구분	항목	내용
프로젝트 요소	문제의 복잡도	난이도, 유형, 개발언어
	System 크기	Transaction(In/out), 데이터 연계
자원 요소	인적 자원	관리자, 개발자, 지원 체계
	S/W 자원	개발지원도구, Test Tool
생산성 요소	개발자 능력	경험, 전문지식 습득 정도
	개발 방법론	최신 기법, 개발방법론, 관리방법론

- 개발모형, 개발방법론, 조직원역량, System복잡도등 다양한 규모산정 요소를고려하여 규모 산정 필요.

"끝"

문 202) S/W 원가산정 방법에 대해 설명하시오.

답)

1. S/W 가시화 S/W 원가 산정 방식의 구분 방법

가. Software Project의 규모산정(원가) 방법

S/W 원가산정
- 산출물 (성과물의 크기)
  - 양적 수준 → LOC, COCOMO → Source Code의 Line수에 근거한 규모산정 방식
  - 질적 수준 → FP → Function Point: S/W 특성을 이용한 간접 산정 방식(규모/복잡도)
- 투입 노력양 (과정의 노력)

나. FP와 LOC의 비교

비교 항목	FP	LOC
관점 (Views)	What(무엇)	How(어떻게)
	사용자 관점	기술자 관점
	논리적 관점	물리적 관점
적용시점	전체 수명 주기	Coding 이후
고객 소통	양호(가시화)	미흡(비가시화)

다. Function Point의 등장배경

가시화필요	추정어려움	환경영향	Parameter
원가산정	기능수	사용언어	3-Tier
논리성 필요	비기능수	개발목적	2-Tier

2. 기능점수(FP)의 구성과 구성요소의 설명

가. Function Point의 개념도(구성)

- FP는 ILF, EIF, EI, EO, EQ로 구성됨

나. FP의 구성요소의 설명

유형	기능	설명	사례
Transaction (트랜잭션)	③ EI	외부 입력값	입력 화면/값
	④ EO	외부출력	출력보고서
	⑤ EQ	외부 조회(Query)	외부문의
Data 기능유형	① ILF	측정 대상 Software System이 유지/관리하는 Data의 집합	- 내부 논리 파일 - 고유의 DB Data - 정적인 자료

데이터 기능유형	② EIF	측정 대상 System이 Reference(참조)하는 Data의 집합	- 외부 I/F 파일 - 외부 연계 Data - 외부 Event

3. FP의 산정절차와 산정에 따른 설명

절 차	설 명		사례
① 참고자료 모으기 (사업 전반적 내용)	사업 발주기획부터 사용자 인도까지 업무량을 측정 & 견적에 필요한 Data / 자료 / 명세서		- 제안요청서(RFP) - 화면설계서 - Data 모델
↓	산정 범위	기능점수(FP) 산정 대상 사업의 범위	인사시스템, 회계시스템
② 산정범위, 경계식별 및 요구사항 식별	경계 설정	업무성격이 명확히 차이나는 업무구분후 경계정의	인사 APP, 회계 APP
	요구 사항 식별	기능요구사항 - FP 산정포함 비기능요구사항 - 보정계수의 식별근거로 활용	기능요구사항, 비기능요구사항 분리
↓	<경계구분사례> 사용자 / EO, EQ / EI / ILF 인사시스템(측정대상) / EIF 회계정보 / EIF 영업정보		인사시스템과 회계 / 영업정보 경계와 사용자 경계 구분
③ 데이터 기능측정	Data 기능유형식별	ILF/EIF	내부/외부 DB
	복잡도 및 기여도 결정	DET: 반복없는 유일값 RET: Data요소의 서브그룹	회사명, 주소, 회사 지점

④ 트랜잭션 기능유형	트랜잭션 기능유형식별	EI, EO, EQ	입력, 출력, 질의
	복잡도 및 기여도 결정	DET: 반복없는 유일 필드	식별기능, 유일필드
		FTR: 트랜잭션시 사용	ILF/EIF

단계	구분	정규법(정통법)	간이법
⑤ 기능점수(FP) 계산	개념	논리적 설계 바탕, 각 기능의 속성 정의후 기능별 복잡도 매트릭에 의한 기능점수 측정	개략적인 사용자 요구사항을 바탕으로 기능점수 도출후 평균 복잡도로 측정
	사용시기	사업 종료 단계	사업초기 단계
	사용목적	SW분석/설계/개발	예산수립, 견적
	측정항목	Data 기능& DET, RET수 트랜잭션 기능&DET, FTR수별	Data 기능 트랜잭션 기능
	복잡도	기능별 복잡도 매트릭	평균복잡도
	장점	규모측정정확도가 높음	FP측정시간 짧음
	단점	측정 소요시간이 김	규모측정 정확도 낮음

⑥ S/W 개발원가 산정(보정계수적용)	규모 보정계수	= 0.108 * Log e(기능점수) + 0.229 300 FP이하인 경우는 0.65를 적용			
	언어 보정계수	언어 구분		보정계수	
		Assembly	C, JAVA, C++	1.9	1.2
		HTML, SQL	Excel	0.8	0.6
	Application 보정계수	업무처리(1.0), 과학기술(1.2), 멀티미디어(1.3), 지능정보(1.7), 공정제어(2.0)			

품질&특성 보정계수	
품질&특성 보정계수	품질&특성 보정계수 =0.025*총영향도+1
	총영향도=(분산처리+성능+신뢰성+다중사이트)

⑦ SW 개발비 산정

가. S/W 개발비 산정사례(업무는 고객 관리 예시)

기능 명칭	기능 유형	정규법				간이법
		RET/FTR	DET	복잡도	FP	FP
고객 정보	ILF	10	185	높음	15	7.5
요구사항정보	EIF	4	55	높음	10	5.4
요구사항등록	EI	1	3	낮음	3	4.0
요구사항 조회	EQ	7	3	보통	4	3.9
요구사항 통계	EO	5	38	높음	7	5.2
총 계					39	26

나. S/W 개발비 산정사례(보정 계수 결정)

구분	적용 기준	보정계수
규모	0.108*Loge(FP)+0.229	0.65
유형	업무처리용(100%)	1.0
언어	JAVA(80%), JSP(20%)	1.12
품질&특성	0.025*총영향도(3)+1	1.075

다. S/W 개발비 산정 사례(개발원가 산정)

총FP	단계	가중치	FP 단가	단계별 단가	보정 계수				금액(원)
					규모	유형	언어	품질	
53	분석	0.19	-	-	0.65	1.0	1.12	1.075	-
	설계	0.24							
	구현	0.32							

시험	0.25	-	-	-	0.65	1.0	1.12	1.075	-
소 계									2억
직접경비									-
합 계									2억

- DET = Data Element Type
  RET = Record Element Type
  FTR = File Transfer Reference
  → Application에서 참조되는 ILF/EIF의 수
- 부가세, 이윤은 별도

"끝"

문203) Software 사업 영향평가

답)

1. 공공과 민간간 S/W 산업공생, S/W 사업영향평가 개요

S/W 중복: 공공, 민간 → -불필요한 경쟁방지 -S/W 산업위축방지 → S/W 진흥법 → S/W 산업활성화

-기획단계부터 민간시장 침해등 영향평가 & 의견 제시

-공공정보화 사업시 민간시장과 중복여부 사전검토, 중복시 재검토

2. S/W 사업영향 평가 평가기준

구분	항목	설명
평가 기준	민간 S/W시장 침해가능성	S/W 주요기능과 동일 유사한 Software를 민간에서 제공하는지 여부
	S/W 사업의 필요성/공공성	민간 Software가 있음에도 불구하고 사업을 추진해야 하는 필요성/공공성 기재
	민간시장 침해 가능성 없음	평가 결과 민간 시장 침해 가능성 없음 -사업추진 가능
평가 결과	민간시장침해 최소화	평가결과 민간시장 침해 가능성이 있어 민간시장에 침해가 되지 않도록 유의하여 사업추진
	사업 재검토	평가결과 민간시장 침해 우려가 매우 높아 사업 계획의 변경 또는 중지

-자체 평가 & 과기부등의 기술지원을 통해 S/W 영향평가 수행 가능

3. S/W 사업영향평가 평가절차

단계	설명	참고 자료
1. 기본 정보작성	사업기본정보(사업명, 내용, 기간), 영향평가단계, 사업구분분류	-사업추진계획서 -제안요청서(RFP)
2. 운영계획	운영기관 또는 사용자의 공동사용여부 S/W 사업의 운영계획분석작성	-운영계획안 -사업추진계획서
3. 민간시장 침해검토	S/W 사업의 주요기능과 동일유사한 민간 S/W가 존재하는지 확인	-기능요구사항 -민간 S/W 정보검색
4. 필요성, 공공성	주요기능이 동일유사한 민간 S/W가 존재하더라도 추진 필요성과 공공성 기재	-대상 S/W 규정 -국가안보 점검기준
5. 종합의견	단계별 검토내용으로 S/W 사업의 민간 S/W 시장 침해 가능성 종합판단	-각 단계별 검토내용

"끝"

문 204) 최근 대규모 공공 차세대 System이 오픈(open) 이후에 많은 문제점이 발생되어 사회적 불편을 초래하게 되었다.
이에 대하여 다음을 설명하시오.
가. 발생된 문제점의 원인
나. 재발방지를 위한 대책 및 법제도 보완 방안
다. System 오픈 가능여부 판단을 위한 지표관리

답)

1. 요구사항 불명확, 데이터 전환 미흡 등 System open 후 이슈

System open 이슈	관리적	기술적	이슈로 인한 문제점
① System 장애	요구사항 불명확	데이터 전환미흡	대국민 서비스 장애에 따른 불편
② 접속 안됨	불공정한 과업변경	도메인 분석미흡	공공기관 신뢰도 저하
③ 일부 기능오류	관리미흡	기능미구현	추가 비용투입에 따른 세금 낭비
④ 연계 지연	대기업 참여제한	테스트미흡	유지보수 비용 급증
⑤ 성능 issue 등		검수 미흡	

System open 이슈 / 관리/기술적 issue / 이슈로 인한 문제점

- 요구사항 불명확, 적정 대가 미지급, 검수미흡, 관리부족 등 미진한 대응으로 대국민 서비스 품질저하 & 신뢰도 저하

2. 대규모 공공 차세대 System에 발생된 문제점의 원인

가. 발생된 문제점의 관리적 원인 (충분한 예산 확보 필요)

구분	원인	설명
요구사항	불명확 요구사항	요구사항 분석 미흡으로 과업 규모 불확정
	리스크 관리 어려움	불확정 요구사항 → project 관리 어려움
적정대가	불공정 과업 변경	RFP에 없는 추가 기능 & 서비스 지속 요청
지급	project 관리 어려움	빈번한 변경 → 일정 관리 어려움, 사업 성과 저해
제도	대기업 참여 제한	참여 제한 → 전소사업구조로 의사소통 어려움
	PMO, 감리 활용 미흡	감리 및 PMO 활용/점검 및 관리 미흡
여건	근로 여건 약화	관리적 원인에 따른 일자리 여건 약화
	인력 이탈	project 수행 인력 이탈

나. 발생된 문제점의 기술적 원인

구분	원인	설명
업무	데이터(Data) 전환 미흡	기존 사용 Data Migration과 추가된 Data의 각 정합성 확인 미흡, DBMS간 전환 미흡
	도메인(Domain) 분석 미흡	통합 & 신규 System에 따른 업무 영향도 분석 & 범위(Scope) 파악 부족
기능	기능 구현 불충분	대국민 등 이용자 필요 기능 구현 부족
	개발자 역량	대기업 참여 제한 → 구현 개발자 역량 부족
시스템	Test 부족	Test 수행 미흡 → 오류 개선 미흡
	검수 미흡	전반적 System 전 기능 Test 수행 미흡

- 동일 문제가 발생되지 않도록 재발방지 위한 대책 & 법제도 개선이 요구됨

3. 재발방지 위한 대책 & 법 제도 보완

가. 재발방지 위한 대책

구분	대책	설명
요구사항	사전 심사제도	RFP 적정성 평가 ← 평가단 구성 & 활용
	공공 PMO 활용	성공적 수행 위한 공공/기업 PMO 협업 진행
적정 대가	과업심의위원회	불공정한 과업 변경 방지 - 과업위원회 의무화
산정	FP 산출	사전분석 기반 FP 도출, 추가 시 적정비용 산출
업무	Data 품질 검증	Migration 후 정합성, 무결성 확보
	전문가 활용	도메인 분석 등 필요 부분 전문가 통한 위험 제거

- 사업 수행 사전 철저한 검토/검증 통한 사전 위험 요소 제거 필요

나. 재발방지 위한 법 제도 보완

구분	대책	설명
발주지원	가이드 마련	발주 지원을 위한 영역별 가이드 제정비
	발주시행 근거 마련	설계/구현 분할 발주의 명확한 근거 마련
과업변경 & 추가 비용제도	과업심의위원회 의무화	의무화 구성을 위한 법적 근거 마련 & 과업 변경에 대한 적절성 평가
	추가 비용 산정	사업 수행 중 추가 개발 필요에 따른 대가 산정 통한 수익 보장 필요
사업참여	대기업 참여 제한 제도 개선	사업 규모 뿐만 아니라 난이도에 따른 참여 제한 제도 완화 필요성
	컨소시엄 구성 체계 개선	동일 사업 참여 컨소시엄에 대한 책임과 역할에 대한 재정립

제도	감리, PMO 강화	업무세분화 & 구체화 방안
	SW사업진흥법	SW관리 & 감독 기준 개정 필요

4. 시스템오픈 가능여부 판단을 위한 지표 관리 설명

가. 기능 측면의 지표관리 설명

지표	항목	설 명
완전성	기능	RFP요구 기능 구현이 완전하게 진행
적절성	기능	구현기능이 System에 충분히 적절하게 동작
정확성	기능구현	기능동작 결과가 정확하고 허용범위내인가?
정밀성	기능구현	요구사항 기능에 따른 정밀도유지 여부
교환성	데이터	요구사항에 명시된 Data들이 System과 상호작용하여 원활하게 운영되는지 판단
운영성	연계	타 기관 데이터 연계시 안정적이고 정확한 데이터를 가져오고 송신하는지 판단
준수율	기능표준	기능구현시 관련 표준을 준수하는지 판단
	인터페이스	연계 & 기능 인터페이스 구현시 표준 & 관례 준수

나. 비기능 요구사항 측면의 지표관리 설명

구분	지표	설 명
신뢰성	성숙성	기존 문제점 해결 가능 성숙성의 능력 & 결함으로 인한 기능 장애를 피할수 있는지 판단
	결함허용성	결함 발생시에도 지정된 수준의 성능유지 여부
	복구성	오류 발생후 지정된 수준으로 회복, 데이터복구여부

사용성	이해성	사용자가 Easy 이해할수 있게 방법, 조건, 적절성등을 파악하게 할수 있는 판단
	학습성	사용자 SW 응용을 Easy 학습가능 도움말제공
	운영성	사용자가 SW운영하고 제어할수있는지 판단
유지 보수성	안정성	환경설정 변경시 결과값의 정보 제공하고 program 수정시 영향 최소화하는지 판단
	변경성	환경설정이 변경될수있게 하는지 여부판단
	시험성	SW가 스스로 시험할수 있는지 내장형시험가능

- 이외에 효율성, 이식성등 ISO25010의 관리지표 관리도 필요

"끝"

저자소개

저자 권영식

- 성균관대학교 정보보호학과 졸업(공학석사)
- 삼성종합기술원 연구원
- 삼성전자 선임/책임/수석연구원
- 국립공원공단 정보융합실장
- 컴퓨터시스템응용기술사
- 정보시스템수석감리원
- 정보통신특급감리원
- 정보통신특급기술자
- 과학기술정보통신부 IT 멘토
- 데이터관리인증심사원(DQC-M)
- 韓(한)·日(일)기술사 교류회 위원
- http://cafe.naver.com/96starpe 운영자

정보관리기술사 컴퓨터시스템응용기술사
– vol. 5 소프트웨어 공학

2015. 3. 26. 1판 1쇄 발행
2016. 3. 24. 1판 2쇄 발행
2024. 1. 10. 개정증보 1판 1쇄 발행

지은이 | 권영식
펴낸이 | 이종춘
펴낸곳 | BM (주)도서출판 성안당
주소 | 04032 서울시 마포구 양화로 127 첨단빌딩 3층(출판기획 R&D 센터)
10881 경기도 파주시 문발로 112 파주 출판 문화도시(제작 및 물류)
전화 | 02) 3142-0036
031) 950-6300
팩스 | 031) 955-0510
등록 | 1973. 2. 1. 제406-2005-000046호
출판사 홈페이지 | **www.cyber.co.kr**
ISBN | 978-89-315-5997-2 (13000)
정가 | **55,000원**

이 책을 만든 사람들
책임 | 최옥현
진행 | 최창동
전산편집 | 이다혜
표지 디자인 | 박원석
홍보 | 김계향, 유미나, 정단비, 김주승
국제부 | 이선민, 조혜란
마케팅 | 구본철, 차정욱, 오영일, 나진호, 강호묵
마케팅 지원 | 장상범
제작 | 김유석